고품격
변호사 마케팅

고품격 변호사 마케팅

초판 1쇄   2016년 3월 11일

지은이   홍영석
발행인   김재홍
디자인   박상아, 이슬기
교정 · 교열   김현경
마케팅   이연실

발행처   도서출판 지식공감
등록번호   제396-2012-000018호
주소   경기도 고양시 일산동구 견달산로225번길 112
전화   02-3141-2700
팩스   02-322-3089
홈페이지   www.bookdaum.com

가격   15,000원
ISBN   979-11-5622-151-7 03320

CIP제어번호   CIP2016005451
이 도서의 국립중앙도서관 출판예정도서목록(CIP)은 서지정보유통지원시스템 홈페이지(http://seoji.nl.go.kr) 와 국가자료공동목록시스템(http://www.nl.go.kr/kolisnet)에서 이용하실 수 있습니다.

고품격
변호사 마케팅

☆☆☆ 배고픈 변호사는
굶주린 사자보다 무섭다

Goodbye,
lawyer poor!

홍영석 지음

지식공감

생계형 전문가에서 벗어나게 해드립니다!

고객이 없으면 전문직은 백수나 다름없다. 겉으론 품격 있어 보여도 감춰진 삶의 질은 퍽퍽한 경우가 적지 않다. 누구에게 터놓고 하소연도 못 하고 가슴속은 잿더미로 변해간다. 품격 있는 우아한 삶을 즐기는 것을 마다할 전문가는 없을 것이다. 다만 그 방법을 만나지 못했을 뿐이다.

변호사 업계에 전례 없는 동요가 일고 있다. 결국, 작년 말 국내 변호사 수가 2만 명을 돌파했다. 설마 했던 심리적 저지선이 무너지자 사방에서 탄식이 가득했다. 이미 몇 년 전부터 로이어 푸어(lawyer poor)라는 신조어까지 등장한 터라 업계는 이런 현실에 곤혹스러워하고 있다. 업계에서 보는 이런 현상의 직접적인 원인은 한결같다. 바로 합격자의 숫자가 너무 많아졌기 때문이라는 것이다. 현상만을 보자면 맞다. 심정적으로도 공감은 간다. 하지만 합격자 수를 줄이는 것이 능사라는 주장은 아쉽다. 왜냐하면, 이러한 경쟁의 심화가 단지 변호사업계에만 국한된 것이 아니기 때문이다. 어쨌든 중요한 것은 이 추세라면 5년 후엔 변호사 수가 3만 명을 돌파할 예정이기에, 향후 1~2년을 어떻게 준비하는가에 따라 희비가 극명히 나누어질 전망이다.

변호사뿐만 아니라 최고의 전문직 대부분이 모두 이런 위기 상황이라면 과연 우연일까? 최근 폐업하는 개원의가 속출하고 회계사에 대한 처우도 점점 떨어지고 있다. 빠르게 변하는 세상에서 유독 변호사업계만 합격자 숫자에 목매는 것은 업계나 국민 모두에게 득이 되지 못한다. 거시적으로 살펴보면 아무래도 정보화 사회와 경제성장률의 둔화에서 그 원인을 찾을 수 있다. 사회 전반에 걸쳐 이전과는 다른 양상이 드러난다. 새로운 모바일 어플리케이션이 나올 때마다 알게 모르게 사라지는 직업이 있을 정도로 세상은 빠르게 변하고 있다. 그만큼 일자리의 변화가 전방위로 빠르게 이뤄지는 것이다. 최고의 전문직인 변호사도 더 이상 자격증 취득만으로 먹고사는 문제에서 자유로울 수 없다. r게다가 최근에는 많은 변호사가 열악한 근무여건, 과도한 업무량으로 삶의 질이 급격히 열악해지고 있다. 이를 타개하기 위해서는 무엇보다도 전통적인 변호사의 역할론에서 빨리 벗어나야 한다.

　현상을 단편적으로 보면 이러한 변별력을 갖추기 어렵다. 같은 현상도 프레임을 다르게 적용하면 이전과는 다르게 세상을 볼 수 있다. 이전에 당연한 것이 앞으로도 그럴 것이라는 장담을 누구도 할 수 없게 된 것이다. 이를 위해서는 제대로 된 질문이 꼭 필요하다. 그것은 바로 "법률서비스만 할 것인가? 아니면 법률서비스도 할 것인가?"이다. '만'과 '도' 사이에 엄청난 기회가 숨어 있다.

전에는 가만히 있어도 고객을 확보하기 쉬웠으나 지금은 고객을 발굴해야 할 뿐 아니라 잠재고객층 개척도 해야 한다. 즉 더욱 주도적이고 전략적이어야 전문직도 살아남을 수 있는 세상이 된 것이다. 그간 업계에서는 변호사 양성 방법으로 유능한 선배 변호사로부터 도제식으로 노하우를 전수받는 것을 선호해왔고 효과 또한 좋았다. 그런데 지금은 그런 방식이 잘 이행되기 어려운 실정이다. 중대형 로펌 정도는 이런 교육이 가능할 수도 있으나, 소형 로펌이나 개인사무소에서는 만만치 않다. 왜냐하면, 경제성장률이 떨어지고 많은 변호사가 유입되어 변호사당 수임건수가 급격히 줄어 멘토 역할을 해줄 위치인 선배 변호사마저 후배양성에 전처럼 힘을 쏟기가 어려워졌기 때문이다. 그래서 신입 변호사는 갈수록 경쟁에 취약해질 수밖에 없다.

지방 로스쿨 출신 변호사들의 개업이 늘고 있다고 해서 내심 좋은 소식인 줄 알았다. 그만큼 진취적이고 기업가 정신으로 무장한 청년변호사가 많기 때문인 줄만 알았는데 실상은 취업이 힘들어지자 떠밀리는 식으로 개업한 것이었다. 사내변호사에도 전례 없이 많은 변호사가 몰리고 있는데 이 또한 막막한 개업보다는 안정적인 직장을 더 선호하기 때문이다.

이제부터라도 변호사들은 다른 업계에서는 과연 어떻게 마케팅과 세일즈를 하는지 살펴보고, 벤치마킹하여 새로운 비즈니스 시스템을 구축해야 한다. 또한, 타업종의 마케팅·세일즈 전문가들의 노하우도 배워야 한다. 이제는 변호사가 움직여서 시장을 개척할 줄 알아야 하기 때문이다.

변호사도 아닌 저자가 이런 책을 내게 된 동기는 그간의 행적이 변호사업계에 실질적인 도움을 줄 수 있겠다는 확신이 들어서이다. 저자는 8년간 산업강사로 활동하면서 나름대로 전문성을 인정받아왔다. 그런데 어느 시점부터 스스로 제대로 포지셔닝해야 더 보람도 있고 성취감도 높아질 것이라는 결론을 얻었다. 이후 전문가들이 사업적으로 성공할 수 있는 방법론에 대해 몰입했고, 그 과정에서 변호사에게도 도움이 될 솔루션을 절묘하게 확보할 수 있었다. 여기에 그간 마케팅·세일즈 분야의 다양한 강의와 워크숍 진행을 통한 노하우가 더해져서 실용적인 변호사 비즈니스 역량강화 프로그램이 탄생할 수 있었다. 본 과정은 철저하게 'Streetwise rainmaker'로 거듭나게 하는 실전모듈로 편성되어 있다. 이론이 아닌 활동미션을 체득하게 하여 실전에 바로 사용할 수 있게 해드릴 것이다.

이번 책과 밀접한 도구가 3가지 있다. 첫째는 비즈니스 에니어그램(Business Enneagram)이다. 비즈니스 에니어그램을 통해 변호사의 성격

안에 어떤 비즈니스 DNA가 숨어 있는지 알 수 있다. 이로써 다양한 마케팅 기법을 다 사용하지 않으면서도 9가지 유형별로 개인에게 최적화된 비즈니스 활동 로드맵을 작성할 수 있다.

둘째는 NLP(Neuro-Linguistic Programming, 신경언어프로그래밍)이다. NLP는 비즈니스 심리기법 중 가장 실용적인 도구로 정평이 난 것으로 이를 통해 비즈니스 커뮤니케이션 역량을 단시일에 끌어올려 수임률을 극대화해 줄 것이다. 다 된 밥에 더 이상 재를 뿌리지 않아도 된다.

셋째는 검증된 탑클래스 세일즈 기법을 변호사에 맞춰 뽑아낸 실전 마케팅 기법이다. 주도적이고 창의적이며 혁신적인 초고수들의 감춰진 비법들이 오롯이 녹아 있다. 책을 통해 익히고 실습하면 가시적인 성과를 볼 수 있다. 이 3가지 도구들을 제대로 활용하면 누구나 슈퍼파워가 생길 것이다.

이 책이 정말 효과가 있으려면 필요조건이 있다. 그것은 바로 변호사 자신의 주도성이다. 그렇기 때문에 이 시스템이 정착하기까지는 당연히 해야 할 노력과 수고가 요구된다. 번거로울 수도 있다. 그러나 그것들은 충분히 감수해낼 만한 영역이고 즐길 수 있어야 한다. 주도성이 동반되지 않는 비즈니스 솔루션은 사상누각이다. 이 책으로 살아 있는 고품격 솔루션의 기본 시스템을 익히고, 온/오프라인 교육을 통해 충분히 트레이닝을 받은 후 적절한 특화 코칭을 받는다면, 전문가에 걸맞는 우아하고 격조 있는 고품격 라이프스타일을 마음껏 누리시기 바란다.

 엄동설한에도 노천탕에 있는 사람들은 웃통을 벗고 있어도 전혀 추위를 느끼지 못한다. 변호사 3만 시대라는 강추위에도 끄떡없는 여러분의 노천탕을 저와 함께 꼭 구축하시기 바란다.

 Bye, lawyer poor!

2016년 3월

홍영석

차례

머리말 _004

Chapter 01

위기의 변호사 업계

변호사 2만 명 시대 _017
사각지대에 몰린 청년변호사들 _022
변호사 업계의 대응전략 점검 _028
그렇다면 돌파구는? _031

Chapter 02

어떤 변호사이길 원하는가?

변호사 마케팅이 쉽지 않은 이유 _037
로펌이 기업의 영업세계로부터 벤치마킹할 점 _042
개업변호사의 성공 여부에 큰 영향을 미치는 요소 _045
생계형 전문직으로 내몰리는 진짜 이유 _049
전문직의 성공 방정식, 비즈니스 개발 활동 _054

Chapter 03

워밍업

SWOT 분석 _059

STP _062

아바타 고객 설정 _064

틈새시장 선정 _066

엘리베이터 피치 _070

Chapter 04

전문가로 제대로 인정받게 해주는 마력의 포지셔닝

미디어를 통한 포지셔닝 _077

협회를 통한 포지셔닝 _090

책 쓰기를 통한 포지셔닝 _099

업계지를 활용한 포지셔닝 _105

방송출연을 활용한 포지셔닝 _108

강의를 통한 포지셔닝 _110

Chapter 05

살아 숨쉬는 마케팅 Tool kits

온라인 _115

오프라인 _136

Chapter 06

레인메이커 마케팅 시스템

프로스펙팅 시스템 _149

추천 시스템 _172

유인 시스템 _165

팬 양성 시스템 _174

고객 전환 시스템 _168

전문가 네트워크 시스템 _175

후속 연계 시스템 _169

Chapter 07

수임률을 극적으로 높여주는
기적의 NLP

NLP란? _180

최면적인 대화법 _219

공감대 형성 _182

비즈니스 요청하기 _244

상태 정렬 _200

고객추천 요청 _254

고객 니즈 파악 _204

신개념 콜드 콜링 _257

Chapter 08

네트워킹

네트워킹 일반 _263

Advanced 네트워킹 _270

Chapter 09

최소한의 노력으로 최대의 효과를 얻는 Business DNA를 캐라

Business DNA _281

에필로그 _310

Chapter

01

위기의
변호사들

위기의 변호사 업계

변호사 2만 명 시대

　　　　　　지난해 12월 13일 기준 국내 변호사 수는 2만433명으로 집계됐다. 1906년 3명에 불과했던 변호사는 1970년 719명, 1980년 940명, 1990년 1,924명, 2000년 4,228명, 2010년 1만1,802명 등으로 계속해서 증가해 왔다.

　변호사 수 확대에는 2009년 도입된 법학전문대학원(로스쿨) 제도가 한몫했다. 2009년 1기 입학생을 받은 국내 로스쿨은 2012년 제1회 변호사 시험을 통해 1,451명의 합격자를 냈으며 이후 입학정원의 75%인 1,500여 명의 변호사를 매년 배출했다. 실제로 대한변호사협회가 공개한 자료에 따르면 2011년 변호사 수는 1만2,607명이었으나 2012년에는 1만4,534명으로 1,927명이 증가했다. 2013년 1만6,604명, 2014년 1만8,708명 등으로 해마다 신규 변호사가 평균 2,000명 증가했다.

　변호사 수가 2만 명을 훌쩍 넘자 업계에서는 변호사 시장이 치킨게임(상대가 무너질 때까지 출혈 경쟁을 하는 것) 단계에 접어든 것 아니냐는 우려가 나오고 있는 실정이다. 문제는 변호사 수가 늘어나는 만큼 사건 증가율이 크지 않아, 변호사 1인당 월 평균 수임사건 수가 급감하고 있다는 점이다. 서울지방변호사회에 따르면 서울지역 변호사 1인당 월 평균 수임건수는 2011년 2.8건에서 2012년 2.3건, 2013년 2.0건, 2014년 1.9건으로 떨어졌다. 월 수임건수가 2건 이하로 떨어진 점은 변호사들의 불안감을 짐작게 하는 대목이다.

최근 몇 년 간 '대한민국 법조계 1번지' 서울 서초동 법조타운의 건물 공실률이 늘어나고 있다. 사건 수임이 줄어들면서 비싼 임대료 등의 부담으로 사무실을 유지하기 어려운 로펌들이 급증한 탓이다. 업계 관계자들은 휴·폐업하는 로펌들이 점차 증가할 것으로 내다보고 있다. 서울지방변호사회가 공개한 자료에 따르면 지난 6년간 휴·폐업한 서울 지역 로펌은 2010년 243건, 2011년 215건, 2012년 297건, 2013년 334건, 2014년 450건으로 매년 늘어나고 있다. 이처럼 얼어붙은 변호사 시장 상황에도 불구하고 변호사 수는 계속 늘어날 전망이다. 일각에서는 매년 변호사 시험을 통해 배출되는 1,500여 명의 변호사 수를 고려했을 때 오는 2020년이면 3만 명을 돌파할 것으로 관측하고 있다.

유사직역의 변호사 직역 침범, 변호사 수 증가, 사내변호사, 법률구조공단 및 정부법무공단, 국선전담변호사, 가장지배인 등의 국내 환경변화와 법률시장 개방 등의 국제적 요소로 인해 우리나라 법률시장의 사막화 현상이 초래되고 무한경쟁 상황에 처했다. 개업하는 변호사가 증가하는 것에 비해 연평균 사건 수임건수는 감소하고 있는 실정이다. 이로 인해 생계유지가 위태로운 변호사가 늘고 있고, 불법행위를 저지르는 변호사도 있다. 또한 로펌에 소속되어 있다고 해도 과도한 업무로 삶의 질은 떨어지고 이에 따른 스트레스의 증가도 심각한 상황이다.

최근 들어 증가하는 변호사 시험 합격자 수로 인해 적정인원에 대한 논란이 있어 왔다. 급격히 수가 늘었다고 본 쪽에서는 인원을 감축하여 적정인원을 조정하자고 하고, 반대 입장에서는 적정이라는 기준의 모호성을 들어 대립하고 있다. 앞으로 어떻게 추이가 진행될지는 몰라도 확실한 것은 지금 시점에서도 변호사 업계는 지각변동 상태라는 것이다.

　이전에는 자격증 자체로 사회성이 충분해서 변호사가 법조인의 긍지를 유지할 수 있었는데, 지금은 자격증 자체로는 대변할 수 있는 것이 전만 못한 것은 확실해 보인다. 그래도 여전히 상황이 좋은 부류는 있다. 전관예우에 준하는 대접을 받을 수 있거나 대형 로펌에 속한 변호사, 또 유능한 수임체계를 갖춘 사무장을 낀 변호사들은 그래도 괜찮은데 문제는 5년 이하의 경력을 지닌 변호사들이다. 지금의 변호사 교육시스템은 급변한 여건에서 신생 변호사들이 자리를 잡도록 도와주기에는 부족한 면이 많다. 다들 말로는 걱정을 하지만 구체적으로 이들에게 와 닿는 시스템은 아직 견실한 것이 없는 실정이다.

　합격자 수는 크게 늘었지만 법률종사기관은 해마다 줄어들고 변호사 시험 합격자를 대상으로 한 실무수습교육은 현장에서 겉돌고 있다. 규모가 있고 자체 교육연수능력이 있는 곳은 적고, 대개 개인법률사무소를 통해 실무수습교육을 받는데 근무 처우도 문제지만, 기본적인 자료조사, 준비서면의 범주를 넘지 못하고 있다. 개인법률사무소는 수임건수가 급격히 적어지고 있는 터라 대표 법무사는 수습과정에 신경쓰기보다는 당장 먹고 살 수임을 찾아 나서는 지경이라 교육시스템의 근간이 흔들리고 있다. 도제식의 실무수습제도는 개선할 여지가 있어 보인다.

　대한변협에서 시행하는 변호사합격실무연수도 개선해야 한다는 목소리가 커지고 있다. 강사진은 우수하지만 수강인원이 많아서 실습보다는 일방적인 강의 형태가 주를 이루다 보니 실효성에 의문이 제기되고 있다. 신입 변호사들에 대한 실무교육시스템을 강화해야 한다는 요구가 높아지고 있다.

변호사 취업정보 사이트(career.koreanbar.or.kr)의 누적조회수가 천만 건을 넘었다. 이토록 많은 변호사들이 여기에 몰리는 이유는 이 사이트가 특화된 채용정보 및 변화 업무관련 데이터베이스를 제공하기 때문인데, 사내변호사 채용 공고와 경력직 채용 공고에 많은 조회가 이루어지고 있다. 이 같은 추세는 변호사 수 증가 및 변호사 취업난에 따른 것인데 이런 현상은 일자리 수가 변호사 증가 속도를 따라 잡지 못하는 것에도 있지만, 일반 기업이나 공기업의 채용과 달리 개인법률사무소나 로펌의 경우 상시·특별채용의 형태가 많아 채용공고를 접하기 어렵고, 전형에 대한 정보가 없기 때문이기도 하다. 이는 개업보다는 아무래도 안정적인 면이 반영된 결과인데 갈수록 경력 변호사를 구인하려고 하기 때문에 상대적으로 신입 변호사의 취업은 어려워지고 있기도 하다.

사내변호사는 더욱 각광을 받고 있는 추세이다. 개업활동은 아무래도 부담이 되는 지라 다소 적게 벌더라도 과도한 스트레스에서 벗어날 수 있고, 무엇보다도 일과 가정의 균형을 이룰 수 있다는 점에서 청년 변호사들이 선호하고 있다. 특히 여성변호사의 경우에 사내변호사에 대한 관심이 매우 큰 편이다.

청년변호사들의 경우 더 힘든 나날을 보내고 있다. 청년변호사들은 사건수임이 어려울 뿐 아니라 단독개업이 힘들다 보니 사무장펌, 소속 변호사에게 구성원 등기를 요구하거나 기본급을 아주 낮게 측정한 뒤 향후 업무실적 등을 평가해 인센티브를 주는 법률사무소 등 일명 '블랙'이라 불리는 곳으로까지 내몰리고 있다. 사무장펌이란 영업능력이 뛰어난 사무장들이 직접 변호사를 고용해 월급을 주는 형태를 말한다. 사무장은 흔히 상임이사로 불리고, 고용변호사를 채용할 시 직접 면접을 보고 고용계약 협상을 한다. 갓 개업한 변호사의 경우 사건수임이 어렵기 때문에 사무장펌은 여전히 기승을 부리고 있는 실정이다.

구치소에 수감돼 있는 의뢰인의 잔심부름을 해주며 돈을 받는 '집사변호사' 또한 늘고 있다. 변호사 접견은 자유롭게 허용되고, 접견시간에 제한이 없다는 점을 악용한 사례로, 신참 변호사들이 이 일을 하다가 징계를 받기도 한다. 또한 변호사들 사이에는 법률사무소의 잡다한 일을 모두 처리하면서 월급도 변변치 않은 막내변호사를 의미하는 '막변'이라는 용어마저 생겼다. 그리고 취업난 속에서 어렵게 취업했으나 기업·로펌 측에서 일방적으로 계약을 파기하거나, 야근과 주말근무 등을 강요해 사직하는 경우도 많은 것으로 알려졌다. 변호사 업계가 힘들다 보니 월급을 제때 주지 못하거나, 근로계약서 작성, 휴가사용 등 기업에서는 당연한 것들이 잘 준수되지 않고 있는 상황이다.

불황에 장사 없다고 브로커를 통한 사건수임, 명의대여 등 사건수임 비리로 변호사법을 위반해 징계를 받거나, 수임료를 반환하지 않는 등 의뢰인과의 금전분쟁에 휘말리는 경우도 증가하고 있다. 실제로 임대료조차 내지 못하는 등 사무실 운영에 어려움을 느껴 경제적 이유로 휴업신고를 하는 변호사도 늘고 있다.

7급 공무원에 지원하는 변호사들도 늘고 있다. 지난해 중앙선거관리위원회에서 변호사 자격증 소지자를 대상으로 20명을 모집한 7급 행정주사보 직급에 변호사 25명이 지원했다. 그러나 이마저도 서류·면접전형에서 7명만이 최종 채용됐다.

로스쿨을 갓 졸업한 변호사들은 업계 불황에 취업난을 겪고 있다. 한 변호사는 "지방은 여전히 변호사가 모자라지만 그 지역의 인맥이나 연고가 없으면 사실상 어렵기 때문에 다들 서울, 특히 서초에 있고 싶어 하는데 서초는 포화 상태를 넘어선 폭발 상태라고 볼 수 있다"고 말했다.

사각지대에 몰린
청년변호사들

로이어 푸어(Lawyer poor)

몇 년 전만 해도 이런 신조어가 나오리라고 상상한 사람조차 없었을 것이다. '로이어 푸어'는 우리나라 최고의 전문 자격을 지닌 변호사가 치열한 취업난과 수입 경쟁 속에서 당장 먹고사는 문제마저 허덕대는 상황을 말하는 용어이다. 실무수습 받기도 힘들고, 제대로 배우지도 못해서 법조계와는 관련이 없는 쪽으로 가는 경우까지 발생하고 있다.

대한변협에 따르면 변호사 시험에 1,500명이 합격하지만 이 가운데 절반 정도인 700~800명만이 변호사 등록을 한다. 군 입대자나 변호사 등록을 하지 않고 법무팀이나 일반직으로 기업에 취업한 사람들과 법원 로클럭, 검사로 100여명 정도가 임용되는 것을 고려하더라도 변호사 시험에 합격한 로스쿨 수료생의 상당수가 어디에서 무엇을 하는지 소재파악이 어렵다. 상황이 이러니 로스쿨생들은 초기 경쟁에서 탈락하지 않기 위해 재학시절부터 스펙 쌓기에 열심이다. 법원과 로펌은 물론 개별 기업 인턴 프로그램에 지원이 몰리고, 외국어 공부는 기본이다. 여기에 고관대작과 관련 있는 동기생이 있다면 이들과 네트워크를 쌓기 위해 지극정성을 다하기도 한다. 더구나 학자금 빚을 안고 있는 경우 극심한 취업난에 막막해진 나머지 대출→취업난→반고용·재택→로이어 푸어의 악순환이 일어나기도 한다.

전관 변호사와 대형 로펌의 일거리 싹쓸이에 영세 로펌이나 개업 변호사들은 한 달에 2건을 수임하기도 어렵다. 전관예우가 없어졌다고는 하지만 법조인들이나 의뢰인들의 인식 속에서는 아직도 자리잡고 있고, 신규 법조인들은 유명한 전관 변호사가 많은 수임료를 받는 것을 보고 변호사 업계도 빈익빈 부익부가 있다고 여긴다. 집안 사정이 넉넉하지 못해 수천만 원의 빚을 지고 어렵게 변호사가 되면 이제 이들을 기다리는 것은 살인적인 취업난이다. 대형 로펌 등에 입사하는 잘 나가는 변호사는 극소수에 불과하고 나머지는 중소 로펌을 전전하거나 반고용변호사, 재택변호사의 길을 선택하거나 그것마저 여의치 않으면 법조계를 떠나게 된다. 문제는 반고용과 재택변호사, 비법조계 종사자 중 상당수가 로이어 푸어가 된다는 사실이다. 이렇게 될수록 정작 피해를 보는 것은 법률서비스를 받을 수 없는 국민이니 문제이다.

중소 로펌 청년변호사 70~80% "이직 고민 중"

어렵게 입사한 중소 로펌에서 몇 개월도 견디지 못하고 비슷한 규모의 다른 로펌으로 이직하는 경우도 많다. 첫 직장이라 애정은 있지만 월급 수준이 기대에 미치지 못하고 빈번한 주말근무, 야근은 기본이어서 진이 다 빠지기 때문이다. 그래서 어려운 선택을 하고 이직을 했는데, 막상 가보니 그 로펌도 별반 차이가 없어서 큰 고민에 빠지게 되고, 급기야 별산제 로펌으로 옮겼는데 수익성이 낮아서 결국 보수는 다소 낮더라도 안정적인 6~7급 공무원이나 기업 사내변호사 자리를 구하는 경우가 늘고 있다. 이렇게 자리를 수평이동하는 경우, 가장 우려되는 것은 전문성 확보 및 숙련도 확장이다. 힘들고 처우가 열악해도 장기적으로 경쟁력을 갖출 수 있다는 것이 확실하면 배팅을 할 수도 있겠으나 파트너 변호사의 보조업무에 지나지 않는 수준을 못 벗어 난다면, 시간이 더 흘러 개업을 고려할 만한 연차가 쌓였을 때 막막할 수 밖에 없게 된다. 이들은 어찌 보면 잠재적인 로이어 푸어일 수도 있다.

비정규직 법조인이 되다

법조계에도 비정규직 변호사들이 양산되고 있다. 이른바 '반(半)고용 변호사'들이다. 이들은 중견 변호사 사무실이나 중소 로펌에서 어쏘변호사(associate attorney) 역할을 수행하지만, 정식으로 채용돼 월급을 받는 전형적인 어쏘변호사가 아니라 200~300만 원 정도의 대가만 받고 정해진 분량의 일만 하는 대신 나머지 시간은 자신이 직접 사건을 수임하는 일종의 변형된 별산제라고 볼 수 있다. 완전한 취업이라도 볼 수도 없고 그렇다고 온전한 개업변호사도 아닌 셈이다.

얼핏 보면 꽤 합리적인 고용형태라고 보일지 몰라도, 내막은 복잡하다. 한 달에 2건도 수임하기 힘든 일거리 가뭄 탓에 경력 변호사들도 버거워 하는 마당에 마땅히 내세울 스펙이나 실적, 인적 인프라가 없는 청년변호사들이 자력으로 사건을 수임하여 수익을 내는 것은 정말 쉽지 않기 때문이다.

보통 반고용변호사로 채용한 청년변호사가 한 달에 처리해야 할 사건의 최대치와 최소치를 정한다. 물론 업무 영역은 의뢰인 면담과 소장 등 각종 서면 초안 작성, 법정 출석 등 어쏘변호사가 하는 역할과 별반 다르지 않다. 이 분량의 일만 처리하면 나머지는 개인의 수익을 올릴 수 있는 시간을 가질 수 있다. 그런데 이 과정에서 4대 보험을 들어주거나 퇴직금을 보장해주는 경우가 별로 없다. 여성인 경우 환경은 더 열악하다. 월급 수준도 200만 원 선이거나 때로는 사무직원과 나란히 앉아 업무를 처리하기도 하는데 이 경우 무너지는 자존심을 감당하는 것이 몹시 괴롭다고 한다.

이렇게 된 근본적인 이유는 청년변호사를 채용한 중견 변호사들이나 로펌도 경기가 예전 같지 않기 때문이다. 완전 고용을 하면 월급 외에 4대 보험료에 독립 사무공간까지 마련해야 해서 경제적 부담이 크기 때문에 비용절감 차원에서 반고용변호사를 선택하는 것이다.

지방은 청년변호사들이 개업을 많이 한다?

확실히 연수원 출신 변호사들에 비해 로스쿨 출신 변호사들의 개업률이 높다. 로스쿨 출신들은 사회생활을 하다가 로스쿨에 들어가서 변호사가 되는 경우가 많고, 처음부터 판검사가 되기 위해서가 아니라 변호사가 되기 위해서 로스쿨에 들어간 것이기 때문에 연수원 출신에 비해 비즈니스 마인드와 개척정신이 투철해서 그럴 것이라고 볼 수도 있다. 하지만 이들이 개업을 하는 가장 큰 이유는 취업이 쉽지 않아서 가장 험난한 최전선으로 내몰렸기 때문이다. 즉 떠밀려서 하는, 아직은 원하지 않는 개업인 셈이다. 2~3년간 고용변호사 생활을 착실히 한 후 준비해서 개업을 하고 싶었으나 상황이 여의치 않아 개업을 하는 경우도 비일비재하다.

사무실 없는 재택변호사도 있다

사무실을 구하지 못해 집에서 근무하는 재택변호사도 등장했다. 이들은 집에 사무기기를 두고 전화로 상담하거나 사무실 대용으로 커피숍에서 의뢰인을 만나 사건을 수임한다. 일본에 있던 변형된 개업 형태가 우리나라에서도 시작된 것이다. 변호사 대량 배출과 법률시장의 불황으로 일자리를 찾지 못한 청년변호사들이 사무실 비용마저 부담을 느껴 고육지책으로 집을 사무소로 사용하기에 이른 것이다. 직접 영업을 해야 하는 상황으로 내몰리고 있는 셈이다. 이 중 몇몇 변호사들은 온라인 및 자동응답서비스(ARS) 유·무료 상담과 소송 관련 서류작성 대행서비스 등이 가능한 홈페이지를 만들어 인터넷 포털사이트에 광고하기도 한다. 미팅은 의뢰인의 회사나 집 근처로 직접 찾아가기도 한다. 재택변호사의 대부분은 최근 1~2년 사이에 변호사 자격을 취득한 새내기 변호사들이다.

진짜 고민은 바로…

제대로 취업이 되지 않은 반고용변호사가 무슨 재주로 별도 시간에 자기 사건을 수임해서 수익을 올릴 것인가, 또 허드렛일을 하면서 선배 변호사 보조역할만 하다가 끝나는 것은 아닌가 고민할 수밖에 없다. 힘들어도 제대로 된 경력이 되고, 나아가 자신의 실무능력을 올릴 수 있다면 다소 열악한 여건이라도 감수할 만하지만, 갈수록 선배 변호사들에게 노동력 착취를 당하는 양상으로 가고 있는 실정이다. 법을 지켜야 할 변호사들이 수익에 연연해 법의 경계를 넘나드는 고용형태가 생성되는 아이러니한 상황이기도 하다.

힘들어도 버틸 만한 여지가 없다

많은 청년변호사들이 변호사 시험에 합격한 직후부터 시련을 겪는다. 변호사법에서는 소양 있는 변호사를 배출해 국민의 신뢰를 제고한다는 취지로 신규 변호사들에게 법무부가 지정한 법률사무종사기관에서 6개월간 의무적으로 실무수습교육을 받도록 하고 있다. 그런데 대부분의 변호사들은 일을 배울만한 법률사무종사기관을 구하는 데 애를 먹고 있다. 가까스로 찾았다고 해도 제대로 된 실무수습교육을 받기란 쉽지 않다. 즉 파행으로 치닫는 셈이다. 완전고용을 기대해 6개월간 최저 임금에도 못 미치는 월급을 받으면서 주야로 고생해도 채용여부를 장담할 수 없는 경우가 많다.

어느 변호사는 법률사무종사기관을 구하지 못하다가 지방의 한 법률사무소에서 무급으로 실무수습교육을 받았다고 한다. 무급이라도 교육을 받을 수 있어서 좋아했는데 막상 해보니 사무장이 주는 사건 문서를 읽고 검토 의견서를 쓰는 게 고작이었다고 한다. 또한, 상당수 수습 변호사들은 법률사무종사기관에서 법률사무와는 전혀 상관없는 업무를 수행하기도 한다. 교육공간이 별도로 마련되지 않는 경우도 많다. 이러니 수습 변호사들 사이에서는 차라리 대한변협이 실시하는 집체연수교육을 받는 게 낫다는 말을 하기도 한다.

현재 법무부에 등록된 법률사무종사기관은 1,350개가 넘는데 대부분 개인변호사 사무실이다. 그러다 보니 교육이 본인의 경험을 바탕으로 한 도제식인 경우가 대부분이어서 선배 변호사에게 달라 붙어서 제대로 배우기도 시간이 모자란 판국에 현실은 더 녹록지 않다. 왜냐하면 자기 사건을 수행하는 것만으로 벅찬 변호사들이 수습 변호사의 교육을 전담하기가 사실상 불가능하기 때문이다. 그래서 한두 해 수습 변호사 교육을 해보다가 힘에 부치면 아예 받지 않는 사무실이 늘고 있다.

철저하고 체계적인 교육 없는 신규 변호사의 대량 배출은 국민들에게 큰 악영향을 미칠 것이 자명하다. 하루빨리 교육정상화를 이뤄야 하는 이유이다. 또 하나, 변호사의 자질 중에는 용기가 추가되어야 한다. 용기야말로 향후 변호사의 경쟁력을 가늠하는 주요 열쇠가 될 것이다.

변호사 업계의
대응전략 점검

대한변협과 각 지방변호사회는 이러한 치열한 여건 속에서 변호사들의 경쟁력을 강화시키는 데 한결 같이 그 필요성을 인식하고 있다. 대한변협은 청변특위를 통해 청년변호사들을 위한 특강을 개최하여 영역개척, 시장확대에 역점을 두었고 대외협력분과위원회를 통해 국내 청년 단체 등과의 교류를 통한 다양한 네트워크를 구성해 직역확대에 힘썼다. 또한 지역분과위원회는 지역 회원의 활동 활성화와 지역 활동 기획 및 실행업무를 담당했고, 멘토링분과위원회는 청년변호사의 실무 능력 향상 및 경쟁력 강화 활동을 진행했다.

대한변협은 법무부와 함께 청년변호사들의 국제경쟁력 강화 및 해외진출을 돕기 위한 장기프로젝트를 진행하고 있다. 척박해진 법조 시장에서 청년변호사들이 살아남기 위해서는 우물안 개구리처럼 현실에 안주하지 말고, 적극적으로 세상을 바라보고 새로운 시도를 할 것을 강조했다. 또한, 준법지원인 대상 기업 확대와 필요적 변호사 변론주의 도입을 위한 입법활동을 비롯해 마을변호사 제도, 법률구조 사업 확대를 통한 일자리 창출에 나섰다.

경기지방변호사회는 청년변호사들에게 긍정적인 마인드로 진심을 다해 고객을 붙잡고, 지역활동을 통해 활동영역을 넓히며, 만나는 사람마다 전화번호를 저장해 내 팬으로 만드는 노력을 강조했다. 또한 고용변호사라도 CEO라는 자세로 더욱 적극적이고 창조적으로 업무에 임하길 권장했다.

인천지방변호사회는 변호사의 사명은 돈을 좇는 것이 아니라 사회정의를 실현하는 것임을 강조했고 어려운 여건 하에서 변화의 물결에 대해 실망하고 좌절할 것이 아니라 변화된 환경과 여건에 눈높이를 맞추고 기본 사명에 충실할 것을 강조했다.

부산지방변호사회는 청년변호사들이 변호사로서 회원으로 연착륙할 수 있도록 위원회 가입이나 회무참여를 적극 독려하고 있고, 동호회, 전문분야연구회를 제도화하여 지원하여 상당한 성과를 거뒀다. 또한, 청년변호사들에 대한 법조윤리교육을 강화하는 데 역점을 두었다. 부산지방변호사는 청년변호사들이 법조계 주변만 보지 말고 용기를 내어 노동청, 세무서, 경찰서 앞으로 진출하기를 권했고 공익활동이나 각종 위원회의 참여를 권장했다.

광주지방변호사회는 변호사안내제도 시행, 소액사건 활성화, 형사당직 변호사제 개선, 중소기업 자문변호사제도 등을 강조했고 변호사의 길을 길게 보고 실력을 쌓으면서 사회 활동을 열심히 하다 보면 의뢰인도 자연스럽게 늘어날 것이라고 회원들을 격려했다. 그리고 청변변호사들, 특히 개인사무소를 운영하는 변호사들이 각 지방회의 상임이사나 이사 또는 각종 위원회 위원으로 활동할 것을 지속적으로 권했다.

대구지방변호사회는 시민들에게 좀 더 가까이 다가가는 변호사회가 될 것을 강조했고, 늘어나는 신입 변호사들이 건강한 변호사로 제 역할을 다해줄 것을 권장했다. 청년변호사들이 형사 사건 자체를 수임하기 어려운 여건을 개탄했고 어려운 여건일수록 원칙에 충실하고 열심히 노력한다면 2~3년 안에 자리를 잡을 수 있을 것이라고 봤다. 변호사의 수가 너무 많다고 해도 아직도 변호사의 도움을 적시에 받지 못하는 사람들이 많이 있다며 젊은 변호사들이 풍토를 바꾸어 주길 바라고 있다.

전북지방변호사회는 각 자치단체, 의회, 공공기관장, 기업체 사장 등을 방문해 고문변호사 증원을 요청하는 데 노력하면서 1기업 1변호사

제도 및 개인변호사 제도와 마을변호사 제도 등을 홍보했다. 지역별 간담회와 '선배 변호사와의 만남' 자리를 마련하기도 했는데, 청년변호사들이 이런 행사에 적극적으로 참여하지 않는 것에 대해 아쉬워하는 분위기도 전했다.

전국에서 처음으로 각 지방자치단체와 적극적으로 협조해서 '찾아가는 마을변호사제도'를 실시했다. 연수교육은 서울회에 의존하기보다는 자체적으로 해결하려고 노력했으며 변호사들이 과거에 안주하지 말고, 시대에 따라 변화하기를 독려했다.

경남지방변호사회는 회원의 발전과 지역민의 행복한 삶에 기여하는 변호사회를 강조하면서 마을변호사제도와 소액사건 소송지원제도를 통해 청년변호사들이 역량강화를 해서 지역에 봉사하기를 독려했다. 지방자치단체에서의 활동을 권장하기도 했고 이제는 송무활동에서 벗어나 기타 영역으로 확대해야 함을 강조했다. 소속회에서의 활동을 통해 소속단체와 사회를 변화시켜가는 주체가 되는 것에 비중을 두었다.

살펴본 바와 같이 각 지방변호사회에서 변호사 업계도 이제는 변화의 물결에 따라 전통적인 변호사의 역할에서 벗어나야 한다는 데 공감대가 형성되어 있음을 알 수 있다. 지방회별로 각기 노력하는 일련의 시도가 있는 것은 맞으나 뭔가 체계적이라는 느낌을 받기에는 아직은 시기상조인 듯하다. 공통적으로 각 지방회에서의 활동에 적극적이기를 강조하면서 지자체 활동과 마을변호사제도 등을 펼치는 데 그치고 있다. 준비가 덜 된 상태에서 개업을 하는 청년변호사들에게 명쾌한 솔루션을 제시하지는 못하고 있다.

신입 변호사가 빠르고 효과적으로 성장하는 방법으로 훌륭한 멘토인 선배 변호사를 만나 보고 배우는 것을 들 수 있는데, 이것은 중대형 로펌에서나 가능한 일이다. 별산변호사나 개인변호사는 이러한 멘토링의 수혜를 누리기 힘들고 노하우를 전수해 줄 만한 선배 변호사들조차도 급격한 수임건수의 감소로 인해 애를 먹고 있는 실정이니 앞으로도 이러한 멘토링의 활성화는 기대하기 어렵다.

로스쿨 출신 변호사들은 개업보다 상대적으로 안정적인 사내변호사나 일반직으로 몰리고, 어쏘변호사인 경우도 이직률이 높고 자긍심이 낮아지고 있다. 배고픈 변호사는 사자보다 무섭다고 한다. 사업가 마인드로 무장한 변호사가 되기 위한 체계적이고 실용적인 교육연수의 필요성은 향후 업계의 중요한 이슈임에 틀림없다.

그렇다면 돌파구는?

선배 변호사들의 입장

선배 변호사들은 일 배울 곳조차 얻지 못하는 청년변호사들의 처지를 안쓰러워하면서도 안타깝게도 실질적인 도움을 주지 못하고 있다. 과거에는 선배들이 존경과 선망의 대상이었지만 최근의 경제적 상황은 그러한 전통도 와해시켰다. 나름 안정감 있게 수익을 창출해 왔던 선배들조차 급격한 수임건수의 감소로 고생하고 있기 때문이다. 전문가들은 이러한 위기를 타개하기 위해서 변호사들이 스스로 달라진 위상에 적응하고 변해야 한다고 강조한다. 적극적인 영업 마인드를 갖추는 것이 화두가 된 셈이다. 변호사 업계는 새로운 직역에 대한 도전을 해야 하고, 합심하여 후배 변호사들의 앞길에 숨통을 터줘야 한다.

변호사 위상의 재정립 절실

먹고살기가 힘들다는 푸념은 이제 잠시 접어두고, 변호사라는 직업에 대한 정체성을 재점검해야 할 시점이다. 변호사의 공급이 적었던 과거의 기준과 전통에 얽매여서는 더 이상 개인이나 업계 전체가 살아남기 어려워질 것이다. 우선 영업에 대한 인식부터 바꿔야 한다.

이전에는 영업력이 좋은 사무장과 연결만 되어 있으면 큰 문제가 없었다. 변호사는 변호사 본연의 일에 종사하고 영업은 사무장이 하면 됐었다. 그러나 지금은 변호사 스스로 영업력을 가져야 한다. 즉 타인에게 의존하지 않고 자체의 영업시스템을 갖춰야 한다는 것이다. 여기에 덧붙여야 할 마인드는 바로 '기업가 정신'이다. 지금까지 변호사가 법률서비스를 제공하는 최정예 전문직이었다면 이제는 스스로가 수익을 내야 하는 기업가라는 사실을 받아들여야 한다. 그러기 위해서는 적극적이고 진취적이며 능률적인 구조로 일하는 기업가가 돼야 한다. 이 두 가지 요소가 가장 절실한 필요조건인데 지금의 변호사 교육연수 프로그램은 이러한 요구에 부응하지 못한다. 법률사례연구나 법률실무가 주를 이루면서 명사강연이 가미된 교육이 많고, 혁신적인 마케팅과 영업시스템 구축에 대한 체계적인 교육이 부족하다. 이제는 법조계에도 비즈니스 교육과 컨설팅 분야가 접목되어야 한다.

다각적인 시도 진행 중

동료들보다 앞서 가는 청년변호사들은 다양한 영업전략을 통해 기업가적인 자세로 임하고 있다. 특정 분야에 전문적으로 틈새시장을 개척하는가 하면 인터넷 블로그 마케팅, 기초의회나 국제기구 등으로의 진

출, 재건축조합장 진출, 기초의회의원 진출, 학계 진출, 기업 일반부서
에 근무 등이 여기에 해당된다.

향후 도전 및 과제

여기저기에서 변호사 수를 감축해야 한다고 난리다. 맞는 말이다. 그
러나 그 외의 다른 말은 별로 없다. 정부도, 대학도, 법조계도 많은 새
내기 변호사들의 숫자에만 대고 아우성이다. 어쩌면 지금의 이런 혼란
은 더욱 성숙한 시장으로 가는 과도기로 볼 수 있다.

변호사 업계는 변호사의 사명을 양질의 법률서비스와 사회 정의 실현
에 국한해서는 안 된다. 경제적으로 독립하는 비즈니스 시스템을 신규
변호사들에게 장착해줘야 한다. 그러기 위해서는 대한변협과 지방회,
연수기관, 로스쿨 등의 교육과정 업그레이드가 절실하다. 물론 변호사
들도 새로운 마인드 무장이 필요하다. 그리고 새로운 시스템을 장착하
기 위한 새로운 도전을 기꺼이 받아들여야 한다. 그리고 근본적으로 국
민에게 도움이 되는 멋진 일을 하는 전문직이라는 자부심을 끝까지 유
지해야 한다. 거친 파도야 있겠지만 이는 충분히 극복할 수 있다. 막연
한 메시지가 아니다. 나는 그것을 앞당기기 위해 이 책을 쓰고 있다. 적
어도 무연고 지역에서 자신 있게 개업하기를 주저하지 않는 변호사를
양산할 수 있는 정도의 실용적인 교육프로그램을 만들어낼 수 있다.

어떤 변호사이길
원하는가?

어떤 변호사이길 원하는가?

변호사 마케팅이 쉽지 않은 이유

어떤 이유로든 개업변호사가 되었다면 이제 가장 중요한 이슈 중 하나는 마케팅이다. 당신이 전문분야에서 얼마나 출중한 법률지식을 쌓았는지, 고용변호사 시절 얼마나 좋은 승률을 가졌는지는 몰라도 이제 관건은 수익이고 수익은 고객을 통한 수임에 있다. 따라서 수임을 낳는 마케팅 파이프라인을 가져야 한다. 그동안 그 마케팅 역할을 관장해왔던 사무장들이 점점 득세하는 이유가 바로 여기에 있다.

배출되는 변호사 수가 많다 보니 인당 월평균 수임건수가 급감하고 자연스럽게 고객과 닿아 있는 사무장이 힘을 얻는 것이다. 그래서 생겨난 것이 사무장펌 아닌가. 상황이 이렇게 급박하게 돌아가는데도 많은 변호사들은 경제적으로 힘들다는 말만 하지 새로운 마케팅 동력을 구축하는 것은 그저 망연자실하게 지켜만 보고 있다. 그렇다면 어떤 마케팅 기법을 몰라서 그런 것인지 살펴 보자. 일부 변호사는 새로운 기법을 적용해서 수임할 것이다. 그러나 단언컨대 여전히 많은 변호사들은 팔 걷어붙이고 이 마케팅 작업에 전력질주 하는 것을 고민한다. 과연 어떤 이유 때문일까?

아니 변호사가 세일즈맨도 아니고, 웬 마케팅?

'어떻게 한 공부인데, 최고의 전문직인 변호사가 할 일은 따로 있는데, 마케팅·세일즈는 내 영역이 아닌데'라는 인식이 문제이다. 한번 돌아보자. 요즘 힘든 전문직이 변호사뿐일까? 의사, 회계사도 힘들어 하고 있다. 수익 문제로 폐업하는 개원의가 속출해 의사들도 월급직을 선호하고 있고, 회계사들도 갈수록 몸값이 떨어져서 크게 고민하고 있다.

변호사, 의사, 회계사도 영업기반이 약하면 수익성이 악화되고 먹고 살기는 점점 어려워진다. 변호사는 법률지식을 근간으로 하는 비즈니스맨이라는 인식을 놓으면 안 된다. 사업은 고객이 주는 대가로 수익을 낸다. 그런데 사실 많은 변호사들이 합격하기 위해 몇 년간 공부만 열심히 해온 책상머리 출신들이라 아무래도 이러한 전환이 쉽고 빠르게 되지 않을 수는 있다. 이해가 된다. 그러나 아무리 그래도 마케팅 기반이 없는 변호사의 앞길은 갈수록 막막하리라는 것은 자명하다. 더욱이 5년 후면 3만 변호사 시대, 그 누구도 피할 수 없다.

이미지상 곤란하기 때문에

우리나라 국민 정서상 전문직이 마케팅하는 것에 대해 과연 대중이 좋게 봐 줄까 하는 두려움이 있는 경우도 적지 않다. 영업이란 단어에서 많은 변호사들이 자동차영업이나 보험영업을 떠올리면서 진저리친다. 자기와는 어울리지 않는 영역일 뿐 아니라 그런 활동을 위해 수년간 고생한 것은 결코 아니라는 고정관념 때문이다.

이와는 별개로 특정 분야 전문변호사 중 상해나 형사사건을 전담하는 변호사의 경우 광고문구를 작성하기가 곤란한 경우도 있기는 하다. 예를 들어 '감방에 갈 일 있으면 언제든지 연락 주세요'라든가 '3도 이상 화상을 입은 사고에 대한 합의는 제 전문입니다'라는 것도 왠지 어색하고 이상해 보인다. 그러나 이러한 문구들은 얼마든지 개선할 수 있는 여지가 있기에 큰 걱정거리는 아니다.

변호사 광고가 어디까지 허용되는지에 대한 혼란

변호사업무광고규정에 따르면 변호사는 인터넷을 이용하여 홈페이지 링크 및 키워드 검색서비스 등을 통해 변호사 본인의 홈페이지를 소개하는 방식의 광고를 할 수 있다. 또 포털사이트를 비롯해 국내외의 신문, 잡지, 전화번호부, 케이블, 방송 등 각종 매체를 통해 자신을 광고하는 것도 원칙적으로 허용된다. 이외에도 간판뿐 아니라 인사장, 연하장, 달력, 명함 등의 유인물 또는 복사물과 안내책자, 기념품, 법률상담, 설명회 등을 통한 광고도 가능하다.

그러나 변호사가 일정 무료법률상담에 따라 포털사이트로부터 광고료를 지급받는 경우는 다르다. 변호사가 간접광고형태로 이익을 얻고,

형식적으로는 무료지만 영리 목적으로 운영되는 포털사이트는 이를 이용하여 실질적으로 영리 사업을 하는 것으로 간주되므로, 변호사가 아닌 자와 동업을 하는 경우에 해당돼 허용되지 않는다. 또한, 인터넷등 광고기준 제3조에서도 제3자는 변호사를 통해 일반 법률소비자에게 무료로 법률상담을 하는 경우 회비, 사용료, 수고비, 리베이트 등 금품 기타 이익을 받게 하거나 약속하도록 해서는 안 된다고 명시하고 있다.

한편 현수막을 게시하는 방법은 현행 보통 법무법인의 경우 건물 앞 층별 안내물을 통해 광고가 행해지고 있기에, 현수막은 변호사의 품위와 관계가 있는 것으로 보아 원칙적으로 금지된다. 이외에도 변호사는 광고이면서도 광고가 아닌 것처럼 가장하는 방법, 광고전단, 명함 등 광고물을 신문이나 기타 다른 매체에 끼워 배포하거나 공공장소에서 불특정 다수에게 나눠주는 일, 확성기, 어깨띠 등을 사용하여 광고하는 행위 등을 해서는 안 된다. 또한, 협회에서 자격등록신청이 수리되기 전이나 소속 지방변호사회에서 입회신청이 허가되기 전에 미리 변호사 업무에 관한 광고를 해서는 안 된다.

그리고 자동차, 전동차, 기차, 선박, 비행기 기타 운송수단의 내·외부에 광고물을 비치, 부착, 게시하는 행위와 불특정다수인에게 팩스나 우편, 전자우편, 문자메시지 등을 보내는 것을 금지하고 있다. 이 중 불특정다수인에게 행하는 광고방법은 소속지방변호사회의 허가를 받으면 가능하며, 지하철 역사 내의 변호사 혹은 법무법인의 조명광고와 법률상담 형식의 광고는 원칙적으로 가능하다. 또 광고방법에 있어서 현재 및 과거의 의뢰인, 친구, 친족 및 이에 준하는 사람 이외의 사람을 방문하거나 전화를 거는 방법으로 광고를 해서는 안 된다고 명시하고 있으나, 상대방의 동의나 요청이 있는 경우는 예외로 한다고 규정한다.

변호사는 주로 취급하는 업무인 민사법, 부동산관련법, 손해배상법, 가사법 등을 적절히 선택해 표시해 광고할 수 있으나 '전문' 표시의 경우 '변호사선문분야등록에관한규정'에 따라 선문분야 등록을 한 변호사만이 사용할 수 있다. 그러나 '최고', '유일' 기타 유사한 용어를 사용해 변호사 자신이나 업무에 대하여 광고할 수 없다. 유료 또는 무료 법률상담에 관한 사항도 광고할 수는 있으나 변호사가 아닌 자가 법률상담의 대가의 전부 또는 일부를 직접 또는 간접적으로 갖는 경우나 변호사 또는 법률 상담의 대상자가 법률상담 연결 또는 알선과 관련해 대가를 지급하는 경우 등에 한해서는 제한된다.

일반인들이 좋은 변호사를 구별하는 것이 쉽지 않기 때문에

국민 대다수는 좋은 변호사와 좋은 로펌을 구별하는 것이 쉽지 않다. 이는 비단 변호사 시장에 국한된 것이 아니라 모든 전문직에 적용된다. 대형 로펌이나 전관변호사에 준하는 경우가 아니고서는 사람들은 어떤 변호사를 선택해야 할지 난감하다. 그래서 일단 전문성이 요구된다. 그 변호사가 해당분야에서 얼마나 많은 업적을 이루었는지에 대한 구체적인 레퍼런스가 아무래도 잠재고객에게는 중요하기 때문이다. 하지만 더욱 중요한 것은 법률지식이 탁월하고 승률이 높은 변호사라도 중요한 것은 '잠재고객이 그렇게 인식하는가'의 여부이므로 효과적인 마케팅은 더욱 중요하다.

마케팅·세일즈를 못하게 하는 감춰진 복잡한 속내

"내 고객은 달라요. 그들은 세련되고 우아한 화이트 칼라여서 이러한 싼티 나는 마케팅·세일즈 활동을 싫어할 겁니다."

"내 고객층은 현장직인데, 그 단순한 사람들한테 이러한 복잡한 내용을 알려줘도 씨알머리도 먹히지 않을 겁니다."

"직접 편지를 하라구요? 그건 비윤리적이지 않나요? 그렇게까지 해서 먹고살고 싶지는 않습니다."

"포털사이트에 이 분야 최고 변호사를 검색했을 때 내가 당당하게 제일 위쪽에 올라갈 수만 있다면 더 이상 뭘 바라겠어요?"

"내가 변호사가 된 지도 벌써 20년이 넘었는데 이 바닥에서 모르는 게 있을 수 있나요? 변호사 광고? 그거 어림 없는 일입니다."

"경제가 점점 안 좋아져서 사람들은 돈이 없기 때문에 갈수록 수임으로 버텨나가기 힘들 겁니다."

"수임도 안 돼서 임대료도 못 낼 지경인데 돈을 들여 판촉을 하라구요? 그럴 여유도 의지도 없다구요."

"지금 맡은 일 처리하기에도 급급한데 그런 것까지 하라고 하는 건 정말 무리예요. 힘들지만 그건 내 일이 아니라고 생각해요."

로펌이 기업의 영업세계로부터 벤치마킹할 점

로펌도 격심한 경쟁 속에서 저마다 우위를 점하고자 지속적인 노력을 해왔다. 규모별로 비슷한 경쟁 로펌과의 생존경쟁에서 치열한 활동을 하고 있다. 하지만 그 결과 현재 상황이 갈수록 만만치 않게 전개되고 있다. 변호사 합격자 수가 급증하고 경제성장세가 둔화됨에 따라 새로운 성장동력이 절실하게 필요한 시점이다. 그러기 위해서는 이제는 영리를 목적으로 하는 일반 기업을 벤치마킹하는 것이 필요하다. 물론 법조인들은 사명감을 중요한 가치로 여긴다. 그 사명감을 유지하면서 고수익을 올리기 위해서는 법조계 바깥 세상에서 실마리를 풀어볼 여지가 있다.

기업의 영업세계에서는 고객에게 팔 제품이나 서비스의 품질도 중요하지만 고객접점에서 세일즈맨들이 고객에게 주는 인상, 즉 호감도가 중요한 부분을 차지한다는 것을 명확하게 알고 그에 준하는 준비가 된 세일즈맨을 투입한다. 변호사 업계에서는 흔히 법률적인 숙련도와 승소율이 뛰어나면 곧바로 수임과 직결된다는 식의 사고가 만연해 있다. 과연 그럴까?

많은 경우 의뢰인은 사정이 급하면서도 막상 대면한 변호사의 인간적인 됨됨이나 이미지가 별로 내키지 않으면 수임 결정을 주저하는 경향이 있다. 즉 자기 처지에 대한 공감대(rapport)가 제대로 형성되지 않으면 다른 변호사를 알아보려는 것이다. 변호사 실무수습에서 이러한 대인관계의 중요성에 대해 어느 정도 트레이닝을 하는지 궁금하다. 하지만 여러 변호사들의 인터뷰 자료를 보면, 대부분 자료 조사 및 사건 자료를 보고 검토의견서를 써보는 것이 고작이다. 따라서 사람에 대한 이해와 연구가 절실하다. 물론 워낙 급한 경우라면 이러한 사항들이 상대적으로 덜 중요해질지는 몰라도 기업이나 단체의 고문변호사, 로펌변호사, 사내변호사 모두 공감대 형성능력이 갈수록 더 중요해진다.

신참 변호사의 경우 실무를 익히고 전문성을 넓히는 일이 당연히 중요하지만, 본인이 타인에게 어떤 식으로 보여지고 어떤 느낌을 주는지에 대한 트레이닝에도 투자를 해야 한다. 잠재고객에게 연락 오게 하는 일, 많은 미팅을 잡는 일, 잡은 미팅 건 중에서 최다 수임을 하는 일 모두가 중요하다. 일반인들은 변호사에게 오는 걸 주저한다. 자기 여력으로 버텨보다 도저히 안되겠다 싶어 오는 것이다. 그러므로 초조하고 예민한 경우가 많은데 이럴 때는 사소한 점도 크게 느껴지므로 의외의 이유로 수임 의뢰를 주저할 수 있다. 변호사들은 신뢰를 바탕으로 효과적으로 유연하게 공감대를 형성하는 법을 꼭 배양해야 한다.

변호사에게 마케팅이란 의뢰상담 약속을 만드는 것까지 투입하는 노력을 의미한다. 그리고 세일즈란 상담 고객을 만나서 결국 수임을 따낼 때까지의 노력을 말한다. 개업 변호사는 혼자서 이 두 가지 영역의 일을 시스템화하여 가동되게 해야 한다. 자의건 타의건 일단 개업변호사가 되었다면 이 두 가지 영역의 일을 다 소화해야 하기 때문에 초반에 집중해서 애를 써야 한다. 그런데 안타깝게도 이러한 교육을 체계적으로 하는 곳이 별로 없다. 대형 로펌이나 중견 로펌은 조직이 형성되어 있고, 경륜 있는 멘토가 있어서 정교한 멘토링이 가능할 수 있으나, 대부분은 별산제 로펌이나 개인법률사무소 형태여서 어깨너머로 배우는 것마저 쉽지 않다.

신규 고객을 확충하는 일도 중요하다. 개업 초기에는 지인 소개로 수임을 하는 것이 보편적인데, 그 파이프라인이 바닥을 드러내면 가동자금 내에서 위축되다가 결국 신규 개척을 해야 한다고 여기게 된다. 그런데 대부분의 변호사들은 이러한 영업적인 활동에 대해 부정적인 선입견이 있기도 하고 개인성향에 따라 사람을 대면하는 것을 힘들어하기도 한다. 심적으로는 부지런히 만나고 돌아다니려고 해도 몸이 따라 주지 않는 경우도 많고, 막상 어디서부터 손을 대야 할지 몰라 망연자실해 한다. 혼자서도 할 수 있는 마케팅 시스템을 반드시 장착하고, 직접 상담에서도 강력한 친화력과 교섭력을 발휘하지 않으면 안 된다. 틈새시장을 잘 선정하고 체계화된 마케팅 툴을 적용하여 유망 고객리스트를 작성하여 수임확률과 수익성을 극대화할 수 있다.

기업에서는 애초에 영업부서 인원을 구성할 때 이러한 시스템을 만들어 놓고 대인역량이 출중한 인재를 배출하는 데 익숙하다. 하지만 변호사 업계는 이러한 시스템을 체계적으로 전수하는 곳이 현재로써는 별로 없다. 대형 로펌은 자체적으로 교육파트가 있고 다양한 프로그램을 연수하지만 대부분의 변호사들은 그 혜택을 누리지 못한다. 그나마 도제식이라도 선배 변호사를 통해 배울 수 있는 기회가 있었지만 업계의 급박한 현실 속에서 선배 변호사들이 편하게 전수할 상황도 못된다. 변호사의 수는 급격히 늘었는데, 전문성과 업무력이 일천한 신입 변호사들은 더욱 막막한 상황일 수밖에 없다. 이외에도 로펌이 기업에게 배워야 할 만한 점으로는 주요 고객관리, 합리적이고 동기부여를 주는 보상체계, 성공에 대한 객관적인 지표설정 등을 들 수 있다.

개업변호사의 성공 여부에 큰 영향을 미치는 요소

자기 이미지(Self-image)

변호사마다 자기가 되고 싶은 변호사상이 있기 마련인데, 이때 개인마다 그 내용을 형성하는 요소는 여러 가지가 있을 수 있다. 그중에서도 가장 강력한 인자는 바로 자기 이미지이다. 내가 나를 어떻게 여기는지가 큰 변수로 작용한다. 그렇기 때문에 급변하는 법조시장에서는 성공하는 변호사에 대한 개념이 저마다 다를 수밖에 없다.

이것이 중요한 이유는 자기 이미지가 새로운 마케팅·세일즈 기법을 배워도 실제로 적용하는 사람과 안 하는 사람이 생기는 결정적인 변수로 작용하기 때문이다. 특히 개인변호사는 혼자서 동시에 여러 가지 기법을 가동하기 힘들다. 안정적인 수익구조로 효과적이고 효율적으로 가기 위해서는 나에게 적합하고 유리한 방법을 우선적으로 가동하고 이에 집중하는 것이 무척 중요해진다. 그러기 위해서는 나에 대한 이해를 도와주는 공부가 필수적이다. 변호사 마케팅은 몰라서 못하기도 하지만, 알아도 다 하지 않는다. 사건의견서 작성하느라 혹은 자료 수집하느라 정신없다고 이 노력을 게을리해서는 독립채산 구조를 이루기가 더 요원해질 수밖에 없다.

숲에서 더 효과적으로 벌목하기 위해서는 톱질을 빠르게 하는 것도 중요하지만 톱날을 예리하게 세우는 것이 더 중요하다. 자기 이미지에 부합하는 방법론을 전개하는 것이 시간대비 효과측면에서 큰 비교우위가 있다.

제한적 신념 바꾸기(Changing limited belief)

성공적인 삶을 살기 위해서는 이러한 신념을 미래에 대한 희망, 유능함과 책임감, 그리고 자존감으로 바꾸어 나가야 한다. 개인의 정체성과 관련된 신념이 개인의 삶에 미치는 영향은 엄청나다. 정체성에 관한 제한적 신념은 이런 것들이다.

"나는 무능력해. 쓸모 없어. 피해자야."
"난 성공할 자격이 없어."
"난 사람들 만나서 영업하는 것은 정말 질색이야."
"성공은 나랑 상관이 없어."

이러한 제한적 신념들은 무언의 가정과 전제조건이 스며들어 있어서 스스로 찾아내 없애기가 어렵다. 때때로 사람들은 이러한 제한된 신념으로 인해 더 나아가지 못하고 포기를 한다. 이러한 난관에 제대로 대처하기 위해서는 제한적 신념을 찾아내고 그 자리를 적절한 새로운 신념으로 대체해야 한다.

제한된 신념을 바꾸려면 '어떻게'로 시작하는 새로운 질문을 만들고 스스로 진지하게 자문하면 매우 효과적이다.

"변호사가 마케팅이나 영업활동을 하는 것은 무모한 짓이야."
➡ "어떻게 해야 변호사가 마케팅과 영업활동을 해낼 수 있을까?"
"난 소심하고 내성적이라서 고객을 만드는 일을 잘 못할 거야."
➡ "어떻게 하면 내가 고객을 잘 만들 수 있을까?"
"난 공부는 자신 있지만 대인관계는 정말 자신 없어."
➡ "어떻게 하면 대인관계도 공부처럼 잘할 수 있을까?"

용기(Courage)

비슷한 경력의 변호사가 실적 면에서 큰 차이를 보이는 경우, 과연 어떤 인자가 크게 작용했는지 많이들 궁금해한다. 그중에서도 결코 간과할 수 없는 것이 바로 용기다. 독창적인 마케팅·세일즈 기법을 안다고 수임실적이 높아진다고 장담할 수는 없다. 왜냐하면 일류 변호사는 매일 그들의 귀중한 요소를 실전에서 적극적으로 구현해냈기 때문이다. 그렇기 때문에 탑세일즈맨들은 자기가 속한 업계가 아닌 타업종의 최고 실력자들을 끊임없이 벤치마킹한다.

이러한 노력들이 이제 변호사 업계에서도 가속되어야 한다. 법조계 안에만 갇혀 있지 말고, 용기를 발휘하여 도전하고 집중해야 한다. 그러나 너무 겁낼 필요는 없다. 변호사 마케팅은 흔히 알고 있는 고단한 영업활동과는 다르게 변호사의 품위를 유지하면서도 고소득을 낼 수 있기 때문이다. 이전까지의 획일화된 법조인의 틀을 벗어나고자 하는 자세로 새로운 마케팅·세일즈 시스템을 장착하는 데 전력을 다하고, 주도적이고 집중적인 활동을 한다면 얼마든지 개인변호사들도 좋은 결실을 일궈낼 수 있다. 상담을 잘 해놓고도 나에게 맡겨 달라고 자신 있게 도전하지 못해서 잃은 수임 건이 그 얼마나 아깝던가.

기업가 정신(Entrepreneurial spirit)

수임을 많이 받기 위해서는 투철한 기업가 정신이 필수적이다. 즉 전문가에서 사업가로 자기 인식을 해야 한다. 전문가의 입장을 견지할 때 가장 큰 장애물은 전문성을 확보하고 인지도가 높아지면 게임은 끝난 셈이라고 여기는 것이다. 기업가 정신의 결정적인 특징은 '실적으로 말하자'는 자세이다. 전문성은 노력하는 만큼 쌓이고, 효과적인 홍보활동을 한다면 인지도도 올라갈 것이다. 그러나 그 자체가 반드시 성공을 의미하지는 않는다. 그러한 노력들이 결과적으로 얼마만큼 수임으로 돌아오는가가 중요하기 때문에 결실을 얻기 위해서 필요한 요소는 더하고, 불필요한 요소는 과감히 쳐내는 일에 주도적이고 냉정하게 임하는 것이 바로 기업가 정신이다. 기업가 정신에 대한 비중이 높아질수록 그 변호사는 막연하게 수임이 걸리기를 기다리지 않고, 수임이 더 되게 하는 시스템을 구축하는 데 온 정성을 다하고 집중할 것이다.

생계형 전문직으로
내몰리는 진짜 이유

전문직이 사업적인 성공을 이루기 위한 능력은 선천적으로 타고나는 것이 아니라 충분히 배워서 내 것으로 만들 수 있는 영역 내에 있다. 지금껏 변호사 업계에서 이러한 실용적인 노력이 간과되었던 이유는 변호사가 워낙 인지도가 높고 탄탄대로에 있었던 전통 때문이다. 정보집약적인 시대가 가속화되면서 사회 전반에 걸쳐 전통적인 가치관이 빠르게 무너지거나 변하고 있다. 최근 몇 년 사이에 변호사 합격자 수가 급격히 증가한 것으로 변화의 원인을 돌리는 것은 문제의 본질보다는 드러난 현상에 치우친 느낌이 든다. 물론 합격자 수가 가시적으로 변화를 몰고 온 것은 맞다. 그러나 그 이면에는 더 큰 패러다임의 변화가 있었음을 무시해서는 안 될 것이다.

변호사가 되면 대개 희망하는 분야에서 전문성을 인정받아서 사업적으로도 성공하고 명성도 쌓아가며 주위를 돕는 멋진 전문가로 살아가고 싶어한다. 그런데 막상 요즘 개업한 변호사들의 속내는 사실 많이 복잡하다고들 아우성이다. 수임건수가 급격히 줄어서 사무실비도, 직원급료를 막기도 바쁜데 어느 누구한테도 자기가 그렇게 힘들다고 하소연하기가 쉽지 않기 때문이다. 사회통념적으로 '변호사'라고 하면 경제적 지위에 대한 기대가 나름대로 형성되어 있기 때문이다. 친한 동료 변호사나 합격동기생 정도라야 소주 한 잔 걸치면서, 한숨을 쉬면서 푸념을 할 수 있었으리라. 경제적인 안정을 통해 품위 있고 우아하게 살아가는 전문직의 프리미엄을 누리지 못하는 이유는 다음과 같다.

"마케팅? 영업? 그걸 나보고 하라고?"

수년 간 치열한 공부를 하고 변호사가 된 입장에서 보자면 이런 말을 하는 것도 무리는 아니다. 마케팅이나 영업은 애초에 나와는 상관이 없는 영역이라고 여기는 것이 그간의 암묵적인 현상이었다. 그러나 아무리 법률에 정통하고 변론을 잘해도 수임을 하지 못하면 의미가 없는 것이 변호사와 같은 전문직의 태생적인 운명이고 모든 비즈니스에 다 적용되는 법칙이다. 치열한 경쟁을 하고 얻은 자격증으로 우아한 전문직의 삶이 보장되지 못한다면 변호사라는 직업에 대한 개념부터 재조명해야 한다. 그리고 스스로 움직이는 작은 기업이라는 정체성을 갖는 것이 중요하다.

그러자면 조립, 가동, 생산, 판매, 유지보수 등의 프로세스를 지닌 시스템을 보유해야 하고, 적절한 시스템이 갖춰지면 지속해서 가동되도록 해야 한다. 그 프로세스에서 마케팅과 영업은 절대 빠질 수 없는 영역인데, 자체 개발을 하든지 외주를 주든지 꼭 살아 숨쉬는 시스템을 작동시켜야 한다. 진작부터 변호사에게는 투철한 기업가 마인드가 필요조건이었다. 당신은 적어도 2년 전부터 그런 생각을 했어야 했다. 하지만 지금도 결코 늦은 것은 아니다.

애초에 사업개발 플랜 수립에 실패해서

단발성으로 또 비지속적으로 하는 활동에도 계획이 필요하기 마련이다. 계획 없이 산발성으로 하는 사업개발 활동이 가시적인 성과를 내는 것은 무리가 있을 수밖에 없다. 또한 계획 자체가 실행할 여력이나 여건이 되지 않아서 실질적으로 행동으로 이어지지 못하는 경우도 많다. 행동의 실행이 있기 위해서는 몇 배가 더 강한 마인드 차원의 변혁이 있어야 한다.

지속해서 사업개발 활동을 하지 못해서

업계가 긴박하게 돌아가는 걸 알아채고 다른 변호사들보다 먼저 사업개발 프로세스를 구축한 변호사도 있다. 거기까지는 좋았는데 지속해서 그 시스템을 가동하는 데에서 발목을 잡힌 경우가 종종 있다. 어렵게 시간을 내서 마케팅 활동을 하는데 갑자기 처리할 일이 늘어나고 그 후속작업에 매달리다 보니 자꾸 미루게 되고 결국 중지하는 것이다.

일단 당분간은 평소와 같은 수임 실적이 유지되다가 어느 시점이 되면 확 떨어지면서 좀처럼 회복하기 어려운 경우가 주위에 많다. 지속성은 비즈니스 성공에 있어서 빠질 수 없는 덕목이다. 지금 당장을 처리하는 데 급급하면 반드시 수임에 체증이 걸릴 때가 온다. 문제는 그때에 마케팅이나 영업을 시작해서는 늦는다는 점이다. 감춰진 실패에 민감해져야 한다.

"그럴 시간이 어디 있어요? 안 그래도 정신 없는데"

지금 책상에 정독할 문건과 써야 할 사건보고서가 수북한데, 무슨 별도의 마케팅 활동을 하라니 말도 안 된다고 할 분도 많을 것이다. 톱으로 나무를 자른다고 생각해보자. 더 많은 나무를 벌목하기 위해서 두 가지 방법을 쓸 수 있다. 하나는 톱질을 더 세고 빠르게 하는 방법이고, 다른 하나는 톱날부터 예리하게 간 다음 다시 벌목을 하는 것이다.

지금 바쁜 것은 일단은 미덕이다. 놀고 있지 않으니까. 하지만 잘 생각해보면 본인이 노동집약적인 전문가라는 사실을 발견할 시점이 있을 것이다. 그때 가서 뒤늦게 시작할 이유가 없다. 여기저기 자문해서 얻는 팁은 여느 변호사들에게도 있기 마련이다. 그래서 괜찮다 싶은 방법을 실행해 보는데 사실 마케팅 활동이란 것이 농사와도 같아서 씨를 뿌리고 잡초를 뽑고 알갱이가 여물 때까지 시간이 걸리는 법이다. 시간의 탄력성을 꼭 염두해서 추수한 쌀을 거둘 건지, 아니면 모내기 중인 벼를 생짜로 씹을 것인지 스스로 가려야 한다.

"그런 활동은 특정한 사람들에게나 효과가 있겠죠"

지적 전문가인 변호사에게는 그러한 활동이 별로 효과가 없다고 여기는 경우도 있다. 그런 활동은 사람도 많고 인적 인프라가 갖춰진 규모 있는 로펌이나 가능하지 별산제나 개인변호사에게는 적용할 여지도 많지 않고 아무튼 아니라고 본다는 것이다. 하지만 대형 로펌, 소형 로펌, 개인변호사 심지어 재택변호사도 저마다 일장일단이 있다는 사실에 주목하자. 또한 규모별, 형편별로 적합한 사업개발 요령이 있는 것도 사실이다.

"난 초보 변호사라서 그런 활동을 하기엔 너무 어리고 경험이 없어요"

지금 많은 청년변호사가 여기에 해당할 것이다. 연수원 출신 변호사들은 그래도 그간 노하우를 집약한 교육시스템으로 2년간 실무연수를 받아 실전에서 바로 법률서비스를 시행하는 데 큰 무리가 없는 반면, 로스쿨 출신 변호사들은 실무수습제도가 겉돌고 있고, 법학을 전공하지 않은 경우가 많아서 개척하고자 하는 분야의 법률실무를 수행할 때 준비가 덜 된 경우가 발생하고 있다.

어쨌든 변호사가 되고 나서도 몇 년 동안 개업준비를 할 시간이 필요하다고 여기는 경향이 강한데, 그 기간을 버틸 수 있는 경제적 여력이 미비하다는 점이 결정적인 고민이다. 게다가 로스쿨의 경우 대출로 비싼 교육비를 충당한 경우도 적지 않아서 빚을 안고 출발하는데, 로펌이나 기업에 취업이 워낙 어렵다 보니 어찌 보면 원치 않는 개업을 한 경우가 많다. 일단은 지인을 통해 수임을 받고 근근히 버티는 마당에 이런 활동에 대해 적극적인 의지를 갖기가 쉽지 않은 실정이다. 그래서 그동안 큰 효과를 본 방법이 좋은 멘토링을 받는 것이다. 그런데 요즘은 이마저도 쉽지 않다. 실무수습연수 6개월에 기대를 걸고 가보면, 막상 단순 반복업무나 비법률적인 행정일을 하기도 하고, 멘토의 역할을 해줘야 하는 선배 변호사마저 수임을 위해 돌아다니기 바쁘니 도제식으로 정교하게 실무를 익히기 힘들다.

그래서 더욱 사업개발 활동에 비장한 각오로 뛰어들어야 하는 것이다. 막다른 골목에서 슈퍼 파워가 나올 수 있다. 막다른 골목이 어쩌면 또 다른 성공의 출발점이 될 수도 있다. 아니 그럴 가능성이 얼마든지 있다. 마케팅이나 영업활동은 지금 당장 시작할 수 있는 것이 많다. 계획을 잘 수립해서 지속성 있게 추진하면 반드시 그 달콤한 결실을 얻을 수 있을 것이다.

전문직의 성공 방정식, 비즈니스 개발 활동

경기가 침체되면 어디나 인력 감축이나 이동이 불가피하다. 전문직도 예외는 아니다. 중대형 로펌에서도 퇴직과 이직이 불황에 더 잦다. 이렇게 불이익을 받는 전문직의 공통점 중 하나는 고객층이 얇다는 점이다. 수익화 할 수 있는 고객이 끊기거나 개발하는 데 시간이 오래 걸리면 스스로 아무리 실력이 있고 많은 지식을 지녔다고 하더라도 수익을 지속적으로 창출하기 어렵게 된다.

성공한 전문직에게 전문지식과 활용능력은 기본이다. 이면을 깊게 살펴보자면 그들은 모두 고객에게 더 많은 만족을 제공해 왔다. 그러한 만족은 일회성 노력으로 되지 않는다. 지속적으로 고객을 발굴하고, 계약을 하고, 수임 이후에도 접촉을 하고, 고객이 더 잘되는 데 있어서 공헌을 한 결과인 셈이다. 그러기 위해서 전문가는 자기만의 비즈니스 시스템을 구현해 내야 한다.

변호사의 경우 여기에 해당하는 비즈니스 활동은 다음과 같다. 매체나 업계지를 통해 지속적으로 칼럼을 기고하는 일, 지방변호사회 활동에 적극적으로 참여하는 일, 협회나 업계, 지자체 등에서 고문 역할을 수행하거나 그들의 이익을 위한 대변 역할을 하는 일, 최신 판례연구자료를 요약해서 고객들에게 뉴스레터를 제공하는 일 등을 들 수 있다. 이러한 활동들은 잠재고객이나 기존 고객 모두에게 구체적으로 전문성을 느끼게 하는 역할을 한다. 전문가에게 중요한 것은 진짜 그런 실력을 지녔는지에 국한되지 않고 타인들의 인식, 즉 포지셔닝(positioning)이 중요하다.

포지셔닝은 내가 주장하는 바가 아니라 고객이 인식하는 바가 포인트다. 그러한 인식 차원은 뇌가 주관한다. 본질도 중요하지만 어떻게 인식되어 통용되는지가 더 중요하다. 그런데도 현재 인터넷에 올라와 있는 많은 로펌이나 개인법률사무소의 홈페이지에 가보면 그러한 포지셔닝보다는 자기가 보유한 전문성이나 실적을 통해 어필하려는 흔적이 너무도 많다. 그것만으로는 부족하다. 경쟁은 더 치열해지고 연간 배출되는 변호사의 누적수치는 더 높아져만 갈 것이다.

성공하기 위한 구체적인 활동이 제대로 결실을 맺기 위해서는 제대로 수립된 전략이 무엇보다 중요하다. 하지만 성공을 좌우하는 결정적인 인자는 바로 그 전략을 지속적으로 행하는가에 달려있다. 사실 부담스러울 수가 있다. 지금 처리하거나 검토할 일이 산적해 있는데 언제 그런 활동까지 하냐고 볼멘 소리가 나올 수 있다. 그러나 잊지 말아야 할 것은 이건 비즈니스라는 점이다. 다시 말해 생계에 직접적으로 영향을 미치는 일이라는 것이다. 하기 싫다고 부담된다고 회피할 사항이 아니라는 것이다.

제법 괜찮은 파이프라인을 보유하고 있어서 굳이 그런 활동을 하지 않아도 된다는 분들도 있을 것이다. 당장은 무리가 없을 수 있다. 그러나 그 상태는 어쩌면 당뇨병과도 같다. 즉 모르는 사이 서서히 상태가 나빠지는 것이다. 당장 뼈가 부러지거나 호흡이 가쁜 건 아니라서 방심하게 되고, 적절한 타이밍을 놓치면 각종 합병증으로 이어지는 당뇨병 말이다. 바둑 기사들 사이에서 대국 후 가장 후회되는 경우는 무난한 패배를 당한 것이라고 한다. 이 상태로 가면 크게 지지는 않을 경우 유능한 기사는 승부를 건다. 그래서 판을 흔드는 수를 던지고 상대방을 당황시키는 혼전으로 몰아간다. 너무나도 유명한 전신, 즉 전투의 신이라 불리는 조훈현이 바로 그런 승부사이다.

지금 연결된 후견인이나 사무장, 혹은 기업체 사장을 통해 만들어 놓은 파이프라인에 푹 안주하다가는 또 다른 변수가 생겼을 때 갑자기 끊어질 수도 있다. 그때 가서 다른 루트를 통해 이전 수준의 파이프라인을 만들려고 하면, 갑자기 하루 아침에 뚝 만들어지지 않는다. 시간이 많이 걸린다. 그리고 일련의 이러한 비즈니스 개발 활동은 초기에 투자해야 하는 노력과 시간이 상당히 요구되기 때문에 임시 방편인 단발성 활동으로는 좋은 결실을 맺기 어렵다. 그리고 꼭 기억할 것이 있다. 전문직들은 이러한 비즈니스 개발 활동을 잘 하는 사람은 따로 있다고 믿는 경향이 큰데, 사실 마케팅이나 영업역량은 배워서 내 것으로 만들 수 있는 영역이다. 전문가는 전문성으로만 승부해야 한다고 여긴다면 앞으로는 점점 더 업계에서 자리를 굳히기가 어려워질 것이다.

늦었다고 여길 때가 진정 가장 빠른 때라는 진부한 말도 있지만, 가슴에 손을 올려놓고 다시 생각해도 지금은 그 말에 반박하기가 매우 어렵다. 지금이라도 승부처를 만들어야 한다. 무난하게 지는 게임은 전문직에겐 사실 수치나 다름없다.

Chapter

/

03

———

워밍업

Chapter 03

워밍업

SWOT 분석

        SWOT 분석은 기업의 내부환경을 분석해 강점(strength)과 약점(weakness)을 발견하고, 외부환경을 분석해 기회(opportunity)와 위협(threat)을 찾아내 이를 토대로 강점은 살리고 약점은 보완, 기회는 활용하고 위협은 억제하는 마케팅 전략을 수립하는 것을 의미한다. 즉 마케팅 기회 창출을 위한 전략과제의 방향과 우선순위를 정하게 해준다.

  이 중 강점과 약점은 경쟁기업과 비교할 때 소비자로부터 강점과 약점으로 인식되는 것이 무엇인지, 기회와 위협은 외부환경에서 유리한 기회, 불리한 요인은 무엇인지를 찾아내 기업 마케팅에 활용하는 것을 말한다. 기업 내부의 강점과 약점, 기업 외부의 기회와 위협을 대응시켜 기업의 목표를 달성하려는 SWOT 분석에 의한 마케팅은 4가지 전략으로 이뤄진다.

  강점은 기회를 개척하고 위협을 피하는 데 이용할 수 있는 특출한

능력으로 경쟁자에 비해 우월한 역량을 의미하고, 약점은 경쟁자보다 열악한 여건과 한계 사항으로 보면 된다. 기회는 외부변수에서 예상되는 사건이나 트렌드를 의미하며 성과와 연계할 가능성이 높은 것을 채택하는 것이 좋고, 위협은 내부역량을 저해하거나 성과에 크게 영향을 미치는 요인이라고 볼 수 있다.

1단계는 SWOT 사실을 발견하여 나열하고, 2단계는 SWOT 조합을 토한 기본 전략대안을 개발하는 것이며, 3단계는 전략적 이슈를 결정하는 과정으로 진행된다.

강점과 약점은 내부적 요인을 분석하고, 기회와 위협은 외부적 요인을 분석한다는 점에 유의해야 한다. 또한 어떠한 외적 요인이나 환경적 요인이 두 가지 영역에 모두에 다른 맥락으로 해석되기도 한다. 그래서 위기가 곧 기회일 수도 있다. 이는 변호사들에게도 현재 열악한 경쟁 구도가 불리한 것이 아니라 다른 측면에서는 얼마든지 호신호로도 여겨질 수 있다는 점을 시사한다. 그래서 같은 여건의 변호사들도 막상 SWOT분석을 해보면 의외로 다른 분석양상을 보이는 경우가 많다.

강점과 약점 발견 시 유의사항은 미래에 중요해질 몇 가지 잠재요인을 구별하지 못하고 가능성을 무차별하게 늘어놓지 말아야 한다는 것이다. 차별화된 능력이 경쟁자에 의해서 비교된 것인지, 아니면 개인적인 열등한 능력이나 조건인지 냉철하게 봐야 한다. 기회와 위협은 흑백논리처럼 양분되기보다는 보는 관점에 따라서 다른 해석이 가능하기 때문에 내가 가진 강점과 약점의 포트폴리오를 잘 따져서 시의적절하게 분석해야 좋다. 관점도 지금을 중시할 것인지 아니면 몇 년 후에 더 비중을 둘지에 따라서도 분석이 다를 수 있다.

4가지 요소에 대한 기술을 마치면 이제 4가지 조합으로 나누어 고려 가능한 전략대안을 도출한다. ①SO(강점–기회)전략은 시장의 기회를 활용하기 위해 강점을 사용하는 것이고 ②ST(강점–위협)전략은 시장의 위협을 회피하기 위해 강점을 사용하는 전략을 말한다. ③WO(약점-기회)전략은 약점을 극복함으로써 시장의 기회를 활용하는 것이고 ④WT(약점-위협)전략은 시장의 위협을 회피하고 약점을 최소화하는 전략이다.

전략적 이슈 설정에 가장 중요한 영역은 곧 발생할 것 같지는 않으나 그 충격이 큰 사건 또는 상황이다. 이런 요건들을 배제하면 나의 경쟁력이 급속히 취약해질 수도 있으니 꼼꼼히 따져야 한다.

SWOT분석은 기업뿐만 아니라 개인에게도 얼마든지 적용할 수 있다. 취업준비생이 입사 전략을 수립할 때나, 영업사원이 판매 신장을 위해서나, 전문직 종사자가 고품격 마케팅을 펼칠 때에도 유용한 전략을 수립하는 데 도와준다. 변호사도 냉정하게 자신을 점검하고 우선순위를 어떻게 둘지, 어떻게 시간 안배를 해야 할지 결정하는 데 이 도구를 사용하면 좋다. 왜냐하면 변호사도 엄연한 비즈니스를 하는 독립사업자이기 때문이다. 물론 로펌에 있는 경우 그 회사가 사업자이겠지만, 언젠가는 독립을 해서 스스로 자신의 비즈니스 시스템을 구축해야 한다고 볼 때, 시기의 차이는 있을지 몰라도 자가 점검해 볼 가치는 충분하다. 변호사는 다음의 유형으로 나눌 수 있다.

- 대형/중견 로펌 소속 어쏘변호사
- 소형 로펌 소속 변호사
- 별산제 로펌 소속 변호사
- 로펌 경력 없이 개업한 변호사
- 중소 로펌 이직 경험이 있는 2~3년 차 변호사
- 사내변호사
- 사내변호사나 관공서로 이직을 고려 중인 변호사
- 여성변호사
- 반고용변호사
- 재택변호사

STP

STP란 마케팅 전략 수립에 빈번하게 사용되는 용어로서, S는 세분화 (segmentation), T는 타기팅(targeting), P는 포지셔닝(positioning)의 약자다. 다양한 시장이 있으므로 이 중 접근 가능한 시장들을 모으고, 그 중에서 중점적으로 다가설 시장을 정한 후, 그 시장에 속한 잠재고객에게 어떻게 인식되는 자리를 점할 것인가를 설정하는 것까지 아우르는 과정을 의미한다.

일반적으로 시장에 세분화하는 기준은 지리적 변수, 인구통계적 변수, 심리적 변수, 행동적 변수 등이 있다. 변호사 업계는 지리적 변수에 민감한 편이다. 그래서 서초동을 중심으로 개업을 하려고 기승인 것이다. 하지만 그러한 전통도 요즘은 사정이 달라졌다. 수임건수는 줄고 경쟁자는 많아지다 보니 고정비에 대한 부담이 커져서 탈서초동 현상이 일어나고 있을 정도로 변화가 생겼다.

지방회에 속한 변호사들은 자기 연고가 있는 지역을 아무래도 선호한다. 그러한 추세도 이제는 변화가 있어야 한다. 즉 무연고지라도 얼마든지 개업을 할 수 있어야 한다. 이 책을 통해 배운 것을 실행에 옮긴다면 얼마든지 무연고지라도 깃발을 꽂을 수 있겠다는 자신감이 생길 것이다.

고객의 연령층에 따라 다양한 접근 분야를 선정할 수 있다. 그리고 지역과 연령을 조합해서 공략 가능한 영역을 세분하는 것도 가능하다.

심리적 변수도 눈여겨볼 여지가 충분하다. 수임이 꾸준히 잘되기 위해서는 기존 고객의 추천이 가장 유력한데, 어느 시점이 되면 그러한 추천이 끊길 때가 온다. 그래서 평소에 전혀 모르는 가망고객을 발굴하는 노력을 해야 하는데 이왕이면 사회적으로나 경제적으로 영향력이 있는 사람을 만나는 것이 기대수익률이 높다. 이때 아주 유용한 심리적 변수가 있는데 그것은 바로 고객의 에고에 입각한 접근이다. 어느 정도 성공한 사람일수록 거의 예외 없이 더 많은 인정을 받고 싶은 법이다. 이러한 심리적인 변수를 마케팅에 활용하면 아주 좋은 결과로 이어질 가능성이 크다.

행동적 변수는 고객이 수임을 확정하게 만드는 과정에서 고려해야 할 내용이다. 고객의 민감한 변화를 감지하고 의뢰를 하겠다는 의사를 표명하게 하기 위해서는 정교한 설득작업이 필요한데, 이때 행동적 변수가 개입된다.

타기팅은 세분화한 시장을 평가해서 나에게 매력적인 시장을 선정하는 과정이다. 이때 주의할 것은 성장성이 있어 보인다는 것만으로 평가해서는 안 된다는 점이다. 그리고 지금 너무 많은 변호사들이 몰린 시장도 잘 생각해봐야 한다. 내가 평소 가고 싶었던 시장, 자신 있는 시장 중에서 나의 장단점을 감안하여 선정하는 것이 좋다. 이때 눈여겨볼 시장 중 하나는 지금 사양하고 있거나 역경을 맞은 고객층이다. 평소 뉴스를 접할 때 본능적으로 이런 시장의 소식에 민감하다면 감춰진 보고를 먼저 공략할 수 있다. 시장 선정은 역발상도 중요하다. 기존의 틀에서 벗어나서 시장을 바라보는 연습을 한다면 남보다 빨리 틈새시장을 발견할 수 있다.

타깃이 결정되면 포지셔닝을 명확히 해야 한다. 목표로 하는 세분 시장 안에서 존재감을 발휘하기 위해서는 나만의 차별성을 갖고 있어야 한다. 포지셔닝은 최종적으로 고객의 의식 속에서 어떻게 인식되는가에 달려 있다.

많은 전문가들이 포지셔닝을 잘 이해하지 못하고 있다. 그 증거로는 홈페이지를 보면 알 수 있다. 수많은 법률사무소 홈페이지에서 하나 같이 강조하는 것은 전문성과 실적이다. 그것만으로 포지셔닝이라고 할 수 없다. 딱 한 마디로 고객이 인식하는 그 무언가를 명확하게 전하지 못하는 내용이라면 개선의 여지가 있다. 포지셔닝을 정하면 그로 인해 경쟁자들과 차별화가 되고 그 결과 수익으로 이어져야 한다. 수익으로 이어지지 않는 포지셔닝은 제대로 된 것이 아니라고 봐도 무방하다.

아바타 고객 설정

개업변호사가 성공하기 위해서는 나만의 틈새시장을 집중적, 효과적으로 공략하는 것이 무엇보다 중요하다. 변호사에게 가장 중요한 자산은 과연 무엇일까? 그것은 바로 고객리스트이다. 기존 고객, 거쳐간 고객 그리고 잠재고객이 모두 중요하다. 개업변호사들이 자칫 범하기 쉬운 실수 중 하나는 현재 진행되는 일을 처리하느라 급급해서 마케팅 활동에 주기적, 정기적으로 역량을 집중하지 못하는 것이다. 그러다가 수임건수가 줄어들면 급격하게 위축되고 급한 마음에 이리저리 뛰어다녀 보지만, 그다지 결과가 좋지 않다.

변호사들에게 인기 있는 분야가 있긴 하다. 하지만 성공을 하려면 사람들이 몰리지 않는 곳에 기회가 더 있다. 그러기 위해서는 제대로 틈새시장을 발견할 줄 알고, 그 안에서 가장 이상적인 고객을 규정해야 한다.

고객이 없다고 푸념만 하지 말고 일단 점검해야 할 것은 나는 과연 어떤 고객을 가장 이상적이라고 여기고 있는지 곰곰이 따져보는 것이다. 이런 고객만 줄줄이 있다면 나로서는 더 바랄 게 없을 만한 그런 고객이 과연 어떤 부류인지 상세하게 규정하는 일이 선행되어야 한다. 그리고 모든 고객을 다 만족시켜야 한다는 욕심도 버려야 한다. 특히 개인변호사는 혼자서 할 수 있는 업무량이 한정되어 있다. 즉 제한된 시간과 자원하에서 최적의 실적을 내기 위해서는 수임으로 이어질 확률이 높은 고객을 선정하고 그에 집중적인 투자를 해야 승산이 올라간다. 사업은 마치 디지털 기호인 0과 1 중의 하나를 선택하는 것과 같다. 다시 말해 사업은 1이 아니면 0인 셈이다. 노력을 많이 퍼부었는데 결실이 없는 것은 비즈니스에서 최악이다. 애초에 받아서는 안 될 사건을 덜컥 수임하는 것도 장기적 관점에서는 지양하는 것이 바람직하다. 현실적으로 여유가 없더라도 아바타 고객(avatar client: 가장 이상적인 고객)을 규명하는 일은 마케팅의 효율성을 크게 향상 시켜준다.

아바타 고객을 만들기 위해서는 우선 당신이 이상적으로 생각하는 아바타 고객의 특징을 나열하는 것이 좋다. 동료가 있다면 같이 이 작업에 참여하는 것도 좋다. 그러고 나서 기존 고객 중에서 목소리만 들어도 징글징글한 진상 고객이 어떤 특징을 가졌는지 규명하라. 이것은 향후 바람직하지 않은 잠재고객의 싹을 아예 자르기 위해 필요한 작업이다.

이렇게 제시하면 몇몇 분들은 "아니 수임 한 건이 아쉬운 판에 그건 너무 이상적인 거 아닙니까?"라고 반문을 할 것이다. 그러나 지금 수임이 어려운 것은 지금까지 당신이 한 활동의 결과임을 잊지 말아야 한다. 지금은 새로 효율적인 마케팅 시스템을 구축하는 과정이므로 일련의 준비들이 세팅되고 본격적으로 가동해서 고객이 늘어나면 지금 이 과정이 꼭 필요한 것임을 알 수 있을 것이다.

요즘은 수임이 어렵다 보니 사무장펌이 횡행하고 있다. 즉 영업력이 있는 사무장이 고용변호사를 몇 명 두고 월급을 주면서 활동하는 것인데, 이건 변호사 스스로 자립할 기회를 녹이는 결과이므로 바람직하지 않다. 그리고 시간이 흐를수록 고용된 변호사는 사무장을 갑으로 모셔야 하기 때문에 감당해야 할 리스크와 비용도 오를 수 밖에 없다.

이제는 당신 스스로 현실을 창조해야 한다. 그리고 이는 당신의 더 나은 삶을 위해서도 꼭 필요하다. 미루지 말고 지금 종이와 펜을 들고 작성하라. 완벽한 때를 기다리는 것만큼 기업가에게 미련한 자세는 없다는 것을 명심하자. 비합리적이고 비용을 소모하는 불량고객을 제거하는 것부터 마케팅 업그레이드는 가동된 것이다.

틈새시장 선정

변호사 시험에 합격하면 누구나 저마다 염두에 둔 표적시장이 있기 마련이다. 그래서 그 분야의 실무와 지식을 더 쌓았을 것이다. 그러나 막상 개업을 하고 나면 원래의 시장과는 다른 곳을 두드리고 있는 경우가 허다하다. 비즈니스에 성공하기 위해서는 법률적 지식과 선호 분야도 중요하지만, 만일 이미 수많은 경쟁자가 존재하고 있다면 달리 보아야 한다. 틈새시장을 잘 선정하는 것은 변호사 마케팅에 있어서 매우 중요하다. 당신은 변호사로서 어떻게 살고 싶은가? 삶의 목적이 무엇인지부터 살펴봐야 한다. 그러한 대주제에서부터 내려오면서 삶의 방향이 설정되고 일관성 있는 조율이 선행되어야 바쁘게 돌아가는 가운데에서 중심을 잡고 나아갈 수 있다.

송무를 비롯한 법률서비스 실무는 막대한 노력을 해야 습득할 수 있기에 한 사람이 많은 분야를 다 해낼 수는 없다. 그렇기 때문에 내가 진정 좋아하는 분야의 일을 해야 한다. 그래야 오랜 기간에 걸쳐 즐겁게 헤쳐나갈 수 있고 삶의 질도 향상된다. 전문성을 쌓기 전까지는 가족과 친구들에게 소원한 느낌을 줄 수도 있다. 개인적 희생을 무릅쓰고서라도 열심히 일하는 것은 모두 나와 가족의 행복을 위함이 아닌가.

자, 당장 스스로 물어보자. 어떤 법 분야를 선택해야 내가 불편함 없이 몰입해서 열심히 일할 것 같은가? 더 많은 밤을 지새워 파고 들어 공부할 분야는 과연 무엇인가? 나의 모든 역량과 조화를 맺어 고객에게 더 큰 만족을 줄 수 있는, 서로 윈-윈 할 수 있는 그런 분야는 무엇인가? 아직 그 분야에 대한 실무나 공부는 미비하지만 정말 하고픈 분야가 있는가?

이런 질문들은 변호사로서의 나의 정체성과 관련이 있다. 내가 원하는 일을 해야 극심한 경쟁을 뚫고 승리하고 삶의 질도 높아지며 주위 사람들과도 조화롭게 살 수 있다. 그러나 그렇게 생각해서 정한 분야에 곧바로 뛰어들라는 것은 아니다. 왜냐하면 지금 그 내용은 나와 업무 분야에 국한된 범주에서 내린 결론이지만 실제 비즈니스는 기존의 시장구조와 많은 경쟁자들이 존재하는 상황을 반드시 고려해야 하기 때문이다.

그렇다고 그 꿈을 버리라는 것은 아니다. 다만 개업초기부터 그 분야에 뛰어드는 것은 변수가 많기에 잘 살펴봐야 한다는 것이다. 또한 개업하고 몇 년 지나고 보니 그때서야 비로소 나의 심금을 울리게 하는 분야가 생길 수도 있다. 이러한 변수가 있으니 처음엔 내가 도저히 자신이 없거나 하기 싫은 분야가 아닌 경우라면 주위의 경쟁구조나 상황을 고려하야 틈새시장을 정하는 것이 바람직하다.

내가 원하지 않는 분야를 택해서 잘 먹고는 사는데 전혀 행복하지 않은 경우도 있다. 매일 바쁘게 일하고 고수익도 얻으며 명성도 얻는데, 가정과 친지들과 소원해지고 무엇보다도 본인 스스로 보람을 느끼거나 만족하지 못하는 데서 오는 공허함이 나중에는 자기파괴로 이어지는 경우도 있다. 따라서 일과 개인이 상생하는 조율은 늘 중요하다.

그래서 어떤 변호사가 될 것인지를 정할 때 자기 이미지가 중요하고 일련의 얼라인먼트(alignment)를 조율하는 과정이 필요하다.

열정은 성공의 필요조건이다. 열정이 없는 삶은 공허하다. 당신은 반드시 개인으로서의 삶과 직업적인 삶이 조화를 이루며 열정적이어야 행복할 수 있다. 열정은 즐거움을 높이고, 열정은 동기를 부여한다. 주어진 일을 해야 한다면 아무래도 열정이 있는 쪽이 더 유리할 수밖에 없다. 열정은 단순히 선망함을 의미하지 않는다. 비즈니스를 하는 변호사의 열정은 구체적으로 행동케 하는 중심축의 역할을 한다. 그 열정이 당신의 마음을 움직이고, 일찍 일어나게 만들며, 해야 할 요소들을 마땅히 해내게 할 것이다.

틈새시장을 선정하는 이유는 내가 모든 고객을 만족시킬 수 없다는 데에서 출발한다. 제한적인 자원과 여건 속에서 이는 당연한 결과다. 그렇기 때문에 나에게 유리하고 경쟁이 적은 곳을 선택하려는 것이다. 그 방대한 법률분야, 개별로 쪼개 보아도 한 분야에서 전문성을 확보하기란 많은 시간과 노력을 요구한다. 그 분야도 세부로 나누어보면 여러 개의 하위분야가 있다. 따라서 아무리 공부가 좋고 자신이 있어도 그 많은 것을 다 아우를 수는 없다.

"어머, 변호사세요? 어떤 변호사이신데요?" 누군가 질문한다면 나의 전문분야가 절로 튀어나와야 한다. "그냥 변호사죠"라고 대답하고 배시시 웃기만 한다면, 아직 가야 할 길이 멀다. 그리고 상담을 해보니 내가 담당할 고객이 아니더라도 내가 어떤 분야를 주로 처리하는지에 대해 각인해 줄 정도는 돼야 한다. 수임이 안 되니까 전화로 오는 수임건에 대해 무조건 다 처리할 수 있다고 해놓고 나중에 후회한 적이 있지 않은가. 그러니까 이제는 제대로 된 마케팅 시스템을 가동시켜서 유효한 잠재고객의 파이프라인을 만들고, 이어지는 상담 과정에서 무의식까지 활용한 고품격 커뮤니케이션을 구사해서 수임확률을 끌어올려야 한다.

꼭 기억해야 할 것은 틈새시장은 당신의 목적과는 다르다는 점이다. 변호사로서 목적이 무엇인지를 아는 것이 먼저인 것은 맞다. 그러나 틈새시장은 당신이 실제로 행해야 하는 시장이다. 그러기 위해서는 미래 트렌드와 개인적인 SWOT분석이 선행되면 유익하다.

사람들이 몰리는 곳으로 가지 말라. 할 수만 있다면 많은 사람이 몰려가는 반대쪽으로 가서 초일류 변호사가 되라는 말씀을 꼭 드리고 싶다. 지난 10년은 사회·경제적으로 많은 변화가 있었다. 그때 누가 고급 전문직이 지금처럼 이렇게 험난한 길을 갈 것이라고 예상이라도 했을까?

변호사, 의사, 회계사 등의 전문직이 전과는 다른 입지를 보이고 있다. 또한 그 안에서도 사람들이 몰리는 분야가 어김없이 있다. 잘 준비한 전문직이라면 그러한 추이를 미리 앞서 보고 부단한 준비를 해왔을 것이다. 지금 유망하다고 알려진 분야에 어떻게든 숟가락을 얹기보다는 오히려 반대쪽을 살펴보는 것이 앞서 나갈 수 있는 길일 수도 있다. 첨단산업분야만 보지 말고, 1차 산업 쪽도 얼마든지 블루오션이 될 수 있다. 도시의 화이트칼라만 염두에 두지 말고 블루칼라, 사회적 약자를 대변하는 것도 얼마든지 가능성이 있다.

과거에 비해 위상이 떨어지거나 관심도가 약해지고 있는 업계나 기업을 공략하는 것도 좋은 방법이다. 흔히 틈새시장이라 하면 떠오른 신흥 인기 분야를 꼽으려고 하는데, 이미 그런 부분은 대형 로펌이나 전문 법률부티끄 쪽에서 선점하고 있는 경우가 비일비재하다. 그런데 의의로 사양산업이나 어려움을 겪고 있는 기업이 기회의 땅이 될 수도 있다. 어려운 업계를 대변하는 옹호 칼럼을 매체에 내거나, 유관기관

및 국회에 서신을 보내는 것도 좋은 방법이다. 아쉬운 쪽을 살피고 대변하는 역할 가운데 기회가 의외로 숨어있다.

좋은 변호사가 되기 위해서는 보다 창의적일 필요가 있다. 물론 변호사 업무 강도는 높고 정신적·육체적으로 피곤한 나날의 연속인 경우가 많다. 그러다 보니 읽어야 할 문서는 쌓여 있고, 다른 분야의 정보를 얻는 것에 자칫 소홀할 수 있다. 기분 전환 차원에서라도, 그리고 더 중요한 이유는 혹시나 감춰진 틈새시장을 찾기 위해서라도 평소에 안 보는 신문, 저널을 읽는 것은 매우 중요하다. 그러면서 관심이 가는 업계나 기업을 발견하면 이제는 그곳은 돈이 되는 좋은 잠재고객이라고 볼 수 있고, 이에 적절한 마케팅 시스템을 가동시키면 좋은 결과로 이어질 여지가 충분하다.

엘리베이터 피치

"당신이 어떤 일을 하는지 얼마나 많은 친지나 이웃들이 알고 있나요?" 라는 질문에 대부분의 변호사들은 "아, 제가 변호사인건 다들 알지요"라고 대답할 것이다. 이어서 "그런데 얼마나 많은 사람들이 당신이 중소기업을 사고파는 M&A전문 변호사라는 사실을 알고 있을까요?"라는 질문에는 열이면 아홉은 "다 알걸요?"라고 대답한다.

과연 그럴까? 변호사들은 흔히 자기의 주특기를 주위 사람들이 이미 다 알고 있다고 여기는 경향이 높다. 사실은 그렇지 않다. 여기서 좀 더 세련된 자기 PR을 녹여 넣은 소개멘트로 변화를 주는 것이 효과적이다.

변호사는 많은 사람을 만나는 직업으로 만남을 통해 비즈니스가 형성된다. 따라서 초면에 인사를 나누면서 타인에게 자신을 소개하게 되는데, 많은 변호사가 그저 "저는 변호사입니다" 혹은 "제 직업은 변호사입니다"라는 천편일률적인 멘트를 하고 있다. 소개멘트는 일종의 '음성 명함'과도 같다. 다시 말해 처음부터 인상적으로 자신을 표현해야 하는 중요한 도구나 마찬가지이다. 혹시 오가다 스치면서 만나서 하는 인사라도 그 안에서 번뜩이는 참신함으로 나를 기억하게 해 줄 수 있다. 단순히 변호사라고 하기보다는 내가 어떤 가치를 주는 사람이라는 것을 스스로 포지셔닝하는 중요한 도구가 바로 엘리베이터 피치(elevator pitch)인데, 이런 용어를 사용하는 이유는 엘리베이터에서 누군가를 만났을 때 사용할 만큼 간결하게 자신을 알리는 작은 홍보이기 때문이다.

다소 귀찮을 것 같아 보여도 그냥 변호사라고 하는 것과 비교해보면 상대방이 느끼는 뉘앙스는 현격한 차이가 난다. 마치 군대에서 상관이 지나가다가 툭 치면 자동적으로 외치는 관등성명처럼 나오도록 조금만 공을 들여 연습해두면 매우 유익하다. 명심하시기 바란다. 사람들은 믿음이 가는 변호사에게 수임케 한다는 사실을. 따라서 엘리베이터 피치는 짧은 문장을 통해 빠르게 상대방에게 내가 어떤 가치를 주는 전문가라는 것을 각인시키는 효과를 지닌다.

잘 만든 엘리베이터 피치는 두 부분으로 나뉜다. 첫째, 변호사업을 통해 어떤 가치를 주는가를 내비치는 부분과 하나의 사례를 덧붙이는 부분으로 이루어진다. 즉 짧은 문장 안에 가치와 사례를 넣으면 된다. 기본적인 구조는 이렇다. "저는 ○○한 사람/기업에게 ○○하게 해드리는 변호사입니다."

- 증권전문변호사: "저는 기업의 증권문제 해결을 전문으로 하는 변호 사입니다. 최근에는 국채 관련 소송을 잘 처리해드렸죠."
- 노무전문변호사: "저는 기업노무 분야를 전문으로 하는 변호사입니다. 얼마 전 퇴직예정자들에 대한 법률적 이슈를 다루었습니다."
- 파산전문변호사: "저는 개인파산을 전문으로 하는 변호사입니다. 지난 주에는 빚 보증으로 인해 파산한 분들이 합리적인 처리를 하도록 도왔습니다."
- 환경전문변호사: "저는 환경문제를 전문으로 하는 변호사입니다. 어제는 폐·하수처리 분쟁으로 억울할 뻔했던 한 기업에 도움을 줬습니다."

처음에는 낯설 수도 있지만 몇 번 해보면 오히려 상대방이 뭐라도 질문을 할 가능성이 높다는 사실을 느낄 수 있을 것이다. 그래서 더 자연스럽게 추가적인 대화가 가능해진다. 이것은 결코 작은 변화가 아니다. 마케팅은 이렇게 사소한 단서에서부터 출발한다. 잘된 소개는 자연스럽게 대화가 이어지게 해준다.

엘리베이터 피치도 자주 하다 보면 스스로 더 의욕을 가지게 된다. '어떻게 하면 조금 더 색다르고 효과적으로 상대방에게 선명하게 내 이미지를 남길 수 있을까?' 고민이 된다면 이렇게 해보는 것도 좋아 보인다. 기본 전제는 상대방의 주목이나 호기심을 자아내서 어떻게든 나에게 질문을 하게 만드는 것이다. 분명 재미있는 작업일 것이다.

"아! 저는 문제해결사입니다"라든가 "희망 전도사입니다"라는 식으로 상대방의 눈을 동그랗게 만들 수 있다면, 그래서 "그게 무슨 말씀이세요?" 혹은 "어떻게요?"라는 질문이 나오게 한다면 대성공이다. 이어서 "저는 중소기업 CEO의 고민을 해결해주는 노무전문변호사랍니다"라고 빙긋 웃는다면 금상첨화일 것이다. 물론 모두가 이렇게 하는 건 무리일 것이다. 그러나 늘 내가 어떻게 표현해야 추가적인 대화가 물 흐르듯이 이루어질까에 초점을 둔다면, 시간이 갈수록 나만의 멋진 표현이 다듬어질 것이다. 좋은 엘리베이터 피치는 다음 대화로 자연스럽게 이어지는 교량역할을 한다.

Chapter

04

전문가로 제대로 인정받게
해주는 마력의 포지셔닝

Chapter 04

전문가로 제대로 인정받게 해주는
마력의 포지셔닝

미디어를 통한 포지셔닝

　　　　　　포지셔닝은 철저히 그 시장에서 소비자들
이 그 제품이나 서비스를 어떻게 인식(perception)하는지의 영역이다.
인식은 현실(reality)이 아니다. 변호사 역시 스스로 보유하고 있는 실력
과 강점보다는 불특정 대다수의 일반인들이 어떻게 보고 있느냐가 더
우선이라는 뜻이다. 전문직들은 대개 자신의 비교우위를 전문성에 둔
다. 그 자격을 얻기 위해서 얼마나 많은 밤을 지새우며 노력했던가. 인
지상정이다. 그러나 비즈니스는 엄격한 현실이다. 해당 분야에 얼마나
많은 전문지식을 알고 있고, 몇 번이나 불리한 소송을 승리로 이끌었
는지에 너무 빠져 있으면 안 된다.

　인터넷으로 지금 몇몇 로펌이나 변호사무실의 홈페이지를 방문해 보
라. 대부분의 홈페이지에는 어떤 경력과 전문성을 지닌 변호사라는 사
실 위주로 꾸며져 있을 것이다. 자료의 세밀성과 인터페이스 세련미의

정도 차이는 있을지 몰라도 여기나 저기나 콘텐츠는 저마다 "나(우리)이 정도의 실력자입니다"라고 외치고 있다. 그래서 일반인들이 인터넷에서 어떤 변호사가 더 좋은 변호사인지 식별하기란 너무나 어렵다. 그렇기 때문에 유능한 변호사인데도 인터넷상에서 일반인들이 몰라주는 경우가 비일비재하다.

이제는 주도적이고 세련된 방법과 노력으로 자신을 전문가로 인정할 수 있는 포지셔닝을 스스로 연출할 수 있어야 한다. 그 방법 중에 가장 강력하고 효과적인 방법 중의 하나가 바로 미디어를 통한 포지셔닝이다. 미디어 게재 자체가 돈이 된다고 보기는 어렵다. 중요한 것은 일련의 후속 작업이야말로 진짜 어장을 관리할 수 있는 토대가 된다는 것이다. 전문가란 남들이 전문가라고 여길 때 비로소 전문가가 된다.

지면에 소개될 가능성이 높은 내용으로는 대개 전문적이면서도 주요 최신 쟁점을 다룬 것이 바람직하다. 오늘 신문에 실린 글에 대한 논평이나 새로운 시각을 보여주는 반박성 글도 좋다.

기사나 칼럼 쓰기

전국지나 지방지 같은 신문에 기사나 칼럼을 쓰는 방법은 이미 다양한 전문직들이 애용하고 있는 포지셔닝 방법이다. 스스로 나의 전문성을 확보할 수 있는 이 기법은 약간의 요령과 집중된 노력을 통해 얼마든지 내 것으로 만들 수 있다. 월이나 주 단위로 신문이나 잡지에 정기적으로 기고를 하면 아무래도 단발성 기고보다는 더 큰 효과를 볼 수 있다.

그러기 위해서는 투고 공간을 책임지는 편집장에게 기고자로서 내가 얼마나 매력적인가를 효과적으로 어필해야 한다. 이때 편집장이나 관련 업계 사람들에게 가장 환영받는 내용이 있는데 그것은 바로 옹호자로서의 해당 업계의 입장을 대변하는 내용을 담는 것이다.

주요 구독층이 일반인이라면 일반 대중에게 유익하거나 불이익을 모면하는 내용을, 특정 산업이나 협회의 저널에 기고한다면 대변인의 역할을 하는 내용이 아주 특효약이다. 이때 유의할 사항은 절대 내 이익을 내세우면 안 된다는 것이다. 이와 같은 신문이나 지방지, 협회지 등은 게재되는 글이 일정한 소속인의 이익을 대변해야 하는 입장에 있을 수밖에 없다. 따라서 기고문이 채택되려면 그 룰을 기본적으로 준수해야 하는 것이다.

그리고 편집장은 늘 정해진 기간에 정해진 분량의 글을 준비해야 하는 엄청난 스트레스에 노출되어 있다. 따라서 무턱대고 내 이익을 도모하지 말고 편집장의 입장이라면 과연 어떤 글이 유익할지 꼭 생각해야 한다. 그러기 위해서 일단은 그 매체를 탐구해야 하는 것이 급선무이다. 따라서 전략적으로 읽는 훈련이 필요하다. 해당 매체의 구독자들이 어떤 주제에 관심이 있을지에 역점을 두고 읽는 습관을 들이면 효과적이다.

사실 매체에 기고하는 것을 염두에 두지 않는 전문가는 별로 없어 보인다. 그런데도 많은 전문가들이 실행에 잘 옮기고 있지 못하는 이유는 무엇일까? 가장 큰 이유는 글 쓰는 것에 대한 막연한 부담감, 둘째는 바쁘다는 핑계(?)로 채택된다는 보장도 없는 시간적·정신적 노고에 대한 리스크, 마지막으로는 그렇게 한다고 해서 실질적인 이득을 볼 수 있을지에 대한 의구심이다.

우선 글쓰기에 대한 부담에 대해서는 이렇게 말하고 싶다. 이러한 글은 주제가 일단 시의적절하고 글을 쓰는 주체가 믿을 만한 것이 선작용을 하는 경우가 대부분이라서 그렇게 길지 않아도 된다. 또한 필력이 크게 좋지 않아도 커버될 수 있다. 편집부의 직원들이 맥락에 벗어나지 않는 한도에서 글을 적절히 다듬어 그 매체의 문체 특성을 반영하여 내보내기 때문이다.

바쁘다는 이유의 본질은 이것이다. 바쁘다는 것은 사실 표면적인 이유에 불과하다. 사실은 그만한 가치가 없다고 보는 편이 맞을 것이다. 그렇다면 왜 다들 바쁘다고 밥 한번 먹기 힘들다고 하면서 갑자기 내일 새벽 골프 라운딩에 자리가 하나 비었으니 오라고 하면 득달같이 모두 달려 오겠는가? 글 쓰는 게 귀찮고, 다른 변호사들은 이런 수고를 하지 않더라도 잘 먹고 사니까 굳이 할 필요가 없다고 느끼는 것이다.

전문성을 갖추었다는 판단이 서면 바로 글쓰기에 도전할 가치가 무조건 있다. 그리고 그 실효성에 대한 의문이 드는 것은 막상 기사가 나가도 수임하는 데 별로 도움이 안 된다는 생각 때문인데, 이는 단발성으로 한 두 번 기고를 해본 전문가들 사이에도 꽤 만연하는 인식이기도 하다.

사실 기고는 입질에 불과하다. 이 프로세스에서 가장 중요한 것은 게재 이후의 마케팅 활동인데 그것을 안타깝게도 잘 모르고 있다. 그 이후의 프로세스를 제대로 이해하면 이거야말로 아주 매력적인 비즈니스 개발 활동이라는 사실에 눈이 뻔쩍 떠질 것이다.

자, 그럼 이제 구체적으로 어떻게 편집장에게 들이댈 것인지 알아보자. 많은 변호사들은 직접적으로 알고 지내는 편집장이나 기자가 별로 없어서 어디서 어떻게 시작해야 할지 망설인다. 전국 상대 매체는 한 방에 나를 알릴 수 있는 장점이 있는 반면, 게재 이후 피부에 와 닿는 효과가 상대적으로 희박하다. 왜냐하면 다뤄야 할 주제자 포괄적이거나 일반적인 현상이 뿌리를 두고 있기 때문이다. 이왕 할거면 보다 더 효용성 있는 쪽을 선택하는 것이 좋다. 즉 내가 주력하고 있는 혹은 신규로 진입하고자 하는 틈새 분야의 매체를 공략하는 것이다. 특정 산업의 협회지나 뉴스레터는 좋은 타깃이 된다.

우선 편집장의 입장부터 헤아려 보자. 신문이나 잡지 모두 공짜로 페이지를 그냥 할당하는 것은 일반적이지 않다. 광고면은 곧바로 유료로 공간을 준다. 그렇지 않은 일반 기사 공간이라도 특정 비즈니스맨의 홍보용 공간으로 지면을 할애하기 힘들다. 그렇기 때문에 표면적으로 직접적인 홍보가 아닌 구독자에게 뭔가 도움이 되는 내용을 제공하는 쪽에 관심을 두게 된다. 우선 당신이 쓸 글이 그 매체 구독자들에게 어떤 의미가 있고, 어떤 혜택이 돌아가는지 그리고 편집장에게는 어떠한 유익함이 있을지에 대한 설명이 준비되어야 한다. 합리적으로 편집장을 내 편으로 만드는 것이다.

편집장도 사람인데 취지가 적합하다면 일손을 덜어주는 것에 대한 제안을 거부할 이유는 없다. 그러므로 이제 당신이 할 일은 일정 기간 매주에 걸쳐 기사나 칼럼을 작성하여 편집장에게 무료로 보내는 일이다. 그로 인해 구독자 수가 늘거나 구독자에게 도움이 된다는 인정을 받는다면 당신을 글이 게재될 확률이 높아질 수밖에 없다.

전국지보다는 지역지나 업계 전문지 쪽이 훨씬 채택 가능성이 높고 그 이후의 노력에 대한 한계효용이 커진다. 정성을 다해 써도 바로 채택 연락이 오지 않을 수도 있다. 너무 실망하지 말고 계속해서 써 보내야 한다. 편집부에서는 나름대로 지면 할당에 대한 계획이 있기 때문에 당장 채택되는 일은 희박하다. 그러나 몇 번 지속해서 견본 기사를 보낸다면 편집장이 구체적으로 검토할 여지가 높아진다.

그리고 샘플 기사를 보낸 후 무작정 기다리지 말고 반드시 편집장에게 연락을 해서 피드백을 받는 것도 중요하다. 그러면서 더 대화를 할 수 있고 향후 어떤 방향으로 준비를 하면 효과적일 것이라는 팁도 받을 수 있기 때문이다. 혹은 편집장이 다른 제안을 할 수도 있다. 이 주제 말고 다른 주제가 있는지, 혹은 편집장이 염두에 두고 있는 소재에 대한 기사 제공이 가능한지 묻는다면 거기에 부응하면 된다.

메일 본문에는 이러한 내용이 구체적으로 독자들과 매체에 어떠한 의미와 효과가 있을지 지속해서 알리는 것이 중요하다. 그리고 작성할 때 유의할 점은 글을 일반적인 내용으로만 쓰지 말라는 것이다. 개념적인 글보다는 사례나 경험을 포함해서 기술하고 설명하며 제시해야 설득력과 가독률이 올라간다. 그러면 전문가로서의 입지를 더 자연스럽게 다질 수 있다.

매거진에 글쓰기

우선 편집장에게 전화를 걸어서 외부 전문가로서 프리랜서 자격으로 어떠한 주제의 글을 쓰고 싶다고 피력한다. 그리고 그 글로 인해 기존 독자들에게 어떤 가치를 줄 수 있으며, 새로운 고객층을 확보할 수 있는지 에 대해 진지하고 간결하게 설명을 한다. 편집장들은 바쁘다. 전화로도 간결하게 표현하는 것이 중요하다. 아무리 전문가라도 전화상에서 장황하거나 지루한 느낌을 준다면 글에 대한 기대가 낮아지기 때문이다. 물론 그렇다고 해도 전한 글이 가치 있는 내용이라면 얼마든지 극복될 여지는 있다.

그런 다음 편집장에게 글을 작성하는 가이드 라인에 대한 정보를 입수하라. 잡지마다 저마다 색깔이 있기 때문에 샘플이라고 하더라도 이왕이면 그 기준에 부합하는 것이 의미가 있다. 아울러서 글을 쓰는데 도움이 될 것 같으니 과월호 몇 부를 보내달라고 요청하라. 이 요청에 대해서 부담스러워하는 편집장은 없다. 요즈음에는 인터넷을 통해 가이드 라인이 공개된 경우도 있으니 전화를 걸기 전에 미리 확인하는 것도 센스 있는 요령이다.

변호사는 일이 몰리면 정신 없이 바빠진다. 그렇다면 최소한의 노력으로 최대한의 효과를 보고 싶을 것이다. 가장 효과적인 것은 특정 틈새시장을 선정하고 그 업계의 협회지나 전문지에 칼럼을 게재하는 것이 가장 강력하다. 업계의 이슈에 대해 익히고 그 업계 사람들의 골치를 썩게 하는 문제를 발견하여 새로운 솔루션을 제시하는 것이야말로 이 기법의 꽃이다.

주요 일간지나 대중잡지가 기사나 원고를 확보하는 일은 상대적으로 수월하다. 원고 청탁을 하지 않아도 자신의 글을 실어주기 원하는 사람들이 지천이기 때문이다. 그러나 대부분의 업계지는 사정이 다르다. 그렇기 때문에 업계지 편집장들은 일반적으로 자발적인 투고를 크게 환영하기 마련이다. 자발적 투고를 포기하는 편집장들도 의외로 많은 실정이다. 그리고 잡지나 업계지에 글이 채택되면 지역매체에 쫙 뿌린다. 그래서 전문지에 당신이 칼럼을 쓴 사람이라는 사실을 알리는 것이다.

유용한 정보원 역할

편집장들은 때때로 소속 기자들에게 전국적인 사안에 대해서 지역별로 기사화할 것을 지시한다. 이러면 해당일까지 지면을 메워야 하는 숙제가 생긴다. 이때 주로 사용하는 방법으로는 해당 분야의 전문가에게 전화를 걸어 통화를 하고, 어떤 정보를 구해야 하는지 자문을 하는데 이런 역할을 할 수 있는 전문가 그룹에 속하는 일도 효과적인 포지셔닝이다. 하지만 이를 위해서는 소위 말하는 '어장관리'가 필요하다. 일정 기간 여러 기자들과 원만하고 긴밀한 관계를 형성해야 하는 것이다.

그래서 그들이 나를 기억해뒀다가 유사시에 나를 찾게 하는 것이 핵심이다.

그러면 어떻게 기자나 리포터와 긴밀한 관계를 형성할 수 있을까? 나에 대한 소개자료를 메일로 뿌리는 건 어떨까? 결론적으로 그것은 별효과가 없다. 이때도 역시 절대 간과해서는 안 될 것은 나에 대한 자랑이나 포부가 아니라 철저하게 그 잡지에 도움이 되는가가 관건이다. 무작위로 내 프로필을 보내는 것은 삼가야 한다. 일회성이 아니라 몇 번의 교류를 통해 그 기자가 당신이 독자들에게 도움이 될 만한 것을 갖고 있다는 확신이 들어야 의미 있는 관계가 된다.

메일이나 전화로 기자와 컨택하는데 초면에는 일단 평소 그 기자의 글을 잘 보는 독자라고 소개하고 매번 잘 보고 있다고 칭찬하라. 이때 장황한 표현이 아니라 간결하고 핵심적인 내용만 담는 것이 중요하다. 기자들은 매우 바쁜 직업이라 늘 데드라인에 대한 압박이 심하다. 그리고 아직까지는 당신에 대해 아는 바가 없기 때문에 서론이 장황하면 매력도가 급감한다. 이어서 내가 어떤 연유로 당신(기자)에게 도움이 되는 사람인지 소개한다. 가끔은 그 기자가 쓴 기사에 대해 페이스북이나 기사에 딸린 메일 주소로 피드백을 주는 것도 효과가 있다. 아울러 구체적인 아이디어의 개관을 말하는 것도 좋다. 관심이 있는 경우 당장이라도 기삿감에 대해 요청을 할지도 모른다.

이러저러해서 기자와 관계를 텄다면 어떤 주제나 사건에 대해 당신에게 의견이나 자문을 요청해 올 수 있다. 이때 성심껏 효과적으로 대응하면 할수록 두 사람의 관계는 더욱 돈독해질 것이다. 그런데 만일 요청한 질의에 대해 그 답이나 참고할 만한 내용을 언급할 수 없는 상황이라면 어떻게 대응하면 좋을까? 이때에는 일단 무조건 솔직하게 대응해야 한다. 모르면 확실히 그 부분에 대해서는 모른다고 말을 해주는 것이 좋다. 괜히 모르는데 아는 척 했다가 오보가 나가는 경우 이 관계는 그 순간 결딴나기 때문이다. 그러면 기사는 그 이슈에 대해 다른 누군가를 추천해줄 수 있는지를 물어올 것이다. 이때도 그런 사람이 있으면 연락처를 알려 주면 된다. 그 또한 당신의 역할을 제대로 한 셈이다. 모른다고 해도 나의 평판이 흔들리는 것은 아니다. 솔직하고 빠른 피드백 자체로 그간의 신뢰에는 손상을 미치지 않기 때문이다.

또 하나 좋은 방법은 해당 업계의 대표적인 사람 몇 명을 인터뷰하여 어떠한 이슈에 대해 기사를 쓰겠노라고 제안을 하는 것이다. 이 방법이 채택될 확률이 높은 이유는 기사 안에 인터뷰이(interviewee)인 해당 업계의 유력 인물이 포함되었기 때문에 호소력이 짙고, 기사의 공신력도 더 높아 보이며 편집장의 욕구와 그 업계지를 읽는 독자들의 욕구에 초점을 맞췄기 때문이다.

게재된 글을 활용한 마케팅

마케팅에서 노출은 모든 경우에 의미가 있다. 그런데 그 자체로는 큰 의미를 찾기는 어렵다. 여러 전문가들이 글쓰기의 중요성을 깨닫고 매체에 글을 싣는 것은 성공하는데 그 다음을 몰라서 돈이 되는 마케팅을 제대로 못하고 있다. 지금은 아주 특수한 경우를 빼고는 각 사업 분야마다 치열한 경쟁이 있고 워낙 많은 공급자들이 있어서 누구든 노출 자체만으로 수익을 제대로 창출하기는 어렵다. 반면 소비자들은 그 많은 공급자 중에서 누구를 택해야 할지 막막하다. 그리고 제대로 된 변별력을 지니지 못할 때도 많다.

사람들은 언제나 그럼직한 상대한테 무언가를 구매한다. 그들의 뇌에 긍정적 면이 각인될 때야 구매를 결정하는 것이다. 이러한 의미 있는 자리매김이 바로 포지셔닝이다. 그러면 이제는 그렇게 애써서 만든 포지셔닝을 제대로 우려먹어야 할 차례이다. 가령 당신이 칼럼을 정기적으로 올리는 칼럼니스트가 되었다면 이제부터 비즈니스 개발 활동을 본격적으로 수행해야 한다. 우선 당신의 기사를 수십 장 출력해서 지인들에게 보내는 일부터 시작하자.

그러고 나서 지방지에 당신의 기사를 여러 군데 돌린다. 즉 지방지의 기자나 편집자들에게 원본을 첨부한 메일을 보내면서 소개를 하는 것이다. 여기에서 알아두어야 할 점은 편집장이나 기사들은 늘 정해진 기간 내에 일정한 분량을 소화해야 하는 사명을 갖고 있다는 것이다. 당신이 보낸 그 기사를 슬쩍 봐두었다가 추후 지면이 펑크 나거나 특집 기사를 써야 할 때 좋은 레퍼런스로 사용할 수 있다. 이미 타매체에서 올린 글이라 공신력 자체를 신뢰하기 때문이다.

그리고 만일 당신이 강연을 한다면 참석자들에게 기사 사본과 함께 당신을 홍보할 수 있는 유인물을 주는 것도 좋다. 이어서 잡지나 신문의 해당 호를 수십 부 확보하는 것도 중요하다. 당신의 글이므로 매체사에 협조를 구하는 것은 어렵지 않다. 미리 담당자에게 말해서 부수를 확보하는 것이 요령이다. 그리고 잡지나 협회지에는 으레 관련 기업이나 기관에서 광고를 하게끔 되어있다. 영민한 전문가는 이것을 통해 수익을 극대화한다. 즉 해당 부수 안에 있는 광고게재업체를 전략적으로 공략하는 것이다.

우연히 들른 것처럼 해당 기업을 무작정 방문하여 잠재고객을 만드는 방법도 있다. 외향적이고 주도적인 성향을 지닌 변호사라면 이 방법이 체질에 맞을 것이다. 해당기업의 CEO와 친밀한 관계를 형성한다면 그 네트워크를 통해 부가적으로 얻을 수 있는 것들이 적지 않을 것이다.

지금까지 언급한 내용을 머리로는 일리가 있다고 여기면서도 상당수의 변호사들이 실제로는 머뭇거릴 것이다. 처음이 어렵지 일단 한 번 성공하면 그 후로는 상대적으로 덜 고생하면서도 빠른 효과를 볼 수 있다. 일간지보다는 월간지나 계간지가 바람직하다. 견본용 글을 편집자에게 보낼 때 하소연 하듯이 구구절절 쓰는 것이 아니라 일단 그 매체를 평소 눈 여겨 잘 보고 있다는 걸 밝히고 그간 살펴본 결과 이런 흐름에 있는 것 같아 보여서 이러한 주제에 대한 글을 준비해 보았다고 한다. 그리고 혹시 예정했던 글에 차질이 있거나 변수가 생겨서 새로운 내용을 넣어야 할 일이 생길 때 참조하라고 하는 것이 유연한 접근법이다.

내 자신의 유능함을 알리는 것이 아니라 그쪽 입장에서 개연성이 있어야 게재 확률이 높아진다. 한편 직접 편집장에게 전화를 걸어서 제안하는 방법도 적용 가능하다. 편집장에게 업계에서 있었던 일련의 스토리를 소개하고 그런 내용에 대한 기사를 쓴다면 구독자들에게 도움이 되지 않을지 물어보는 것이다. 즉 사례나 스토리를 통해 독자들에게 유익한 정보를 제공하자고 제안을 하는 것이다. 그러면 기자가 특정 기사를 쓸 때 당신을 인용자로 표기할 것이다. 이것도 역시 강력한 포지셔닝 효과를 낸다. 그렇게 인용된 사람에게는 전문가라는 인식이 따라오기 때문이다.

사람들은 상황이나 사람에 대해 정확하게 다 알고 판단하지 않는다. 제안된 설정 안에서의 주관적 인식이 중요한데, 이를 조금만 신경 쓰고 노력하면 그 인식에 내가 영향력을 행사할 수 있다. 그것이 포지셔닝의 중요성이자 매력이다. 그렇다고 전문성 없이 하라는 말이 아니다. 이 모든 활동은 적어도 내가 해당 분야의 전문성을 확보한 전문가라는 것을 전제로 한 것임을 잊지 말자.

전에는 군이 이렇게까지 안 해도 변호사들이 원하는 수준의 삶을 영위했다. 그러나 공급자인 변호사의 수가 급격히 많아졌다면 이전에는 당연했던 것도 다시금 생각해 봐야 한다. 포지셔닝에 대해 아직도 많은 전문가들이 헷갈려 하는 부분은 전문성이 높을수록 자연스럽게 포지셔닝이 확보된다는 식의 사고방식이다. 그럼직해 보여야 하는 것이 포지셔닝의 핵심이다. 변호사로서 강점이 포지셔닝이 아니다. 일반 고객이 당신을 바라보는 인식의 결정체가 바로 포지셔닝의 결과물이다.

진실은 진실다워 보일 때 진실로 유통된다. 각종 협회나 전문 잡지는 이러한 방법으로 포지셔닝 할 소재가 풍부하다. 그리고 이러한 매체를 구독하다 보면 해당 분야의 이슈에 대해 눈을 뜨게 되며, 새로운 아이디어가 속출할 것이다. 틈새시장을 확보하려는 경우라면 더욱 이 소스원이 의미 있을 것이다. 그리고 읽다 보면 그 안에서 세부화된 틈새시장을 발견할 가능성이 높다. 그들의 문제에 대해 공감해주고, 대안을 제시할 수 있다면 그 변호사는 그들에게 일반 변호사가 아니다. 자연스럽게 그 업계에서는 알아주는 전문가로 우뚝 솟는 것이다.

당신이 특정 집단의 당면 과제에 대해 유용한 정보를 제공한 사실이 제대로 인정되는 순간, 당신이 제공하고자 하는 전문지식과 서비스를 채택할 가능성이 훨씬 커진다는 사실을 잊지 말자.

원 소스 멀티 유즈

오프라인으로 생성된 기사는 인터넷을 통해 재사용하거나 편집하여 사용하는 것도 유용하다. 블로그를 하는 경우 블로그에 게재해도 좋고, 강연 참석자들에게 홍보용으로 편집해서 배포를 해도 좋으며, 기사가 몇 개 쌓이면 인터넷 매거진인 e-zine이나 인터넷 뉴스레터를 발행한다. 인터넷 잡지나 뉴스레터는 기존 고객 유지 차원에서 혹은 추가적인 추천을 받는 데 효과적인 도구이다. 아무런 준비가 안 됐을 경우 이런 제작을 하기란 쉽지 않지만, 그간 게재했던 기사 몇 개를 미끼로 넣으면 구색도 맞고, 이미 글 쓰는 데 재미가 쏠쏠하게 붙었을 터이므로 작업에 신나게 박차를 가할 수 있을 것이다.

뭐든지 처음이 어렵지 일단 탄력을 받으면 부담도 적고 재미도 생기며 기대효과는 커져만 간다. 또한 홈페이지를 방문하는 사람들이 e-zine이나 뉴스레터를 자동으로 구독하게 하는 것도 강력한 홍보 효과가 있다. 그러기 위해서는 옵트인(opt-in) 기능이 있어야 하는데 이에 대해서는 이메일 마케팅 편에서 상세하게 다룰 것이다. 이 방법을 쓰면 고객의 동의를 전제로 하기 때문에 적법한 절차로 비즈니스에 유효한 잠재고객의 연락처를 효과적으로 입수할 수 있고, 이 연락처를 통해 추후 온라인 마케팅을 전개할 수 있다. 매력적이다.

변호사 마케팅에서 가장 중요한 것은 잠재고객 리스트이다. 순도 높은 리스트를 확보하여 다양한 홍보와 판촉, 캠페인을 전개할 수 있으니 참으로 매력적이다. 기사를 복사하여 박람회나 전시회에 배포하는 것도 좋은 방법이다. 틈새시장의 협회 행사도 좋은 기회가 된다.

한 가지 더, 지방 라디오 방송국이나 전국 TV 토크쇼에 출연할 수 있는 여지도 마련할 수 있다는 부가적인 기능도 있다. 이 역시 지방방송국이 더 가능성이 큰데, 접근 방법은 이전과 비슷하다. 이때 컨택포인트는 PD여야 한다. PD에게 전화나 메일을 통해 그 프로그램의 청취자로서 좋은 프로그램을 접하게 되어 고맙다고 하면서 새로운 방송 코너에 대한 제안을 하는 것이다. 물론 그 방송 프로그램의 시청자나 청취자에게 솔깃한 내용이어야 한다. 새로운 코너를 만드는 경우 그 프로그램의 진행자나 패널로 참가하는 것이다. 그러기 위해서 당신이 최소한 해당 분야의 전문가임을 드러내야 한다. 그간의 칼럼, 뉴스레터, e-zine을 제출하는 것이다. 황당해 보여도 먹히는 프로세스이다. 빠르게 치고 나가보시기 바란다.

협회를 통한 포지셔닝

협회란 같은 목적을 설정하여 유지해 나가는 모임을 말한다. 크게는 영리협회와 비영리협회로 나뉘는데 회원으로서 자격 요건이 되는 경우 일정의 회비를 납부하며 회원으로서의 기능과 품위 유지를 하는 것이 일반적인 룰이다. 변호사의 경우는 대한변호사협회를 들 수 있다. 변호사 시험에 합격하면 대한변협과 지방회에 가입하게 된다.

변호사 마케팅에 있어서 시중의 많은 협회들은 중요한 의미를 지니는데 정교한 준비로 집중력 있게 도전하면 상당한 결실을 볼 수 있는 기회의 장이기 때문이다. 특히 경험이 상대적으로 부족한 청년변호사에게는 마땅히 도전해야 한다고 강조하고 싶을 정도로 중요하다.

기업이나 단체들은 아무래도 신입보다는 경력 변호사를 선호한다. 그래서 사내변호사 공모에 경력 변호사가 더 많이 뽑히는 것이다. 지식적으로나 실무적으로 신입 변호사들의 내공이 무르익으려면 아무래도 시간이 필요한데, 문제는 조직에 소속한 변호사가 아닌 스스로 시장을 개척해야 하는 신입 변호사들은 개업 후 2년까지 재정적인 압박에 몰릴 가능성이 커질 수밖에 없다. 그래서 개업 초기에는 지인을 통한 수임에 치중할 수밖에 없는데, 그것이 무한정 지속될 수는 없다. 그때부터 본격적인 고민이 시작되는데 그 누구한테도 마케팅과 영업 노하우를 제대로 전수받기가 쉽지 않은 상황에 부딪히게 된다. 규모가 있는 로펌에 소속된 경우라면 그 안에서 멘토 역할을 할 선배 변호사를 통해 도제식으로 연마할 기회가 있지만, 별산변호사나 개인변호사는 막막할 수밖에 없다. 지방변호사회에서는 자체 협회 활동을 열심히 하다 보면 점차 나아질 것이라고 권장하지만 신입 변호사들의 참여는 미미한 수준이다.

이렇게 되면 아무래도 홍보를 해야 할 것 같다는 다급함이 생기면서 온라인 홍보에 관심을 갖게 된다. 최근 들어 이러한 추세에 부합하여 여러 온라인 마케팅 업체가 난립하고 있는데 수십만 원에서 기백만 원을 투자해도 결과는 미미하다는 사실에 적지 않게 당황하게 된다. 그럴 수밖에 없는 것이 경력이 약한 변호사라는 선입견을 극복하기에는 아무래도 역부족이기 때문이다. 여기까지 겪은 청년변호사들은 더욱 초조해지면서 사내변호사나 아니면 하향 지원해서 일반직이라도 일정 수입이 보장되는 쪽에 매달리고 있는 상황이다. 만약 대출로 비싼 학비를 충당한 로스쿨 출신이라면 하루하루 피가 마를 수밖에 없다.

안정적인 일자리도 부족하고 경력도 약한데 시간은 흐르고 그래도 명색이 변호사라는 최고의 전문직이라 어디서 함부로 앓는 소리나 하소연도 쉽게 하지 못하면서 속병이 난 변호사들이 많아졌다. 그리고 이러한 추세는 더욱 가속될 전망이다. 그렇다면 이제 기초부터 다져야 한다. 좋은 수능 점수를 받으려면 국·영·수가 강해야 하는 것처럼, 재정적으로 안정된 변호사가 되기 위해서는 재정을 일으켜 줄 마케팅·영업 시스템에 눈을 떠야 하고, 더 중요한 것은 직접 그런 시스템이 가동하기 위해 실질적으로 실행에 옮겨야 한다.

협회 마케팅은 손이 제법 가는 방법이지만 제대로 시스템이 가동되면 꽤 큰 보상을 얻을 수 있는 매력이 있다. 협회 마케팅을 통해 효과적으로 포지셔닝해서 그 안에서 신뢰를 얻고 일정 기간에 걸쳐 집중된 노력을 한다면 이를 통해 탄탄한 수익구조를 만들 수 있다. 일부 경력 변호사 가운데는 협회를 잠재성이 큰 시장이라고 보고 시도한 경우가 이미 있을 것이다. 그런데 그중 다수는 별 재미를 보지 못했다며 후배에게 괜한 고생을 하지 말라고 했을 수도 있다. 그러나 냉정히 말하자면 제대로 공략하지 못한 경우가 대부분이다. 협회 마케팅 실패 사례는 다음과 같다.

- 협회에 가입해서 많은 회원들을 만났지만 친분을 쌓는 데도 시간이 많이 걸리고 소개는 거의 받지 못한 경우
- 투입한 노력과 시간 및 금액에 비해 돌아오는 것이 미비한 경우
- 협회 내 의사결정권자와 만나기가 쉽지 않거나 운영위원회가 비협조적이라고 여겨지는 경우
- 협회 활동을 열심히 해도 수임에 이르게 하는 결정적인 네트워크 형성에 실패한 경우

협회 마케팅이 성공하기 위해서는 협회의 특성을 감안해서 적절한 활동을 일정 기간 이상 지속적으로 해야 실질적인 부가가치를 일궈낼 수 있다. 단발성 활동이 아닌 시스템에 기반한 일련의 활동은 분야를 막론하고 마케팅에서는 필수요건이다. 따라서 여러 개의 협회 활동을 하는 것이 쉽지 않기 때문에 협회 선정에 신중해야 한다. 주력시장이나 틈새시장 중에서 협회를 골라야 하는데 우선적으로는 최근 곤란한 상태에 있는 곳이 좋다. 왜냐하면 업계 전반에 걸쳐 어려운 상황인 경우 외부 전문가가 적응하는 데 연착할 가능성이 높기 때문이다. 자신 있는 법률분야들을 감안해서 도울 협회를 고른다. 해당 협회가 만연된 고질적인 문제를 가진 경우 적절한 솔루션을 제시한다면 부드러운 착륙을 위한 시간과 비용, 그리고 노력이 절감된다.

무역협회나 상공회의소를 통해 다양한 협회에 대한 정보를 입수할 수 있다. 관심이 가는 산업이나 업종별로 체크해 나간다. 그리고 또 유심히 살펴 볼 것이 있는데 바로 비영리협회이다. 흔히 비영리법인에 뭐 먹을 게 있냐고 생각할지 모르나 모르는 소리! 의외로 부가가치가 크다. 그리고 마지막으로 정치적 활동을 하는 협회가 있다. 변호사가 협회에 유리

한 이유는 협회는 그 자체로 하나의 이익단체가 대부분이기 때문이다. 같은 이익을 위해 합심하는 회원들로 구성되어 있기에 제도 개선과 규정·폐기와 관련 있는 일에 관여하고 있다. 이때 변호사가 그들의 이익을 위해 나선다면 얼마나 큰 도움이 되겠는가? 이전까지는 협회에서 필요한 경우 자문변호사 영입에 나섰지만 지금은 입장이 바뀌고 있는 추세이다. 지금이라도 그만한 노력을 기울일 필요가 충분하다.

제법 활성화된 협회는 저마다 기웃거리는 외부자가 있기 마련이다. 제품이나 서비스를 더 판매하기 위함인데 그간 협회 측에서는 외부 공급자가 도움이 된 적도 있지만 그렇지 않는 경우도 많기에 그 어떠한 외부의 제안에 대해서 선뜻 수락하지 않는 상황을 미리 알 필요가 있다. 변호사는 좀 다른 케이스라서 일반 마케터나 영업전문가와는 다른 여건이지만, 유리하다고 해서 손쉬운 건 결코 아니다. 애써 가꾼 열매가 한 번의 우박을 동반한 폭풍에 유실되어서는 안 된다.

뭘 그렇게 복잡하게 하냐고 하실 수도 있겠다. 그냥 뚜벅뚜벅 걸어가서 문 열고 "나 이러이러한 변호사인데, 내가 어려운 결단을 내서 이 협회를 구해주겠소"라고 말하면 만사형통 아니냐고 말이다. 일단은 박수를 쳐드리고 싶다. 정교함은 떨어져도 그만한 용기와 배짱이라면 얼마든지 가능성이 있기 때문이다. 방향과 과정을 조금 다듬기만 하면 된다. 정작 걱정되는 부류의 변호사는 그런 시도조차도 해보지 않고 머리로만 안 된다고 판정을 내린 경우이다. 비즈니스는 머리로만 결코 이루어지지 않는다. 우선은 열정과 실행이 무엇보다 필요하다.

협회의 특성을 살펴보자. 협회는 일정 자격이 되면 협회비를 내고 바로 가입이 되기도 하지만 일정 요건에 대한 심사통과를 요구하는 경우도 있다. 다양한 등급의 멤버십으로 나뉘기도 한다. 일반적인 회원이 누리는 혜택은 회원지 구독, 협회 관할 매체에 광고 게재 시 할인,

무역박람회 참가 시 비용 지원 및 각종 지원, 다양한 교육프로그램 참가 자격 부여 및 이사회 멤버로 봉사할 기회 등을 들 수 있다. 이러한 혜택을 누리자면 반드시 선행되어야 할 것은 기존 멤버들이 인정할 수준의 참여도와 열정을 보여야 한다. 아무리 지명도가 있는 변호사라도 덜컥 자기가 원하는 협회에서 실질적인 비즈니스를 이루기 쉽지 않은 이유가 바로 여기에 있다. 왜냐하면 그 유명세가 바로 협회의 현안을 해결하거나 상황을 나아지게 하는 데 직접적인 도움을 주지 못한다고 여기기 때문이다. 따라서 가장 중요한 것은 그 협회의 이슈에 정통하고 업계의 위기와 두려움에 대해 공감하며, 구체적인 솔루션을 제공할 수 있겠다는 확신을 주는 것이다.

협회 모임에 정기적으로 참석하는 것은 기본이고 각종 행사에서 강연이나 재정적 후원을 요청할 수도 있으며 교육프로그램에도 참여하게 된다. 변호사로서 제반 이슈에 대한 해법에 대한 법률적 지식을 전달할 수 있다면 협회 내에서의 입지는 더욱 탄탄해질 것이다. 그러면 협회지에 광고를 낼 때도 할인을 받을 수 있고 메일링 리스트를 확보하는 데도 유리하다. 그러기 위해서는 그들에게 벤더가 아닌 동료의식을 먼저 심어 주어야 한다.

협회에서 강연을 하는 것은 성공을 위한 초석을 제공한다. 회원들이나 협회에 도움이 될 만한 주제를 잘 선정한다면 변호사의 경우 다른 비즈니스맨들보다 훨씬 좋은 여건이기 때문에 대외적으로 지자체나 정부에 대해서 대변할 때 매우 유리하다. 청년변호사라도 협회 강의를 잘 해낸다면 이제 그들은 경력과 출신에 상관 없이 자기들을 대변할 수 있는 전문가로, 친구로 여기게 될 것이다.

협회 행사나 교육을 수행하는 담당자들의 스트레스도 헤아릴 필요가 있다. 협회 운영비는 기본적으로 회원들이 내는 회비로 충당된다.

따라서 담당사는 소중한 회비를 유용하게 써야 할 부담을 갖고 일한다. 회원들의 발전을 위한 행사나 프로그램을 어떻게 더 잘 준비하느냐 늘 부심하는데 이때 큰 도움을 주는 변호사는 흑기사나 다름 없다. 이들을 통해 기존 프로그램에 대한 그간의 추이와 피드백을 받는다면 협회 마케팅의 뿌리는 튼실해진다.

협회 프로그램 담당자들에겐 두려움이 있다. 바로 외부 전문가들의 검증 때문이다. 그간 여러 시행착오를 거치며 다양한 분야의 전문가들과 접촉이 있었는데 전문성과 유명세가 별무신통하지 않았던 악몽 때문이다. 그러기에 변호사라는 배경으로 이들을 밀어붙이면 안 된다. 그간 어떤 시행착오가 있었는지도 파악하고 무엇보다 더 나은 협회를 만드는 데 그들이 많은 수고를 한 사실에 대해 진심 어린 공감이 있어야 한다. 그 진심이 통하면 그들이 스스로 아이디어를 가지고 내게 와서 조언을 구하는 등 내 흑기사가 될 것이다. 또한, 담당자들은 여러 간부들의 요구를 충족시켜야 해서 정신이 없다. 협회는 비용 문제로 많은 인원을 유지할 수 없고, 따라서 인당 업무량이 과다하다. 그래서 그들이 어떤 제안에 대해 알아서 준비해 줄 것이라고 기대하지 말아야 한다. 이러한 협회 실정을 미리 알고 있어야 시행착오를 방지할 수 있다.

이사회에서는 변호사에게 대외적인 활동을 통해 기여해 줄 것을 기대할 것이다. 이사회와 긴밀한 관계를 유지하면서 이사회 구성원들과 개별적으로도 유대감을 갖는 것도 중요하다. 그 안에서 추가적인 비즈니스가 나올 가능성이 매우 높기 때문이다. 협회에서 '이사진'은 중진으로서 다들 나름대로의 지명도와 위세가 있고 사회적으로도 영향력을 지녔다는 뜻이기 때문이다. 개인별로 그들의 고민을 파악하고 그것을 해결하는 데 도움을 줄 수 있는 다양한 변호사나 기관을 연결시켜 준다면 상대적으로 손쉽게 수익을 올릴 수 있다.

해당 업계에 하나의 협회가 있는 경우도 있지만 복수의 협회가 존재

할 수도 있다. 이런 경우 다른 협회에 밀리지 않게 변호사가 큰 역할을
할 수도 있다. 청년변호사라면 이러한 역할이 일종의 블루오션이 된다.
설사 저쪽에 나보다 더 센 고참 변호사가 있어서 어떤 이슈와 관련한
싸움에서 질 수도 있다. 그게 끝일까? 아니다. 처절하게 싸우다 돌아
온 나를 협회원들은 얼싸안으며 위로해 줄 것이다. 그러면서 관계는 더
끈끈해질 것이다. 청년변호사들은 이 같은 대외활동을 통해서 강렬하
게 자신을 효과적으로 포지셔닝 할 수 있다. 대회 성명을 할 때에도 참
여하고, 매체에 기고해서 그 협회의 입장을 대변하는 것도 매우 효과적
이다. 각종 모임과 행사에 참가하는 것은 기본이다.

　협회 구성원들에게 도움이 되는 법률지식을 통해 기여하는 것도 좋
다. 공개 강연을 통해 접촉을 하고 그 참석자들의 자문 역할을 수행하
면서 수임확률을 끌어올릴 수 있다. 그러나 그전에 먼저 해야 할 일은
협회지를 통해 회원들에게 필요한 정보를 주는 것이다. 사례는 큰 의미
를 두지 않기 바란다. 협회를 통해 잔챙이에 신경 쓰지 말고 고기떼를
몰아야 한다. 무료로 몇 차례 기고와 강연을 하는 것을 강력히 추천한
다. 이 과정에서 간과해서는 안 될 것은 협회 모임에 정기적으로 출석
하는 일이다. 협회에서 입지를 굳건히 다졌다고 여겨질 때까지는 적어
도 꼭 그래야 한다. 얼굴도 보이지 않는데 열정이 유지될 리 없고 그저
숟가락만 얹는 변호사라는 인식을 줄 수 있기 때문에 그런 구실을 만
들 이유는 없다.

　강연을 하고 멍하니 수임을 기다리는 건 미련한 일이다. 강연이 의미
있는 건 잠재고객리스트를 확보할 수 있기 때문이다. 담당자를 통해
강연 참석자들의 연락처를 입수하고 후속 마케팅을 진행해야 한다. 설
문조사를 통해 그들의 정보를 더 알 수 있고, 정기적으로 법률메일링서
비스를 제공하면서 홍보활동을 지속적으로 한다. 그러면 그들은 고마

움을 느낄 것이고 당신에게 신세를 졌다고 생각할 것이다. 그러면 자연적으로 지인을 통해 수임의 기회가 온다.

변호사 모임에 협회 리더들을 초대하는 것도 협회 마케팅 초반에 써볼 만한 작전이다. 최고 전문가 그룹인 변호사 모임에 초대가 되는 것 자체로 그들은 기분이 좋아질 것이고 고마움을 느낄 것이다. 그들의 어깨가 올라갈수록 내 수익도 올라갈 것이다. 다른 전문가 그룹과의 네트워크가 잘 된 변호사라면 해당 협회가 필요한 전문가를 다양하게 공급하는 역할을 하는 것도 훌륭한 방법이다. 특히 청년변호사들이 이 역할을 해야 한다. 스스로 모든 걸 다 주려고 하지 말고 밸류체인을 만들어야 효과도 좋고 수고도 적다. 그러기 위해서 평소 다양한 그룹의 전문가들과 어떻게든 관계를 제대로 맺고 있어야 한다. 수임이 안 된다고 푸념할 시간이 없다. 네트워킹 하기에도 바빠 죽을 지경이라는 푸념이 정답이다.

탐스러운 결실을 맺기 위해서는 우선 나와 궁합이 맞을 협회부터 골라야 한다. 우선 내가 관심 있는 업종을 찾고, 그 업종 내 어떤 협회가 있는지 찾아보는 것은 다 알 것이다. 그래도 별로 마음이 내키지 않거나 눈에 쏙 들어오는 것이 없다면 좀 더 창의적으로 접근해 보자.

혹시 자주 가는 호텔이 있다면 그 호텔의 대관 담당자들을 통해 어떤 협회의 모임과 행사가 있었는지 리스트를 확보하는 것이다. 그럼 다양한 업종의 리스트를 볼 수 있다. 그러면 생소한 이름도 있고 평소 염두에 두지 않았던 분야도 보일 것이다. 그렇게 해서 관심이 가면 인터넷을 통해 협회 홈페이지와 보도자료를 살피고 틈새시장으로서의 타당성을 파악한다. 또한, 평소 개인적으로 안 보는 잡지나 매체를 접하는 것도 좋다. 무심코 보다 보면 새로운 조합으로 전혀 새로운 시장이 보일 수도 있다. 아니면 협회 창립을 해야 할 영역도 볼 수 있을 것이다.

그러면 추후 여러 사람들과의 접촉을 통해 협회발기인으로 이름을 올릴 수도 있다. 이 얼마나 멋진 도약인가.

또 하나! 비영리협회가 숨겨진 블루오션이다. 지금 갸우뚱거리고 있다면 마케팅 안테나가 부실한 증거다. 비영리협회는 그 수가 영리법인에 비해 상당이 적다. 영리를 목적으로 하지 않기 때문에 그 안에서 영양가 있는 잠재고객이 많지 않을 것 같아도 사실은 그렇지 않다. 우선 비영리단체는 설립취지가 공익을 위한 경우가 많은데 이런 분야는 제도적으로 지원을 받는 것에 목말라하고 있다. 이럴 때 백기사 변호사가 떡 하니 멋지게 처리해 줄 여지가 많다. 그러면 수익은 어디에서 기대할 수 있을지 궁금할 것이다.

비영리협회는 대개 출자금이나 기부금을 통해 운영된다. 그러한 자금의 출처는 중견 이상의 기업, 또는 정부출연기관이다. 따라서 비영리법인이 자리를 잡고 더 많은 사회적 역할을 하는 것을 기대할 것이다. 변호사는 당연히 법률지식과 제도적 난관을 극복하는 입법활동에 역할을 해낼 수 있지만 또 하나의 영역에 접근 가능한데, 그것은 기부금을 더 많이 확보하는 방법을 알려 주는 일을 통해서이다.

비영리협회는 대개 재정적으로 열악하다. 그래서 최소한의 인원이 대부분이고 영리법인에 비해 다양한 활동을 펼치지는 못한다. 그래서 어느 협회건 재정적 기반을 어떻게 확보하는 것인가에 불을 켠다. 변호사는 당연히 법률적 지식을 무기로 다가설 수 있지만 이때 비영리협회에서 기부금을 더 확보할 수 있는 방안에 대한 노하우를 전해 주는 것도 좋은 방법이다.

비영리협회는 말 그래도 비영리 마인드가 있는지라 기부금을 영악하게 끌어오지 못하기 일쑤이다. 기부금은 경기에 민감한데 최근 우리나라는 저성장의 덫에 걸려 기를 펴지 못하고 있어 온정만을 요구하면서 목표한 금액을 모으기란 결코 쉽지 않다. 기부금을 효과적으로 모을 수 있는 방법을 전수한다면 그 누구라도 환영할 것이다. 그 구체적인 방법은 저자의 오프라인 교육이나 멤버십 프로그램을 통해 접할 수 있다. 이를 통해 마케팅 파워는 절로 배가될 것이다.

책 쓰기를 통한 포지셔닝

책을 출간하는 것이 포지셔닝에 도움이 되는 건 설명하지 않아도 전문가들 사이에서는 꼭 해야 하는 일로 인식되어 왔다. 그러나 이를 실행에 옮기는 경우는 그리 많지 않다. 왜일까? 우선 이 일이 의욕만으로 잘 되지 않기 때문이다. 즉 콘셉트를 잡는 것도, 내용을 만드는 것도, 참고자료를 찾고 검토하고, 수정을 하는 등 신경을 써야 할 것이 이만저만 아니기도 하고, 그런 시간을 낸다는 것도 버겁기 때문이다.

또한, 공들여야 할 시간도 많이 필요하고 글쓰기가 적성에 맞지 않아서일 수도 있으며 우여곡절 끝에 책이 나와도 그걸로 당장 돈이 된다는 보장이 없기 때문일 수도 있다.

오케이. 다 할 수 있는 대답이긴 하다. 그러나 포기하기에는 그 메리트가 너무나 아깝다. 사람들은 말로만 외치는 전문가는 덜 믿는 경향이 있는 반면, 글로 주장하는 전문가는 쉽게 인정하는 경향이 강하다. 그리고 일반인은 스스로 어떤 변호사가 더 유능한지, 이 시점에서 내게 더 적합한 변호사인지를 선별하는 능력이 거의 없다. 그렇기 때문에 잠재고객은 쉽사리 평판에 의존하게 된다. 그리고 평판은 인식의 영역이며, 포지셔닝은 그러한 인식의 종착역이다. 그렇기 때문에 책 쓰기를 다시 한번 진지하게 검토해야 하는 것이다.

　최근에는 일반인도 책 쓰기 열풍에 가담해서 자기 책을 펴내고 있다. 변호사들은 그간 저술활동이 미진한 편이다. 그 이유는 다양하겠지만 일단은 그럴 필요를 절실하게 느끼지 못했기 때문이지 않나 싶다. 어떻게든 비즈니스가 유지되고 견딜 만했으니까 말이다. 그러나 여건은 급격히 변하고 있지 않은가. 변호사 수가 많아서 죽겠다고 하지만 말고, 뭔가 돌파구를 스스로 마련하길 원한다면 사무실에서 발만 동동 구를 것이 아니라 책 쓰기에 도전해보자.

　청년변호사에게 책 쓰기는 필수과목이라고 말하고 싶다. 경력이 무르익지 않아서 개업하기는 어렵다고 단정하지 말라. 경력 변호사에 비해 시간적 여유가 있다. 그것이 무기가 되어야 한다. 그렇다면 책 쓰기를 피해서는 안 된다. 책을 쓰라고 하니 왠지 깊은 산속에 칩거하면서 더덕을 캐먹고 계곡물에 목욕을 하면서 집중을 해야 될 것 같다는 분들이 많다. 그러나 책을 쓰는 것에는 조급함이 최고인 듯하다. 저자 역시 십 년 전부터 책을 써야겠다고 부르짖었다. 알게 모르게 그것은 굉장한 스트레스가 되었다. 강의를 아무리 잘해도 내 강의를 들은 적 없는 사람에게 나는 그저 평범한 이웃에 불과했다. 그런데 절실함이 증폭되니 결국 이렇게 써버린 것이다.

　책 쓰기는 어찌 보면 좋은 영양제와도 같다. 상처가 나서 뼈가 부러지고 피가 철철 흐르면 바로 수술을 받고 입원을 한다. 안 그러면 불구가 되거나 죽을 수도 있으니까. 그러나 영양제는 다르다. 먹어두면 좋지만 안 먹어도 당장 불이익은 없다. 그래서 책 쓰기를 미루는 것이다.

　변호사들은 흔히 한 분야에서 독보적인 법률 실력을 보유하면 남들이 저절로 다 알아주고 따라서 수임도 자연스럽게 잘 될 것이라는 환상이 있는 듯하다. 시중에 실력 좋은 변호사는 정말 많다. 그러나 고객의 머리에 각인되어 유사시 급히 떠올릴 이름은 거의 없다. 그리고 그것마저 대부분 평판에 의존한다. 따라서 밉든 곱든 평판이 변호사 식탁의 반찬을 좌지우지하고 있다. 그런데 정작 그러한 평판을 만드는 일에 1등 공신이나 다름 없는 책 쓰기는 다들 주저하고 꺼린다. 말은 휘발성이 강하지만 글은 오래도록 고객의 기억에 존재한다. 그렇다고 한 권의 책을 쓴다는 것은 그렇게 녹록지 않다.

그렇기 때문에 보다 소프트한 출발부터 하는 것이 좋다. 우선 신문이나 잡지에 칼럼을 써보는 것이다. 그리고 블로그를 통해 재미있는 법률 해석과 촌평을 해도 좋다. 그래서 일단 글쓰기가 나름 재미있고 반응이 있다는 걸 체험해봐야 한다. 또한 특강을 하면서 글 소재를 확보해도 효과적이다. 특히 블로그는 독자들의 피드백을 실시간으로 교류할 수 있기 때문에 빠져 드는 재미가 은근히 쏠쏠하다. 뭐든 초기에 재미를 느껴야 추진력이 가동된다. 당구도 두 개의 빨간 공이 차례로 맞을 때의 쾌감이 계속 큐대를 들게 만드는 원동력일 때가 많은 것처럼 소통의 맛을 느끼면 고객과의 관계도 급격히 향상된다.

당장 수임이 없어서 곤란한 경우 바로 책 쓰기를 하는 건 무리다. 그럴 땐 빠르게 고객을 확보할 수 있는 마케팅 활동에 전력을 다해야 한다. 왜냐하면 책으로 당장 돈을 만들기란 쉽지 않기 때문이다. 다양한 용도로 변신이 가능한 반면 수익성은 더딘 것이 책이다. 그러나 더 엄격히 말하자면 책이 나온 후 제대로 써먹지 못하는 것이 더 큰 문제이다. 책은 출판사에 판매를 맡기는 것이 아니라 내가 스스로 유통시킬수도 있다. 인터넷 홈페이지를 통해 적절한 위젯과 연동하여 시스템적으로 해낼 수도 있다. 이런 부분을 제대로 모르기 때문에 그간 책을 내놓고도 수익을 제대로 내지 못했던 것이다. 지인 중에서 성우 출신으로 스피킹 서적을 열 권 넘게 낸 분이 있는데 자주 책 써봐야 별 거 없다는 푸념을 했었다. 물론 듣기 좋으라고 엄살도 포함했겠지만 상당 부분 진심이지 않을까.

　단행본을 바로 집필하는 것이 쉽지 않다면 가장 자신 있고 재미있는 분야부터 시작하자. 그리고 하루에 한 시간 정도 투자해 하나씩 풀어서 써내려 간다. 처음부터 2~3시간씩 쓰다 보면 질리고 포기하기 쉽다. 그러다가 탄력이 붙으면 주말에 집중적으로 써도 좋다. 한 꼭지씩 완성하지 않고 조금 남겨 두고 그날의 분량을 마치는 것도 좋다. 왜냐하면 한 꼭지를 마치고 나서 다음 날 새롭게 시작하려면 초반에 머뭇거리고 딴청을 피우다가 웹 서핑 같은 걸로 시간을 보내거나 주의가 산만해지기 때문이다. 그러나 전날 쓰던 대목부터 시작하면 바로 몰입할 수 있고 글의 흐름을 파악하고 리듬을 타는 데 도움이 된다.

　처음에는 그저 말을 하듯 무작정 써내려 가는 것이 좋다. 첨삭이나 교정은 나중에 할 일이다. 처음부터 그런 것까지 신경 쓰면 좀처럼 진도를 나가지 못할 뿐 아니라 글을 쓴다는 게 즐겁지 않아서 중도 포기 가능성이 커진다. 책 쓰기의 어려움 중에서 으뜸은 아무래도 시간이 없는 경우이다. 어느 변호사가 자기 이름으로 책을 번듯하게 내는 걸 마다하겠는가. 다들 멋지게 저자가 되고 싶기는 하다. 그런데 복잡한 송무에 치이다 보면 정신도 혼미하고 그 얄팍한 시간을 또 쪼개서 고단한 글쓰기를 지속하는 게 아무래도 버거운 건 사실이다. 그러면 다른 방법은 없을까? 사고의 전환이 필요하다.

　그것은 바로 음성녹음기를 활용하는 것이다. 책을 본격적으로 쓰겠다고 책상 앞에 앉아도 바로 작업에 들어가기는 몹시 힘들다. 하지만 음성 녹음은 손쉽게 데이터를 입력할 수 있고 장소에 상관 없이 사용 가능하므로 잠재고객이 할 만한 예상 질문에 대한 설명을 생각나는 대로 말로 남기는 것이다. 그런 후에 그 파일을 텍스트로 바꿔주는 업체나 프리랜서를 통해 넘겨주고 문서로 만든 후에 다시 정리해서 책을 내는 것이다. 일단 산발적인 데이터라도 모이면 줄기를 형성하고 뼈대를 그려낼 수 있다.

책 전체나 일부를 PDF파일로 마케팅에 다양하게 활용할 수 있다. 이는 고객체험관리에도 영향을 미친다. 전화를 걸어온 고객을 한 명이라도 헛되이 보내지 않는 데에도 전자책(e-book)은 꽤 유용하다. 책 한 권 단가 곱하기 구독자 수로 수익을 생각해서는 안 된다. 원 소스 멀티 유즈(One Source Multi Use)의 근간 콘텐츠로서 가치와 효용성에 눈 뜨자. 홈페이지나 블로그에도 링크해서 책의 내용을 다운로드하게 만들면 나를 찾는 유입경로의 확장에 큰 도움을 준다.

책 쓰기에 도움을 주는 웹서비스를 활용하면 좀 더 편하게 다양한 장소에서 집필이 가능해진다. 어떤 책이든 자료 조사는 기본이다. 오프라인과 온라인 자료를 다 모을 텐데 자료를 효과적으로 모으면서 검색이 용이하게 도와주는 도구가 있으니 바로 에버노트(Evernote)이다.

에버노트는 자료를 모으는 데 아주 유용한 도구로 널리 애용되고 있다. 에버노트는 일상의 모든 정보를 기록할 수 있고 동기화 작업을 통해 모바일과 컴퓨터에서 동일한 정보를 저장하며, 저장한 정보를 다양하게 관리하고 활용하게 해준다. 텍스트는 물론 사진, 음성 메모 기능까지 제공하고 있어 기존 메모 도구의 기능을 모두 수용하고 있다고 해도 무방할 정도이다. 또한 강력한 검색기능을 제공하는데 사진으로 찍은 데이터도 검색이 가능하다. 태그를 잘 활용하면 집필에 엄청난 도움을 받을 수 있다. 지금도 많은 사람들이 에버노트를 활용해서 논문도 쓰고 있다.

그리고 또 하나, 워크플로위(Workflowy)도 적극 추천한다. 나는 이 책을 워크플로위를 사용해서 쓰고 있다. 이는 트리구조 방식을 사용해서 손쉽게 책을 집필하게 도와준다. 생각의 논지를 전체적인 관점에서 조망하며 균형을 유지한 채 책을 쓰게 하는 데 아주 효과 만점이다. 저자 역시 수 년간 책을 쓰겠노라며 여러 번 시도했으나 잘 진척되지 않았는데 그 주된 이유는 머릿속에서 전체적인 그림이 잘 그려지지 않아서였다. 그런데 기존 사용하던 에버노트와 새롭게 알게 된 워크플로위를 활용해서 웹상에서 책을 쓰는데, 다양한 조합으로 목차를 조정하거나 생성, 이동 및 삭제가 손쉽다. 워크플로위는 언제든지 메모할 수 있고 꺼내볼 수 있고 별도의 동기화 과정도 필요 없다. 물론 폰으로도 작업이 가능하다. 그리고 내용을 업데이트 할 때 기존에 작성된 내용을 보면서 작업을 할 수 있고 챕터 분리와 이동이 유연하다. 자세한 사항은 홈페이지(http://workflowy.com)을 활용하기 바란다.

또 다른 방법은 팟캐스팅(Podcasting)을 활용하는 것이다. 팟캐스팅은 음성이나 영상으로 방송녹화를 뜨는 것인데 현재 음성시장이 활성화되어서 이를 전문적으로 서비스하는 업체가 생겨나고 있다. 스튜디오를 임대해서 시간당 사용료를 내고 제작할 수도 있고 기 십만 원을 투자하면 개인 방송용 장비를 통해 얼마든지 콘텐츠를 생성할 수 있다. 처음에는 장비를 임대해 주는 스튜디오를 활용하는 것을 권한다. 비용이 그렇게 비싸지 않다. 스튜디오를 사용하면 좋은 점은 그곳에서 방송녹화를 하면서 잠재고객을 모이게 할 수 있다는 점이다. 그래서 그들과 대화를 하고 농담도 하면서 녹화한 분량을 가공해서 현재 책이 나오고 있을 뿐만 아니라 TV방송 프로그램으로 발전하기도 한다. 이러한 추세는 더욱 탄력을 받을 것으로 보인다. 청년변호사라면 책을 무기로 삼는 것이 효과적인데, 동시에 팟캐스팅도 적극 검토하기 바란다.

포지셔닝은 먼저 깃발을 꽂은 후 내 영토를 주창하는 것과도 같다. 후발 주자는 기존 시장구조 내에서 발버둥치며 애쓰기보다는 새로운 영역을 개척하는 편이 낫다. 팟캐스팅을 통해 지명도와 전문성을 확보하면서 나의 인맥그룹을 형성하고 추후 책으로 엮어 낸다면 이건 대박감이다.

업계지를 활용한
포지셔닝

　잠재고객의 사무실이나 공장 또는 현장에서 구독하는 업계지는 사실 시장개척의 보물선이다. 대부분의 업계지에는 그 업계에서 성공한 사람들에 대한 기사가 실려있다. 약간의 시간과 노력을 투자한다면 여기에서 수익에 연결되는 중요한 단서를 발견할 수 있다.

　성공자는 자신이 종사하는 업계지에 자신의 이야기가 실렸을 때가 가장 기분이 좋을 것이다. 자신의 성취가 업계 전반에 걸쳐 인정받는다는 것은 누구에게나 멋진 일일 것이다. 그 행복한 기분을 마케팅에 적극 활용할 수 있다. 업계지에서 성공한 사람들을 찾아내어 접촉하고 축하해주면 여러 기회가 열린다. 그렇게 자신을 알아보고 오는 전문가들은 특별한 존재로 성큼 다가오게 된다. 대부분 그런 류의 성공기사는 일반 매체에는 별로 나오지 않고 나더라도 간략한 기술에 국한된다. 좀 더 일정 업계로 좁혀서 앵글을 잡아야 한다. 성공자들을 통해 그들이 즐겨 구독하는 잡지를 알아내고 그 잡지의 편집장들에게 기고할 수 있도록 추천을 해 달라고 요청을 하면 이미 호의적인 사람으로 각인이 되어 있는 터라, 마다할 이유가 없다.

　편집장에게 연락해서 당신의 기사를 게재할 의향이 있는지 물어본다. 주제가 영양가 있고 시의적절하다면, 게다가 그 잡지와 관련이 있는 실력자의 추천을 등에 업었기에 대부분 수용될 가능성이 크다. 왜냐면 업계지는 늘 원고 기근에 허덕이는 경우가 많기 때문이다. 강력한 추천에 당신이 검증된 전문가라면 그것을 마다할 이유는 별로 없을 것이다.

　소재를 잡을 때는 그 업계가 궁금해하거나 고민하고 있는 것에 착안

하는 것이 효과적이다. 그리고 혼자 다 하려고 하기보다는 협업을 하는 것이 더 생산적이다. 즉 업계 실력자들을 인터뷰하거나 업체들에게 설문조사를 하는 식으로 객관성과 친근감을 아울러 글을 쓴다면 가독률이 더 높아질 것이다.

또한, 성공한 사람들은 연대감이 강하다. 그들은 자신이 종사하는 업계 사람들과 업계 현안에 대해 정통한 전문가의 글을 기꺼이 읽을 것이고 거래를 하고자 할 것이다. 표적시장에 스스로 잘난 변호사요 자랑하는 것이 아니라 자연스럽고 부드럽게 포지셔닝을 할 수 있게 된다. 아울러 기사가 나가면 메일 주소나 연락처로 잠재고객들이 먼저 연락을 주는 일도 늘어날 것이다.

원고나 기사에 대해서 고료를 주는 업계지는 거의 없다고 보면 된다. 중요한 것은 글을 통해 특정 표적시장에서 매력적인 전문가로 각인되는 것이다. 그만큼 투자할 가치가 높다는 뜻이다. 편집장에게 고료가 없다는 말을 듣게 되면 괜찮다고 수용하고 대신에 언제까지 기사를 게재해주겠노라는 약속을 받아내는 것이 최선이다. 3개월 안에 기사 게재를 약속한다면 나쁘지 않은 편이고, 잡지는 몇 월호인지 확답을 받으면 좋다. 기사가 실렸다면 글의 게재에 도움을 줬던 잠재고객이나 관계자들에게 빠짐없이 감사편지를 쓴다. 편집장에게도 물론이다. 그 편지를 통해 당신의 전문성을 더 상세히 알려줄 수 있는 특집호를 낼 의향이 있는지 제안을 해도 좋다.

업계지에 실린 기사의 복사본을 활용해보자. 그 복사본들을 표적으로 삼은 업계의 잠재고객에게 보낸다. 또한 기사에서 주요 인물로 다루고 있는 사람들에게 그들이 나온 기사의 사본도 함께 보낸다. 아울러 편지를 보내고 난 후 반드시 전화를 걸어 대화를 나눈다. 가장 이상적인 효과는 당신의 글이 실려서 더 많은 부수가 팔렸다고 편집장이 판단하는 경우라고 볼 수 있다. 그러면 추가적으로 더 유용한 포지셔닝의 기회가 보장된다.

업계지를 이용하는 또 하나의 접근법으로는 잡지에 실린 광고를 통한 방법도 있다. 나의 글이 실린 그 호의 광고업체 중에서 마음에 드는 업체를 컨택한다. 적절한 시점에 그 회사를 방문해서 대표를 만난다. 광고에 대한 칭찬을 하면서 슬쩍 내가 쓴 글도 그 호에 같이 실렸다고 말하면, 그 업체의 사장은 호의적으로 나오기 마련이다. 그 회사의 광고가 어떤 면에서 좋았는지 조목조목 인정하고 칭찬해 주면서 해당 업계에 그간 어떤 노력을 해왔고 앞으로도 그럴 것이라는 것을 인식시켜 주는 것이다. 여기에는 연대감과 칭찬이라는 두 가지 마력이 녹아 있다.

이처럼 광고주들을 통해 잠재고객도 추천받을 수도 있고, 그 기업에 도움이 되는 전문가들을 추천하는 역할을 맡을 수도 있다. 전문가 그룹을 소개할 수 있는 기회는 서로 간에 더욱 신뢰를 다듬는 계기가 되어 추후 부가가치가 발생할 여지가 커진다. 그들의 사업에 대해 묻고 당신의 일에 대한 그들의 견해를 듣는다. 그리고 혹시라도 법률적 도움이 필요하다면 연락을 줘도 좋다고 하라.

기사 끝에 반드시 당신의 이름, 메일 주소, 전화번호 등을 밝혀서 연락 창구를 개방하는 것도 잊지 말자. 환수용 독자 엽서를 동봉하는 것도 효과적이다. 기사를 통해 연락을 준 잠재고객들을 위한 팔로우업 마케팅도 필요하다. 그런 자료집에는 그동안 기고했던 복사본, 경력, 쿠폰, 음성/동영상 파일 등을 포함한다.

방송출연을 활용한
포지셔닝

이 기법을 활용하기 위해서는 참신한 아이디어가 필요하다. 가령 지방 신문의 경제면에서 읽은 어떤 짧은 기사가 발단이 될 수도 있고 길을 거닐다가 떠오르는 생각일 수도 있다. 그러한 단서를 기초로 TV나 라디오 방송국에 제안을 하는 것이다. 라디오라면 방송국 국장에게, TV라면 PD에게 메일로 간단한 아이디어의 개요를 적어 보낸다. 일단은 방송국을 먼저 시도하는 것이 좋다. 채택될 가능성이 상대적으로 높기 때문이다.

주당 1회 20분에 걸쳐 직장인들에게 유용한 법률서비스를 담은 토크쇼를 방송하면 좋을 것이라는 내용을 보낸다. 그러면 그 내용이 일리가 있고 특정 청취자들에게 매력적이라고 판단이 들면 추가적인 내용을 협의하려 들 것이다. 그리고 종종 아이디어를 제공한 사람에게 그 프로그램의 진행을 맡을 것을 제안하기도 한다. 청취자의 욕구를 정확히 진단해낸 능력을 높이 평가한 것이다.

만일 진행자가 된다면 그 프리미엄은 어마어마하다. 일단 그 분야의 검증된 전문가로 강력하게 포지셔닝이 되기 때문이고 이어서 추가적인 비즈니스 전개에 상당히 유리한 입지를 점유하는 계기가 된다. 진행을 맡으면서 해당 분야의 실력자들과 자연스럽게 만날 수 있을 것이고, 이를 통해 사적으로 친분을 쌓을 수도 있고, 그들의 소속 협회에 부드럽게 줄이 닿을 수도 있기 때문이다. 그러한 전문가들과 함께 프로그램을 진행하면 청취자들은 자연스럽게 그들과 동급으로 간주하게 된다. 아주 효과적으로 나의 품위를 끌어올리는 효과도 생긴다. 유명 인사가 나오면 프로그램이 끝나고 사석에서 꼭 물어볼 사항이 있다.

- 어떤 업계지를 보시나요?
- 지난 호들 중에서 하나 얻어볼 수 있을까요?(추가적인 미팅 창구 개설 효과)
- 그 업계지의 편집장은 누구인가요?
- 그 업계지에 기사를 쓸 수 있도록 편집장에게 저를 추천해 주실 수 있으신가요?

라디오 프로그램을 청취하면서 매 프로그램마다 이런 코너를 넣으면 어떨까하는 브레인스토밍을 정기적으로 해보면 좋다. 일반 주부를 대상으로 하는 2시간짜리 라디오 프로그램에도 짧지만 매력적인 코너를 얼마든지 만들 수 있다. 미리 안 된다고 생각하면 그 어떤 일도 일어나지 않는다. 즐기는 마음으로 일상에서 메모하는 습관을 기르고 창의적인 아이디어 습작놀이도 얼마든지 할 가치가 있다.

강의를 통한
포지셔닝

비상근 외래교수로 강단에 서는 것도 변호사의 지위를 견고하게 해주는 역할을 한다. 대학강단에서 강의를 맡는 건 준비하는 입장에서는 부담이 있기 마련이다. 1시간의 강의를 준비하기 위해서 몇 배의 시간을 들여야 하는 것도 사실이다. 적지 않은 준비에 이동시간, 상대적으로 낮은 강의료 때문에 강의를 포지셔닝으로 삼는 것은 고민이 될 것이다. 그러나 일단 한 학기라도 해내고 나면 그만한 가치를 확인할 수 있다. 대학 교양강좌를 맡는 것도 좋다. 대학생들을 대상으로 포지셔닝과 네트워킹의 두 마리 토끼를 잡아보는 거다.

청년변호사들에게도 좋은 기회가 될 가능성이 크다. 전문성을 확보하기 위해서 제3자에게 일정기간 강의를 했다는 것은 객관적인 성과이기 때문이다. 부가적으로 수강생들을 통해 사건을 수임할 수 있는 가능성도 생긴다. 평소 강의에 대한 선망이 있거나 유사 경험이 있다면 주저 말고 도전할 것을 추천한다. 그리고 강의안을 준비하면서 그간의 지식이 더 체계적으로 정리되는 효과도 누릴 수 있다.

강의 자체로 돈이 되긴 어렵다. 그 경력을 재포장해서 얼만큼 추가 이익을 만드는가가 더 중요하다. 또한 출신 로스쿨에 가서 재능을 기부하는 것도 알아보기 바란다. 이는 후배 네트워크를 만드는 데도 좋기 때문에 장기적인 관점으로 분명 메리트가 있다.

강의안을 구성할 때는 스토리나 사례를 끼워서 풀어내는 것이 좋다. 아무리 유용한 법률지식이라도 원론적인 설명만 하면 듣기 지루하다. 좋은 강의의 요건 중 빠지지 않은 것이 바로 재미적 요소이다. 그리고 재미를 가중시키는 효과적인 수단이 스토리, 우화, 사례 등이다.

일반인을 대상으로 하는 강의를 개척하는 것도 틈새시장을 만들 수 있는 기회가 된다. 이들에게는 전문적 법률지식보다는 법과 제도의 일반론 위주가 유리하다. 특정 집단, 예컨대 직장인이나 은퇴연령층 등에게 다가가서 그들이 관심을 갖는 이슈에 대해 궁금증도 풀어주고 재미있는 일화도 소개하는 것이다. 특히 중장년층과 노년층에 맞는 콘텐츠가 제법 영양가가 있을 전망이다. 왜냐하면 법률서비스가 필요한 여지를 발견하기가 상대적으로 젊은 층보다 유리하다. 그리고 인적 네트워크가 풍부해서 소개를 받을 가능성도 크다. 이렇게 틈새시장을 스스로 만들어 내는 노력도 필요하다.

지역 로터리 클럽의 강의를 통해 효과적으로 포지셔닝 할 수 있다. 지역상공회의소로 가서 그 지역에 있는 클럽 리스트와 현재 회장을 맡고 있는 사람들의 연락처를 알아낸다. 그들에게 편지를 써서 그들이 관심을 갖거나 원하는 주제에 대해 무료 강의를 하겠노라고 제안을 한다. 로터리 클럽이나 라이온스 클럽과 같이 알려진 모임에서는 참신한 강사에 대한 요구가 늘 있는 편이다.

의사, 회계사, 변리사 등 다른 전문가 그룹의 모임에 참석하여 강연을 하는 것도 좋은 방법이다. 이 역시 유관협회나 기관의 리더를 통해 연착륙할 것을 권한다. 법률적으로 그들의 이익을 수호하고 불이익을 대변하는 내용이면 환영을 받을 것이다. 그 자리를 통해 나만의 전문가 그룹 풀을 만드는 것도 부가적인 수익이다. 추후 세미나 마케팅을 전개할 때 이들을 패널로 기용하는 것도 좋고, 지역 유지나 CEO들에게 그들의 회사나 개인에게 도움이 될 만한 전문가를 추천해 줄 때 긴요하다. 내 서비스를 항상 먼저 팔려고 하지 말고, 잠재고객에게 어떻게든 실질적인 수혜를 먼저 준 다음에 그들이 고마워서라도 내게 추천을 해 주는 구조가 바람직하다.

대타 강사로 나서보라. 큰 호텔에서는 다양한 모임과 세미나가 열린다. 이를 주관하는 대관담당자와 긴밀한 관계를 만들어서 어떤 부류의 사람들이 어떤 목적으로 모이는지를 파악하고, 나를 그 담당자에게 소개한다. 전문분야를 말하고 어떠한 주제로 대상자들에게 특강이 가능하다고 밝힌 후 추후 강사가 필요할 때 불러 달라고 하는 것이다. 경험적으로 보면 종종 강사가 펑크날 때가 생긴다. 이럴 때를 대비하여 대기자 강사풀에 미리 나를 올려 놓는 것이다.

강의 제목은 간결하면서도 호기심을 자아낼 수 있게 하고 강의는 절대 지루해서는 안 된다. 첫 기회를 잘 버티면 이후 그 호텔과 긴밀한 관계가 될 것이고 매 강의마다 참석자들과 네트워킹하여 유효한 잠재고객에 나서면 된다. 강사료에 연연하지 말기 바란다. 그래도 내가 변호사인데 무료는 망설여지는가. 그럴 수 있다. 하지만 더 큰 그림을 보면 현명한 투자이자 강력한 포지셔닝이라는 사실을 확인할 수 있을 것이다.

살아 숨쉬는 마케팅
Tool kits

Chapter 05

살아 숨쉬는 마케팅 Tool kits

온라인

홈페이지

　　　　홈페이지를 온라인 명함 정도로만 쓰고 있는 변호사가 적지 않다. 대부분의 법률사무소는 홈페이지에 프로필, 경력 및 수상, 실적, 분야 정도를 강조하는 데 지나지 않는데, 중요한 이슈는 페이지 구성이 대부분 일방적인 편이다. 고객과 소통하는 장이 펼쳐지지 않고 화살처럼 고객을 향해 가기만 하지 되돌아 오는 창구가 별로 없다. 물론 이메일 주소나 연락처 혹은 문의란이 있어서 이를 통해 상담하고 미팅을 잡고 이어서 수임으로 연결되기도 하지만, 홈페이지는 조금 신경을 써서 대비하면 건져 올릴 탱탱한 생선들이 저기 수면 바로 아래에 그득하다.

　기본 전략은 이거다. 남들 하는 대로 따라 하지 말라는 것. 다들 성형미인처럼 비슷비슷한 구성이다. 돈을 들여 하는 일인데 해놓고도 비즈니스에 큰 도움이 되지 못한다면 구색 맞추기에만 급급한 무난한 실패에 불과하다.

차별화된 구성과 기능, 그리고 메시지가 핵심이다. 로고나 사진, 사무소 이름이 랜딩 페이지의 구성에 많은 부분을 점유하면 안 된다. 첫째로 신경을 써야 하는 것은 방문자의 시선을 잡아 끌 만한 거리가 있어야 한다. 그 정보를 제공하는 대신에 보기 위해서 방문자의 개인정보를 얻을 수 있어야 하고, 이를 통해 후속 마케팅을 전개할 수 있는 소스를 얻는 것이다.

많은 변호사 중에 내 사이트에 온 것은 적어도 뭔가 그럴 만한 이유가 있기 때문일 가능성이 높다. 심심한데 변호사 홈페이지나 한번 가볼까 하는 사람은 거의 없기 때문이다. 그렇다, 뭔가 알아보기 위해 온 거다. 그랬는데 몇 군데 법률사무소의 랜딩 페이지를 쓰윽 보니 그 나물에 그 밥이란 느낌이 드는 순간, 대부분 그 사이트를 나간다. 그렇기 때문에 포털사이트를 통한 클릭서비스(pay-per-click service)를 제공해도 실제 성사율이 낮을 수밖에 없다.

사이트 구조가 눈에 잘 들어오게 만들어야 하고 유용한 정보가 많을 수록 좋다. 랜딩 페이지에 너무 장황한 텍스트가 있는 경우 가독성이 떨어져서 비효율적인데 특히 모바일 버전의 경우에는 치명적이다. 그런 경우라면 거의 모든 방문자들이 그냥 나갈 것이다. 언제 글자 크기 키워서 이리저리 비비면서 사이트를 순방하겠는가?

모바일 버전의 홈페이지에는 기본적으로 전화번호, 이메일 주소, 약도, 영업시간 등도 랜딩 페이지에 있거나 적어도 손쉽게 찾을 수 있는 버튼을 마련해야 한다. 페이지를 이동해도 이 내용이 한 번의 클릭으로 연결되게 하는 것도 날렵한 준비이다. 이런 건 어떤가. 랜딩 페이지에 몇 개의 동영상이 떠 있는 것이다. 그 동영상을 통해 처음 만나는 고객에게 하고 싶은 메시지를 담는 것이다. 이렇게 하는 것이 텍스트 위주의 평면 메시지에 비해 월등한 가치를 창출한다. 두 가지 측면에서 그렇다. 하나는 방문자의 수가 느는 것이고 다른 하나는 키워드 검색 시 검색순위가 올라가는 것이다. 동영상을 많이 보는 사이트에 검색순위 점수를 더 주기 때문이다.

변호사들은 고객의 낙점을 받을 때 프로필이 상당한 영향력이 있다는 믿음이 강하다. 그래서 정성을 들여 프로필 내용을 세밀하게 나열하는데 과연 그만큼 효과가 있을지는 미지수다. 변호사가 최고의 엘리트라는 사실은 누구나 안다. 즉 그 자체로 입증된 것이다. 물론 디테일한 차이야 없지 않지만 그보다 방문자가 더 관심이 있는 것이 따로 있다. 바로 그들이 당면한 문제이다. 해결해야 할 문제를 여기서 처리할 수 있는지가 방문한 제1의 목적이다. 그래서 고객의 마음속에 있는 것을 끄집어낸 듯한 생생한 표현을 직관적으로 느끼게 해주는 화면 구성이 중요하다.

관점의 전환이 필요하다. 어떻게 해야 랜딩 페이지에서 호기심을 갖게 해서 나머지 페이지도 보게 할 것인가? 그래서 전화도 걸고 찾아오게 만들 것인가가 키 포인트이다. 그 기능이 약하면 홈페이지로서의 역할을 제대로 하지 못한 것이다. 관련 문의란에 전화번호나 이메일 주소만 표시하지 말고, 혹할 만한 자료의 제목으로 유인하는 것이 중요하다. 자동응답기 위젯을 통해 고객의 동의하에 개인정보와 다운로드 자료를 교환하는 것이다. 이러면 강압적이지 않으면서도 품위를 지키며 효과적으로 유효한 고객리스트를 모을 수 있다.

실시간 대화 서비스도 충분히 고려할 만하다. 변호사에게 직접 전화를 하는 것은 마음이 울렁거려서 쉽지 않을 수도 있고 그 사이에 포기하거나 다른 변호사에게 갈 수도 있다. 실시간 대화(live chat) 위젯을 홈페이지에 걸어 놓으면 실시간으로 방문자와 대화할 수 있고 직접 미팅을 갖게 유도할 수 있다. 한편 고객 추천글이 랜딩 페이지에 있으면 매우 효과적이다.

검색엔진 최적화(search engine optimization)에 신경 써야 한다. 인터넷 검색창에서 잘 검색되게 하는 활동인데 이는 온라인 마케팅 업계에서 많이 알려진 영역이다. 이 서비스를 대행하는 업체들이 난립해 있는데 저마다 일정 수준의 결과를 보장한다면서 전문가들을 현혹하고 있다. 잘 모르는 전문가들은 그저 검색이 잘 되면 수익도 많을 것이라는 단순한 환상 때문에 이것을 대단한 것처럼 느낀다. 필요한 경우 유료로 대행서비스를 하는 것도 좋지만, 위에서 언급한 홈페이지 구성이 미처 안 된 상태에서 무턱대고 하는 것은 별 효과가 없다. 먼저 홈페이지를 개편하거나 새로 단장하는 것이 급선무이다. 또 이것보다 더 중요한 것은 매출로 이어지는 수익화, 바로 그거다.

검색 확률을 높이는 가장 현명한 방법은 다양한 형식과 내용의 콘텐츠를 홈페이지와 연동시켜 제공하는 것이다. 꼭 법률에 관한 내용이 아니어도 좋다. 잠재고객이 클릭할 만한 내용으로, 윤리준수를 한다면 다 링크를 걸거나 올려도 좋다. 이때 우호적인 고객과의 인터뷰 동영상도 강력한 효과를 낸다.

홈페이지의 경직성도 골칫거리이다. 대부분 홈페이지 제작은 외부에게 맡기는데 두 가지 면에서 불편하다. 첫째는 PC와 휴대폰의 연동성이 약하다는 점이다. PC버전을 수정하면 모바일버전도 동시에 수정되어야 누락도, 중복도 없이 깔끔한데 이 각각 작업을 하는 웹에이전시가 대부분이다. 불편한 점이 많다. 또 다른 하나는 콘텐츠 수정에 시간이 많이 걸린다는 점이다. 홈페이지가 양도되면 일단 웹에이전시는 다른 수주를 처리해야 수익이 창출된다. 잡은 고기에 미끼 안 주는 것처럼 추가 작업을 요구해도 금방 해주지 않는다.

여기에 설상가상으로 담당 웹디자이너가 퇴사를 하거나 변경된 경우, 지연이 불가피하다. 거의 리얼타임으로 고객이 수정할 수 있으면 좋은데 기존 플랫폼으로 해결이 잘 되지 않는다. 그러나 이런 두 가지 약점을 커버하는 홈페이지 제작 툴이 있긴 하다. 저자는 멤버십 회원에 한해 새로운 트렌드의 홈페이지 제작 워크숍을 진행할 예정이다. 초보자도 할 수 있다.

청년변호사 중에는 아직 홈페이지도 없는 경우가 꽤 있다. 이때에는 홈페이지를 스스로 제작하고, 운용하며 추후 검색엔진 최적화 작업을 서서히 하면 된다. 변호사도 이제는 충분히 자력으로 홈페이지를 만들 수 있는 시대이다. 온라인 마케팅은 머뭇거리는 사이 후발 신입 변호사들에게 밀릴 공산이 크다. 쭈뼛거리다 돌이켜 보고 왜 그때라도 시작하지 않았는가 하는 후회처럼 아쉬운 건 없다. 가장 큰 기회비용은 아무런 시도를 하지 않는 일이다.

온라인 뉴스레터(디지털 매거진)

종이를 사용한 뉴스레터나 잡지에 비해서 인터넷을 이용한 온라인 서비스는 제작 비용이 훨씬 적은 것이 매력적이다. 요즘은 휴대폰으로 검색과 조회가 얼마든지 가능한 시대이기 때문에 정기적으로 소식이나 정보를 온라인으로 제공하는 것이 보편화되고 있다. 여기에 태블릿 PC의 보급으로 온라인 정보 시장은 급격히 성장하고 있다.

종이 버전의 뉴스레터나 잡지를 PDF파일로 온라인으로 전송하는 것도 가능하다. 문제는 요즘 PDF버전은 너무 보편화되어서 누구라도 간단히 생성이 가능하기에, 다소 가치가 적은 느낌을 주는 것도 사실이다.

그래서 다소 제작이 부담스럽더라도 디지털 매거진 쪽으로 트렌드가 바뀌고 있다. 그렇다고 해서 PDF버전을 하지 말라는 것은 아니다. 콘텐츠가 생생하고 유익한 정보로 가득하다면 독자들이 마다할 이유는 전혀 없기 때문이다. 인터넷 트렌드를 너무 앞서 갈 필요까지는 없다.

디지털 매거진을 만드는 것은 방법론적 측면에서는 그리 복잡하지 않다. 다만 정기적으로 내용을 채워 넣는 것이 더 큰 숙제이다. 그래서 온라인 마케팅 초반부터 시도하지 말고 일정 기간이 지나서 다양한 형식과 내용의 자료가 모이면 이것을 조합하고 편집하여 디지털 매거진으로 엮으면 된다. 수익구조가 탄탄한 즈음에 본격적으로 시작하면 비즈니스 규모가 커지는 데 한몫 해낼 것이다.

온라인 뉴스레터나 디지털 매거진은 잠재고객을 확보하는 데도 유용하지만 사실 더 큰 존재 이유는 기존 고객을 받쳐주는 지렛대 역할 때문이다. 수임을 완료했어도 관계는 지속되어야 한다. 왜냐하면 추가적인 수익의 단초가 그 네트워크에서 나올 가능성이 크기 때문이다. 지속적으로 유용한 정보를 주고 자문 역할을 해주며 친구가 되는 거다. 그리고 중요한 사실은 일정 기간마다 나를 기억하게 만드는 효과가 있다는 점이다. 그래야 누군가 변호사를 찾을 때 부지불식간에 추천을 할 수 있기 때문이다.

기본적으로는 법률 업데이트 자료를 소개하고 간단한 촌평을 하는 정도에서 출발한다. 좀 더 욕심을 낸다면 정책 변경 후의 변화를 전망하고 이로 인해 득실을 따져주는 내용을 작성한다. 또한 고객이 관심을 가질 만한 기사나 칼럼을 소개하고 촌평을 달아도 괜찮다. 아무튼 고객 입장에서 실용적이고 당장 챙겨둬야 할 가치가 있을 정도가 되어야 한다.

그런데 여기서 잠깐! 고객에게 줄 것이 법률지식만이라고 여기지 마시라. 다양한 전문가 그룹을 보유하고 있다면 그 중개 역할을 하는 것도 꽤 큰 서비스가 된다. 왜? 사람은 달라도 고객의 고민이나 문젯거리를 해결했다는 측면에서는 같기 때문이다. 또한 도움을 받은 사람은 고마움을 어떻게든지 정산하고자 하는 마음이 생기므로 추가 고객을 구하는 데 가교 역할을 해 줄 것이다.

유료도 좋지만 기본적으로는 무료정책이 바람직하다. 잔챙이는 놔주고 큰 물고기를 잡아야 한다. 더 신경 써야 할 것은 확산성이다. 무료로 하되 무작위 이메일 배포는 피해야 한다. 개인정보를 제공하고 다운로드 받게 하는 형식이 좋다. 물론 기존 고객에게는 이메일 서비스가 무방하다.

고객이 고객에게 이 콘텐츠를 소개할 정도가 되면 변곡점을 지나고 있다고 봐도 무방하다. 정기적으로 디지털 매거진을 발행할 정도면 그 분야에서 제법 잔뼈가 굵은 전문가로서 입지를 다졌다는 인식을 각인시킬 수 있다.

디지털 매거진을 제작할 정도면 제공할 콘텐츠가 제법 모였을 것이다. 이 서비스가 가진 장점이 또 있는데, 그것은 바로 다양한 버전으로 내용을 조절해서 포스팅 할 수 있다는 매력이다. 온라인 마케팅은 이렇게 연결성과 확장성이 강점이다. 노력한 보람을 찾을 수 있다.

청년변호사들도 상대적으로 기존 변호사들이 소홀한 이 서비스를 제작하는 데 욕심을 냈으면 좋겠다. 경력이 부족할 때는 열정으로 커버해야 하는데, 이때는 방향성이 중요하다. 디지털 매거진 발행은 패기 있게 밀어붙일 때 뚝딱 만들어진다. 젊은 열정을 기대한다.

블로그

블로그 마케팅은 이제 보편적이라고 할 정도로 많이 사용되고 있다.

검색엔진 최적화에 도움이 된다고 해서 너도나도 뛰어들고 있고, 또 효과도 보고 있다. 블로그는 홈페이지와 연동해서 시너지를 도모할 수 있다. 변호사들도 블로그 제작에 합류하고 있고, 글을 쓰는 변호사라는 신조어(lawyer + blogger → blawgger)까지 등장했다.

장문의 기사에 비해서 블로그는 짧게 써도 무방하다. 이메일 리스트를 통해 효과적으로 나를 포지셔닝 할 수도 있고, 홍보 및 캠페인을 시도할 수 있으며 온라인 뉴스레터와 연계하면 커뮤니티 유지에 탄력을 받아 고객만족지수를 높일 수 있다.

또한, 잠재고객과 기존 고객 모두 나를 기억하게 만들어서 주위 지인들이 어려움에 처했을 때 연락이 올 가능성도 높여준다. 반면 기사는 단발성이거나 적은 횟수라도 괜찮지만, 블로그는 일단 개설하면 꾸준히 글을 일정기간마다 올려야 하는 숙제가 주어진다. 한두 번 글을 올리고 만 블로그는 개설한 의미도 퇴색할 뿐만 아니라 잠재고객에게 본인의 일도 이런 식으로 대충 할 것 같다는 좋지 않은 선입견을 줄 수 있기 때문에 신중을 요한다. 적어도 1주일 단위로 블로깅하고 일단 시작했으면 지속되어야 한다.

내용은 꼭 법률적인 것이 아니어도 좋다. 코멘트를 달 만한 사건이나 이슈를 활용하는 것이 작성하기에 부담도 적고 반응도 좋다. 그리고 내용을 딱딱하지 않고 재미있게 쓰면 더욱 효과적이다. 어차피 써야 하는 부담이 있다면 블로깅만 하지 말고 온라인 뉴스레터와 함께 진행하는 것이 바람직하다. 멋진 작품을 내려고 의욕만 앞서면 지속하기 어렵다. 약간의 집중력과 시간을 투자하면 다른 마케팅 활동과 함께 연동되어 적정 시점에 수익구조가 더욱 탄탄해질 것이다.

혼자 끙끙대며 쓰지 말고 창의적으로 접근해 보자. 1주일간 누군가 만났을 것이다. 그런 고객이나 지인들과의 대화를 다듬어도 좋고, 대담한 내용의 일부분을 편집하고 코멘트를 달아도 무방하다. 또한 다른 변호사나 같은 업종 전문직의 PR용으로 초고를 받아서 윤색해도 된다. 또한 고객과 있었던 일 중 독자들에게 도움이 될 만한 내용의 법률적 지식도 가능하며 새로운 법제도 시행 관련 사항도 훌륭하다.

그래도 블로깅은 기사나 책을 쓰는 것보다는 작성에 부담은 적은 편이다. 블로깅이 주는 또 하나의 장점은 독자들을 교육하는 데 도움이 많이 된다는 점이다. 내가 주관하는 무대이기에 나에게 주도권이 있는 활동이므로 독자들에게 리얼 전문가로 입지를 굳히게 해준다. 사실 블로깅에 익숙해지면 이메일 쓰는 정도로 가볍게 느껴질 것이다.

시간을 정기적으로 내기 힘들다면, 미리 몇 개 만들어 놓고 예약기능을 통해 정해진 시간에 포스팅을 할 수 있다. 주말에 시간을 내어서 몇 개씩 만들어 놓고 자동으로 보내는 것도 좋은 방법이다. 그러자면 평소 블로깅할 만한 거리를 확보해야 하는데, 사소한 것이라도 메모부터 하는 것이 좋다. 그러다 보면 이색적인 소재도 발견할 수 있고, 색다른 조합으로 의견을 전개할 수도 있다. 또 평소에 읽지 않는 잡지를 보는 것도 좋다. 카페에는 다양한 종류의 잡지가 비치되어 있다. 그중 평소에 거의 손이 안 가는 분야의 잡지를 집어 들고 유유히 넘겨보라. 법률 사각지대도 발견할 수 있고, 풀어갈 주제를 확보할 수도 있다.

또한, 블로그는 독자와 함께 상호적으로 운영할 수도 있다. 즉 독자가 코멘트를 기입할 수 있기 때문에 활성화된 블로그는 그 자체로 강력한 포지셔닝 효과와 고객 진입 문턱을 낮추는 효과도 누릴 수 있게 해준다.

독자 수를 늘리기 위해서는 역시 뭐니뭐니해도 콘텐츠가 좋고 기술 방식이 재미있어야 한다. 법률지식만 올리다 보면 내용이 건조해질 수 있다.

블로깅은 생각지도 못한 멋진 결과로 이어질 수 있다. 단 제대로 써야 하고, 제대로 운영되어야 한다. 그전에 제대로 지속할 수 있는지부터 냉정하게 살피기 바란다. 제목부터 호기심과 상상력을 자극할 수 있게 만드는 일은 블로그에서 무척 중요하다. 그리고 홈페이지에도 블로그 꼭지 제목이 뜨게 한다면 홈페이지를 살피다가 블로그까지 오게 하여 고객몰입도를 향상시킬 수 있다. 때로는 "요즘 어떠세요?"라는 식으로 고객의 근황을 물어 그들의 참여를 이끌어 내는 것을 고려하라. 쌍방향 블로깅을 통해 커뮤니티는 더욱 활성화될 것이다.

향후 워크숍을 통해 모바일이 연동되는 홈페이지 제작법과 블로그 제작 기법을 전수할 예정이다.

소셜 미디어

소셜 미디어란 어떤 일정 방식으로 상호 간에 쌍방향 커뮤니케이션이 가능한 인터넷 미디어를 의미한다. 실시간 소통이 가능하고 그 안에서 연락을 주고받기로 허락한 사람들끼리 공유하는 가상공간 서비스이다. 그중 대표적으로는 링크드인(Linked-in), 페이스북(Facebook), 트위터(Twitter), 그리고 유튜브(YouTube)와 블로그(Blog)도 여기에 속한다고 볼 수 있다. 여기에서는 앞선 3가지 서비스에 대해 알아본다.

최근 소셜 미디어는 급속히 우리의 삶에 파고 들었다. 뭔가 활발히 움직이고 알리고 대화가 만발하는데, 이걸 하긴 해야 하는지, 한다면 어떻게 해야 할지 고민스럽다. 온라인 마케팅 대행업체들이 연일 호들갑스럽게 소셜 미디어 마케팅을 띄우고 있는 터라 이걸 안 하면 당장 어떻게 될 것 같은 느낌이 드는 것도 무리는 아니다. 그러나 너무 급할 필요는 없다. 뭐든지 어정쩡하게 따라 하면 안 하느니 못하다. 찬찬히 살펴 보고 적절히 대응하면 된다. 대신 선택한 내용에 대해서는 지속성을 유지하는 것이 더 중요하다.

소셜 미디어는 청년 층이나 직장인이 주로 사용하는 것이라 내 고객 층은 이런 소셜 미디어 같은 걸 통해 의뢰를 하지 않기 때문에 필요 없다고 생각할지 모른다. 하지만 그렇게 단정짓는 것은 조금 이르다. 시류는 늘 변한다. 그것도 아주 빠르게. 중요한 건 트렌드지 매체 유형이 아니다. 다만 관건은 트렌드건 포장이건 내 비즈니스와 어떤 상관이 있는지를 제대로 파악하고 건져낼 수 있는 것만 취해 내 것으로 소화하면 그만이다.

소셜 미디어를 통해 전문직이 얻을 수 있는 기대효과는 다양하다. 검색 노출을 비롯해 고객추천, 추천글 공유, 정보제공, 상호교류 및 평판 관리에 도움을 준다.

- 검색 노출: 소셜 미디어를 통해 다양한 메시지를 주고 받으면 그 활동성 때문에 검색 노출 가능성이 증가한다. 요즘은 모바일로 훑어보고 영양가가 있는지를 살피고 나중에 컴퓨터로 구체적으로 보는 것이 대세이다. 그러므로 모바일에서 검색이 쉬워야 유리한 고지를 선점할 수 있다.

- 고객추천: 기존 고객이 신규 고객을 추천하는 것은 마케팅에서 매우 중요하다. 소셜 미디어를 통해 우호적인 고객과 친밀한 관계를 유지하는 것은 내 곳간을 그득히 채우는 데 큰 역할을 한다. 그들의 관심사에 대해 공감해 주고, 중요한 정보를 제공하면서 관심을 기울이면 그들은 나의 우방이 된다.

- 추천서: 고객의 추천서만큼 잠재고객에게 어필하는 것은 없다. 그만큼 강력한 효과를 지닌다. 매번 추천서를 받을 수는 없기에 보유한 추천서를 공유해서 잠재고객을 유치하는 데 사용하면 수임에 도움이 된다.

- 정보제공: 잠재고객이 궁금할 만한 사항을 알려주면 고객 확보에 도

움이 된다. 소셜 미디어 플랫폼 내에서는 큰 정보를 직접 주고받을 수 없기 때문에 정보가 있는 곳의 인터넷 주소를 공유한다.

- 상호교류: 개인 간의 교류는 친밀감을 높여 주기 때문에 고객에게 관심을 기울이고 공감하며 위로한다면 다양한 경로로 유익함을 얻을 수 있다.

전문가 마케팅에서 평판이 중요한 이유는 전문성으로만 비즈니스가 이루어지지 않기 때문이다. 잠재고객은 어떤 전문가가 더 유능하고 자기 문제를 제대로 해결해줄지 선택하기 어려워한다. 그렇기 때문에 평판을 중요하게 여기는 것이다. 그래서 많은 전문직들이 매체에 노출되고 싶어한다. 물론 효과가 있다. 하지만 TV나 라디오 등을 통해 홍보할 만한 자리는 제한되어 있다. 소셜 미디어를 통해서 밀접한 관계를 형성하며 좋은 평판을 유지하면 그 위력은 공개 매체 못지 않다.

전문가 마케팅에 적합한 소셜 미디어를 선택하고 그 안에서 적절한 전략을 통해 원하는 목적을 이룰 수 있다. 고객추천을 만들기 위해서는 적절한 시점에 고객추천 행동을 촉진하는 메시지를 보내야 한다. 기껏 친해지고 잔뜩 정보도 줬는데 실제 추천으로 이어지지 못했다고 하는 경우가 바로 이 과정을 소홀하게 처리했기 때문이다. 이심전심으로만은 비즈니스가 이루어지기 어렵다.

프로필 작성에서 중요한 것은 이력과 경력만 나열하는 데 그치면 안 된다는 점이다. 고객은 이 전문가가 과연 내게 적합한지에 관심이 있기 때문이다. 프로필 후반에 반드시 고객이 얻을 수 있는 혜택을 강조하고 연락을 달라는 구체적인 행동을 유도하는 문구를 넣어야 한다. 이게 빠지면 수임 몇 건을 놓치는 거다. 그렇다. 소셜 미디어는 형식이고 도구이다. 관건은 바로 내게 연락이 오는지의 여부이다.

그렇게 되기 위해서 필수적인 것은 고급 무료 콘텐츠다. 무료로 좋은 정보를 제공해서 잠재고객이 나를 기억하게 하고 궁금한 점을 묻게 하는 것이다. 그 정보를 고객 스스로 주위에 나눠주게 하여 추가적인 잠재고객을 더 만들어 가게 한다. 그 정보에는 평소 잠재고객들이 자주 하는 질문을 다뤄야 효과적이다. 왜냐하면 소셜 미디어가 유용하다고는 하나 하루 종일 이것만 하고 있을 수는 없지 않은가. 그러므로 자주 질문하는 것은 미리 문서로 배포하여 일손을 절감할 수 있기 때문이다. 미디어가 내 홍보요원인 셈이다.

소셜 미디어상에서 유용한 정보제공 없이 나의 전문성이나 유능함만을 외치면 공허한 메아리가 될 뿐이다. 그러면서 지인들을 소개해 달라고 요청하면 과연 효과가 있을까? 소셜 미디어는 전문직의 진정성을 효과적으로 알려 주는 도구로 긴요하다. 말 한마디가 나의 진정성에 영향을 미친다는 점은 양날의 칼이기도 하다. 한 번의 실수로 그간의 신뢰를 잃는 경우가 왕왕 있기 때문에 주의를 요한다.

가끔은 재미있는 설문조사를 해서 응모자에게 별도 사례로 고급 정보를 주거나 퀴즈를 통해 프로모션을 진행해도 좋다. 또한 재미있는 내용으로 주위를 즐겁게 해주는 것도 효과적이다. 주위를 즐겁게 하는 사람 주변에 아무래도 사람들이 몰리기 마련이니까.

소셜 미디어도 플랫폼 유형에 따라 일장일단이 있으므로 비즈니스와 타깃 고객에 따라 그중에서 적격인 것을 골라서 활동해야 한다. 무턱대고 사람들이 많이 몰리는 플랫폼이 반드시 좋다고 장담하기는 이르다. 왜냐하면 모든 사람들이 변호사 수임과 연관 있지 않기 때문이다. 수임에 유리한 플랫폼을 선택해야 한다. 선택을 했다면 이제 중요한 것은 제대로 알차게 그 안에서 활동하는 것이다. 전문직은 간혹 주목받기를 원하는 경향이 있는데 그 수위 조절을 잘하는 것도 중요하다. 자칫 밉상이 될 수도 있기 때문이다. 아무래도 사람들은 호감 있는 전문가에게 더 몰린다.

🔍 링크드인(Linked-in)

전문직 비즈니스와 가장 관련이 큰 것은 링크드인이다. 전 세계적으로 비즈니스맨과 전문직이 가장 많이 사용하고 있다.

자신의 경력, 학력을 게재하여 프로필을 조회한 사람, 검색에 나타난 횟수, 보유한 기술과 관심사를 알 수 있게 해준다. 실제 연락처, 메일을 동기화해야 등록이 가능한 1촌, 1촌뿐 아니라 2촌과 3촌의 개념도 존재하여 오프라인 인맥이 온라인 인맥으로 이어진다. 타임라인을 통해 다른 사용자들의 게시물이 보여지고, 자신의 상태를 업로드하며 추천, 댓글, 공유, 지인태그 등의 자유로운 활동도 가능하다. 또한 비슷한 관심사를 가진 사람들끼리 그룹을 형성하기도 하고 그룹을 대상으로 채용정보, 검색기능을 제공한다. 또한 초대를 가려서 할 수 있는 강점도 지녔다.

🔍 페이스북(Facebook)

대학생을 대상으로 한 서비스에서 출발한 페이스북은 다양한 수요층을 형성하고 있다. 공통관심사를 가진 사람끼리 연결하는 기능이 강점이다. 네트워킹은 '친구맺기'를 통해 이루어지며, '친구'를 통해 상호 간의 연결이 가능하게 해놨다. 링크드인과 비교해서 페이스북은 온라인 커뮤니티가 강하다. 비즈니스 면보다는 개인사에 초점이 더 맞춰져 있다. 다양한 사람들과의 교류가 있는 반면, 비즈니스를 위한 경우에는 좀 더 살펴볼 여지가 있다. 한편 페이스북 광고가 전문가 홍보에 도움이 된다는 반응이 커지고 있기도 하다.

🔍 트위터(Twitter)

트위터란 '지저귀다'라는 뜻으로, 재잘거리듯이 하고 싶은 말을 그때그때 짧게 올릴 수 있는 공간이다. 한 번에 쓸 수 있는 글자수도 최대

140자로 제한되어 있다. 블로그의 인터페이스에 미니홈페이지의 '친구 맺기' 기능, 메신저의 신속성을 갖추었고, 관심 있는 상대방을 뒤따르는 '팔로(follow)'라는 독특한 기능을 중심으로 소통한다. 이는 다른 서비스에서의 '친구맺기'와 비슷한 개념이지만 상대방이 허락하지 않아도 일방적으로 '뒤따르는 사람', 곧 '팔로어(follower)'로 등록할 수 있는 점이 가장 큰 차이점이다. 댓글을 달거나 특정 글을 다른 사용자들에게 퍼트릴 수도 있다.

언제 어디서나 정보를 실시간으로 교류하는 '빠른 소통'을 가장 큰 특징으로 신속한 정보 유통망으로 자리잡았다. 한편 트위터는 개인 간 관심사를 위주로 소통하는 면이 강하다. 글자 수가 제한되어 있어서 한 번에 많은 메시지를 줄 수는 없으나 다른 인터넷 주소 공유를 통해 전달할 수는 있다. 비즈니스 이슈로 시작한 대화가 번져가면서 점차 개인적인 반응으로 변하는 경우가 많고 얼마나 반응을 보이는지 사전에 체크할 수 있는 기능으로도 활용할 수 있다.

트위터로 메시지를 전할 때 가장 중요한 것은 나에 대해서가 아니라 상대방에 대해서 이야기를 하라는 것이다. 더욱 세련되고 효과적인 소통이 되기 위해서는 먼저 그들이 돋보이게 하고, 그 말에 동조하면서 갭을 좁혀 나가는 것이 좋다.

만일 여러 개의 소셜 미디어를 쓴다면 이들을 관리하는 데 엄청난 시간을 들이고 있을 것이다. 페이스북, 트위터, 링크드인에 각각 하나의 메시지를 올리는 것은 몇 분밖에 안 걸리지만, 하루에 수십 개의 글을 올려야 할 때에는 곤욕스러울 수 있다. 다행히 하나 이상의 소셜 미디어에 동시에 글을 올릴 수 있도록 해 주는 툴이 있다. 대표적으로는 핑(Ping.fm)을 들 수 있고 이외에도 훗스위트(Hootsuite), 트윗덱(Tweetdeck), 소셜 움프(Social Oomph) 등이 있다.

소셜 미디어는 전문가에게 유용한 수단으로서 잠재성이 크다. 본인의 스타일과 개성 그리고 비즈니스 특성을 감안하여 잘 선택하고 실수가 나오지 않도록 유의한다면 전문성과 진정성을 바탕으로 한 긍정적인 평판 유지에 일조할 것은 분명하다.

한 가지 더! 돈이 되려면 잠재고객 유입이 많은 것은 필요조건이지 충분조건은 아니다. 충분조건은 무엇일까? 그것은 바로 일련의 후속연계(follow-up sequences) 시스템이다. 그저 온라인상으로 많은 연결이 되는 것이 아니라 이후 이어지는 유용한 정보제공을 기본으로 한 상호교류가 빠져서는 수입으로 이어지기 힘들다. 말로만 "주위 아는 사람에게 추천 좀 부탁해요"는 그저 해프닝일 뿐이다.

여기에 정기적으로 뉴스레터를 온라인으로 보내 주는 것도 효과적이다. 정기적으로 기간을 잘 지키는 그 자체로 신뢰성을 입증하고 그 내용을 통해 전문성을 확인하게 해주기 때문이다. 그리고 그 안에 주요 잠재고객의 비즈니스를 소개하거나 인터뷰한 내용을 넣는 것도 굿이다. 뉴스레터는 고객이 효과적으로 변호사를 기억하게 만드는 기능이 있다. 그럼으로써 구독자들이 때마침 주위에 변호사를 수소문하는 지인을 소개할 수 있는 기회를 제공한다.

온라인 광고(Online advertising)

전문가로서 입지를 다지기 위해 온라인 매체를 활용한 광고에 관심이 많다. 그래서 흔히 광고 업체를 통하는데 이 경우 그들의 리드에만 맡기고 결과만 기다리기 일쑤이다. 대부분 검색엔진 최적화를 한다면서 복잡한 말로 설명하는데 달리 반박을 하지 못하고 덜컥 대행 계약을 맺곤 한다.

계약을 한 이유는 그렇게라도 하면 홈페이지를 통해 상담을 이끌어내는 횟수가 증가할 것을 기대하기 때문인데, 여기 사각지대가 있다. 홈페이지 방문횟수가 늘어난다고 그에 비례해서 수입도 증가한다고 보장하긴 어렵다는 사실 때문이다. 그래서 유료 키워드 검색서비스(pay-per-click)도 가입하는데 이것은 누군가가 홈페이지를 방문할 때마다 일정 비용이 회당 지출되는 구조이다. 하지만 이 서비스 자체가 수익으로 이어지지는 않는다.

그렇다고 이런 서비스가 소용 없다는 뜻은 결코 아니다. 이런 서비스와 연계해서 시너지가 생겨야 할 부분이 빠진 경우가 의외로 많다. 이는 홈페이지에 방문한 고객을 사로 잡을 만한 준비가 약했기 때문이다. 대부분의 변호사 사무소 홈페이지는 천편일률적으로 비슷한 구성을 하고 있다. 프로필, 경력, 주력 분야, 실적, 파트너십 등이 나열되어 있는 수준에 준한다. 홈페이지 랜딩 페이지의 분위기는 이것이다. "나 이런 사람(회사)이야~"

그렇다면 잠재고객이 원하는 내용은 무엇일까? 바로 그들의 문제를 해결할 수 있는가의 여부이다. 즉 내 문제를 맡겨도 좋을까이다. 일반인은 대체 어느 변호사가 더 나은지 구별하기 힘들어 한다. 그리고 불안하다. 어떤 변호사가 더 내 문제에 맞는지 판단하는 데 필요한 정보가 별로 없다. 홈페이지는 이런 잠재고객의 불안하고 초조한 상황을 활용할 줄 알아야 한다.

즉 무턱대고 유료광고만 걸어 놓지 말고, 홈페이지가 업그레이드 되어야 한다. 홈페이지 랜딩 페이지에서 고객이 관심을 끌 만한 문서(PDF), 동영상, 팟캐스트, 전자책 등을 다운받을 수 있는 기능(opt-in)이 반드시 있어야 한다. 제공하는 내용은 법률지식 같은 내용보다는 잠재고객이 변호사를 찾을 때 도움이 되는 실전 팁과 같은 내용이 더 좋다. 전문성과 신뢰성을 동시에 확보할 수 있는 효과가 있다. 또한, 콘텐츠의 제목을 신경 써서 잘 지어야 한다. 제목이 매력적이면 잠재고객은 선뜻 자기의 개인정보를 주며 클릭하게 된다.

　주요 서비스 분야를 구분해 놓고 클릭하면 해당 내용에 관한 기사나 법률정보를 볼 수 있게 하는 것도 좋은 방법이다. 처음 홈페이지를 찾아온 방문자들이 그냥 훌쩍 나가게 하지 않는 것이 끌어 모으는 일보다 더 중요하다. 이러한 후속 준비가 미흡한 상태에서 검색엔진 최적화만으로는 소기의 목적을 달성하기 어렵다.

　제공할 콘텐츠는 개수와 분량도 중요하지만 다양한 형식도 신경 써야 한다. 동영상 파일, 음성 파일, 인터뷰, 추천글 등을 적절한 조합으로 랜딩 페이지에 올리는 것도 검색엔진 최적화에 큰 도움이 된다. 또 다른 강력한 방법은 제3자와 연결되게 하는 것이다. 다른 변호사나 이종(異種) 전문가들의 홈페이지나 블로그와 링크를 시켜서 서로 방문자 수를 늘리는 방법으로 시너지가 발생한다. 그렇기 때문에 전문가 그룹과의 네트워킹이 중요하다. 분야별 전문가들이 서로 연결되어 있는 모습은 잠재고객 입장에선 더 신뢰가 가고 전문적인 서비스를 제공할 것 같다는 느낌을 줄 것이다.

　당장 외주를 주기보다는 다른 변호사들이 현재 어떻게 온라인 광고를 추진하고 있는지 알아보는 것도 의미가 있다. 마케팅은 끊임없이 변한다. 시류를 살펴보는 것은 그 자체로 마케팅 계획 수립에 도움이 된다.

　현재 구글 애즈와 페이스북 애즈가 탄력을 받고 있는데 각각 비교해 보고 유리한 쪽으로 선택하는 것도 유력한 방법이다. 온라인 광고 서비스는 저마다 장단점을 지니고 있으며 세부 사항을 잘 검토하고 내가 주력하는 서비스를 고려하여 선택하는 것이 바람직하다. 다만 경계해야 할 것은 손 놓고 무조건 외주를 맡기기만 하지 말고 그 외에 필요한 제반 여건(홈페이지와 후속연계 시스템)을 같이 변경해야 하는 것을 꼭 잊지 말자.

유튜브(YouTube)

유튜브는 세계에서 가장 큰 동영상 사이트로서 인터넷을 사용할 수 있는 거의 모든 기기에서 편리하게 사용할 수 있다. 흔히 재미있는 동영상을 보기 위해 방문했던 이 유튜브가 이제 전문직에게도 요긴한 마케팅 도구가 될 수 있다. 현재 유튜브는 구글이 인수한 상태로 구글에서 검색우선 순위를 올리는 데 효과적인 서비스이다.

온라인 동영상이 중요한 매체로 떠오르는 이유는 홍보에 큰 도움이 될 뿐 아니라 검색엔진 최적화에도 영향이 크기 때문이다. 화면과 음성으로 만들어진 영상은 문자보다 파괴력이 훨씬 크다. 그리고 시청자에게 강렬한 인상을 주는데 매우 효과적이다.

동영상 말미에 "제가 도와 드리겠습니다"라고 외치는 것은 문자로 표현하는 것보다 훨씬 호소력이 크다. 잠재고객은 여러 명의 변호사를 거치기 어렵다. 정보가 제한된 상황에서 제한된 자원으로 한 사건을 동시에 맡길 수 없다. 신중을 기할 수밖에 없는데 이때 중요한 결정요소는 감이다. 그만큼 느낌이 중요한데 동영상 서비스는 그 역할을 잘 해낼 수 있다.

유용한 동영상은 새로운 사용자들의 유입을 유도하는 순환구조를 가지며 이 과정에서 충성도 높은 팬들이 생겨나고 자연스럽게 커뮤니티가 형성된다. 커뮤니티가 중요한 이유는 홍보부대 역할이 가능하다는 점과 크리에이터가 커뮤니티에 적극적으로 참여하여 논제를 주도해 나간다면 그 커뮤니티는 더욱 활성화되기 때문이다.

유튜브에는 친구들을 그룹으로 관리할 수 있는 기능이 있는데 바로 구글에서 제공하는 소셜 서비스인 구글+의 '서클'이다. 친구들을 여러 그룹으로 나누고 그룹별로 각각 차별화해서 운영할 수 있는 기능이 이색적이다. 잘 쓰면 요긴할 수 있다. 한편 유튜브는 생방송도 가능한데 두 가지 방법이 있다. 여러 명을 온라인으로 만나서 인터넷 화상 채팅 형태의 진행이 가능한 '구글+ 행아웃 온에어'와 일방적인 방송 형태인 '유튜브 실시간 방송'이다. '구글+ 행아웃 온에어'는 화상카메라만 있으면 별도의 소프트웨어 없이 간단히 실행할 수 있고 최대한 10명까지 참여 가능하다. 반면 '유튜브 실시간 생방송'은 별도의 장비와 소프트웨어가 있어야 하고 비용도 만만치 않다. 그래도 생방송에 뜻이 있다면 팟캐스팅을 제공하는 스튜디오에서 가능하다. 제작비용이 들긴 해도 충분히 검토해볼 만하다.

콘텐츠를 구성할 때는 자주 받는 질문리스트를 작성하고 또 잠재고객에게 반드시 물어야 할 사항에 대한 리스트도 마련해서 이것을 하나씩 혹은 묶어서 방송을 하는 것이 좋다. 여기에 일반인들이 잘 모르는 소송 단계에 대한 구성 및 이해도 좋고, 좋은 변호사를 고르는 법도 적용 가능하다. 한 가지 주의사항은 유튜브에서는 저작권을 중시한다. 저작권과 관련된 문제가 발생하지 않게 진행을 하는 것이 매우 중요하다.

팟캐스트(Podcast)

팟캐스트란 오디오 파일 또는 비디오 파일 형태로 뉴스나 드라마 등 다양한 콘텐츠를 인터넷망을 통해 제공하는 서비스다. 애플의 아이팟(iPod)과 방송(broadcasting)을 합성한 신조어이다. 기존 라디오 프로그램과 달리 방송시간에 맞춰 들을 필요가 없으며, MP3플레이어·스마트폰 등을 통해 구독 등록만 해 놓으면 자동으로 업데이트되는 관심 프로그램을 내려 받아 아무 때나 들을 수 있어 최근 주목받고 있는 서비스이다.

이미 몇몇 변호사들이 팟캐스팅을 하고 있다. 청년변호사들은 특히 이 툴에 주목할 필요가 있다. 향후 몇 년 동안은 전망이 밝은 서비스로 그 위세가 더할 것이다. 일반적으로 오디오 파일로 제작하는 경우가 많은데 혼자 진행하는 것보다는 진행자와 패널의 형식이 더 제작하기도 편하고 듣기에도 무리가 없다는 것이 중론이다. 팟캐스팅을 통해 경력이 짧다는 핸디캡을 효과적으로 커버할 수 있을 뿐 아니라 첨단 이미지까지 줄 수 있어서 더욱 매력적이다.

현재 팟캐스팅을 기본으로 종편 TV프로그램이 제작된 바 있다. 탑 다운 방식의 방송이 이제는 다운 탑 방식으로 거꾸로 발전하는 것이다. 또한 팟캐스팅 방송을 기반으로 책도 만들어졌다. 이렇듯 사회 전반적으로 변화는 여지없이 일어나고 있다. 어찌 변호사 업계만 외면할 수 있을까.

변호사가 다룰 내용이 꼭 법률지식이어야 하는 것은 아니다. 시사, 취미, 교양, 스포츠, 인문 등 다양한 분야도 진행이 가능하다. 평소 관심이나 조예가 있던 분야를 법률적 시각을 겸해서 방송하면 색다른 느낌을 줄 수 있다. 일종의 퓨전이다. 그리고 이 서비스의 매력이 또 있다. 그것은 바로 생성된 음성 파일로 여러 가지 형태와 용도로 다시 제작할 수 있다는 것이다. 책을 내거나 오프라인 교육을 운영할 때에도 팟캐스팅을 활용할 수 있다. 또한 홈페이지에서 다운로드해서 잠재고객을 더 모을 수도 있고, 온라인 뉴스레터에 삽입해서 시너지를 낼 수도 있다. 게다가 검색엔진 최적화에도 큰 위력을 발휘한다.

하나의 콘텐츠를 다양하게 써먹는 OSMU(One Source Multi Use) 기반의 온라인 마케팅 시스템이니 이 얼마나 경제적인지 모른다. 나는 이에 대한 교육을 오프라인 워크숍이나 멤버십 프로그램을 통해 전수할 예정이다.

향후 조심스럽게 이런 전망을 하는 사람도 생겼다. 라디오 방송에서 이루어지는 '보이는 라디오'처럼 팟캐스팅도 제작하는 모습을 그대로 영상화하는 것이다. 매체는 계속 변할 것이다. 중요한 건 결국 콘텐츠가 될 것이다. 기존의 방식을 모두 해보고 이것을 고려할 필요는 없다. 특히 청년변호사들에게 효과적인 포지셔닝과 틈새시장 확보에 꽤나 유용한 도구로 각광받을 전망이다.

오프라인

전략적 직접방문

당연하다고 소홀해지기 쉬우면서도 효과는 어마어마한 것이 바로 고객과 만나는 일이다. 전문가는 세일즈맨처럼 호객행위를 하고 싶어 하지 않는다. 잠재고객이 나를 용케 찾아와서 점잖게 맞이하고 싶어 한다. 아니면 온라인을 통해 나를 찾거나 추천이나 소개로 연락이 오길 바란다.

최근에는 컴퓨터나 모바일로 고객과 직접 소통하니 직접 발로 뛰는 방문은 생각할 겨를이 없기도 하다. 그러나 모르는 소리, 한 번의 직접 대면은 작은 라이브 쇼의 효과를 내므로 결코 무시해서는 안 된다.

특히 잠재고객이 법인 대표나 간부인 경우 직접 방문은 그 자체로 큰 의미가 있다. 왜냐하면 우리나라는 아직까지 변호사는 고객이 찾아가는 것이라는 고정관념이 남아 있기 때문이다. 그런데 그런 높으신(?) 분이 직접 나를 찾아와 준다면 그야말로 본인이 그만큼 대접받는다는 느낌을 줄 수 있기 때문이다.

그렇다고 무작정 고객을 일일이 다 만날 수는 없다. 전략적으로 부가가치를 생각해서 투자할 만한 가치가 있는 순으로 일정을 잡아야 한다. 그리고 이왕이면 동선을 고려해서 방문해야 효율적이다. 잠재고객에게는 부담이 될 수도 있으니 근처에 용무 차 왔다가 마치고 가는 길에 생각나서 잠시 들렀다고 하는 식이 좋다. 이 경우 미리 연락을 하지 않고 방문해도 좋다. 그런데 만일 상대방이 없다면 그 자체로도 남는 장사이다. 왜냐하면 나중에 온 사실을 알고 미안해하고 고마워할 것이기 때문에 그 심리 상태를 후에 활용하여 다시 제안을 할 수 있기 때문이다. 그러고 나서 돌아가 엽서를 띄운다. 잠재고객에게 도움이 될만한 정보를 담은 인터넷 주소를 표기하면 더욱 가치 있는 메시지가 된다.

기본적으로는 관계를 더욱 다지기 위해 방문하지만 다른 목적을 도모할 수도 있다. 송무과 관련해 현장 방문이 필요한 경우 은근한 실사 목적을 둘 수도 있고 고객을 부드럽게 교육시키는 기능도 가능하다. 고객이 헷갈려 하는 대목을 다시 정리해 주거나 혹시 있었던 오해를 풀기 위해서, 또는 송무 처리기간이 지연되면서 발생하는 고객과의 갈등을 해소하기 위해서라면 더 필요하다. 어떠한 경우라도 고객에게 도움이 되어야 한다. 정보제공, 갈등해소, 정보조사, 관계유지 등이 모두 해당된다. 사회적으로 거물급인 기존 고객이나 잠재고객은 전문가 모임에 초빙해서 함께 네트워킹을 하면 효과적이다. 변호사 모임은 물론 이종 변호사 모임도 좋다. 단도직입적으로 풀려고 하지 말고 지혜롭게 제3자를 활용해 쿠션(cushion)을 치는 것도 매우 정교한 전술이다.

그리고 반드시 개인적인 관심사나 가족에 대해서 물어본다. 그중에 직간접적으로 도움이 필요한 경우가 있을 수 있다. 그렇다면 당신의 주변 전문가를 통해 잠재고객에게 도움을 줄 수 있을 것이다. 설사 직접적인 도움이 되지 못했더라도 실망할 필요는 전혀 없다. 신경을 써준 자체로 상대방을 위하고 배려한 것이므로 감사한 마음이 여실히 전달되었기 때문에 무조건 남는 장사다. 그러기 위해서는 다양한 전문가 그룹을 아우르는 나만의 전문가 그룹 네트워크를 갖고 있어야 한다. 변호사들은 흔히 자신의 역량으로만 비즈니스를 하려는데, 인적 네트워크를 제대로 풍부히 가동하면 더 편하고 효과적으로 성공을 앞당길 수 있다.

잠재고객을 만나면 그가 가입한 모임이나 단체가 무엇인지, 평소 즐겨 보는 업계지가 무엇인지 반드시 파악한다. 비즈니스가 성사된 이후 더욱 돈독한 사이가 될 것이고 이제 고객인 그로부터 추천을 받는 네트워크를 형성할 수 있는 문이 열리기 때문이다.

언론이나 업계에서는 변호사의 유입 증가로 인해 수임건수가 줄었다고만 아우성이지 이러한 변호사 활동이 미비한 것에 대해서는 일체 언급이 없다. 변호사가 일이 없다고 하는 건 솔직히 내 입장에서는 잘 이해가 되지 않는다. 네트워킹은 전문직에겐 병역의 의무와도 같다.

마지막으로 가끔은 비즈니스를 머리에서 지우고 인간적으로 만나기를 권한다. 세상 만사 모두 잘 먹고 잘 살기 위해선데 그도 나도 앞만 보고 달려왔으리라. 동시대를 사는 인류애를 느껴 보는 것도 좋으리라.

종이 뉴스레터(Paper newsletter)

종이 버전의 뉴스레터는 제작비가 든다. 그리고 인쇄를 해야 하므로 제작시간도 길고 신경 써야 할 부분도 더 많다. 그래서 많이들 온라인 버전으로 이동하고 있는데 그렇다면 종이 뉴스레터는 의미가 없는 것일까? 그렇지 않다.

종이 뉴스레터는 기존 고객에게 더 큰 의미와 효과가 있다. 왜냐하면 실물인 종이로 되어 있기 때문에 온라인보다는 고급 이미지가 가미된다. 조금 신경을 써서 세련된 레이아웃과 색상을 사용해 제작하면 '당신은 격조 있는 고객'이라는 인식을 줄 수 있다.

절대로 법률지식으로 가득 찬 뉴스레터를 만들어서는 안 된다. 작은 「리더스 다이제스트」처럼 만들라. 길지 않은 에피소드와 사례 중심으로 대화하듯이 풀어나가는 것이 포인트이다. 구독자가 관심을 가질 만한 이슈에 대한 기사들, 유용한 도서 정보, 요리법, 여행지 소개, 취미 생활도 넣어야 한다. 왜? 다양한 독자층이 어디서 어떻게 나와 연결될지 모르기 때문이다. 그렇기 때문에 다양한 연결고리를 장착해야 유리하다. 그리고 페이지 중간에 반복해서 "어떠한 법률 이슈가 생긴다면 언제든지 제게 연락을 주세요. 전화번호 콕콕!" 이런 식으로 구체적인 행동을 요구하는 문구를 남긴다. 이는 독자의 잠재의식을 자극하고 오랫동안 기억하게 하는 각인효과로 인해 후에 연락 올 가능성을 높여준다.

그렇다 뉴스레터의 목적은 '나를 언제나 기억하세요'와 '필요할 때는 꼭 저와 상의하세요'이다. 이렇게 아무리 강조를 해도 막상 실행에 옮기는 변호사는 적다. 주저하는 이유는 다양하다.

- 이런 잡다한 내용을 구독자들이 과연 읽어 줄까요? – 제작비가 부담된다구요.
- 글 쓰는 게 자신 없어요. 더구나 재미도 있어야 한다면서요?
- 매달 쓰는 건 말도 안돼요. 분기나 반기면 몰라도. – 기껏 만들었는데 스팸으로 보여서 쓰레기가 되면 어떡해요?
- 그냥 이메일로 때우면 될 거 같은데…

또한 종이 뉴스레터에는 변호사가 아닌 다른 분야의 전문가들을 소개하는 코너를 넣는 것이 좋다. 이때는 변호사 자신이 진행자 역할을 맡고 그 전문가를 인터뷰한 내용을 싣는 방법이 좋다. 그럼으로써 전문가 그룹 네트워킹을 강화할 수 있을 것이다. 어느 정도 전문가 그룹이 활성화되면 그들에게 지면을 할애하여 광고를 유치해서 부수입을 올릴 수도 있다. 그러기 위해서는 내 고객층이 필요한 다른 전문가가 누구인지 알아내는 것이 중요하다.

세미나

세미나 기법은 누구나 활용할 수 있다. 변호사 합격 후 전문성을 갈고 닦는 신입 변호사들에게 보다 유용한 마케팅 활동이기도 하다. 지방에 근무하는 변호사에게도 좋은 기회가 될 수 있다. 세미나의 목적은 가급적 많은 사람에게 나를 알리고 잠재고객 집단 구성원들과의 거래를 만드는 것이다.

지역상공회의소를 중 하나를 선택해서 세미나를 개최하는 것이 좋다. 그러기 위해서는 해당 상공회의소에서 진행 중이거나 예정된 세미나 프로그램을 사전에 검토하는 것이 좋다. 그래야 중첩되는 일이 생기지 않을 뿐만 아니라 시너지가 나올 수 있는 연계선상의 프로그램을 기획할 수 있기 때문이다.

상공회의소에서 하는 것이 좋은 이유는 상공회의소 프로그램 담당자의 고충을 덜어주는 역할을 당신이 해내기 때문이다. 그들은 수백 명 혹은 수천 명에 달하는 회원들의 기대에 부응해야 하는 입장이다. 회원들은 자신이 속한 상공회의소가 보다 유익하고 실용적인 내용을 전해주기를 갈망한다. 그런데 일년 내내 이러한 프로그램을 기획해야 하는 담당자의 입장은 스트레스의 연속이고, 예산과도 맞물려 있어서 재원적인 한계가 있다는 점에서 누군가 외부 전문가의 손길에 반색할 가능성이 높다. 회원들의 기대치는 높은 반면 예산은 빡빡하고 자신들은 그 이슈에 대해 잘 알지도 못하며 열악한 근무여건에서 외부 전문가가 도와준다면 큰 도움이 될 것이다.

세미나 패널로 참여하는 것도 좋지만 경력이 짧은 신입 변호사라면 아직 네임밸류를 갖는 것은 시기상조라고 볼 수도 있으므로 이때는 프로그램 코디네이터 역할이 더 바람직하다. 다시 말해 세미나에서 공신력을 쌓은 것은 강사와 코디네이터 모두 해당한다는 뜻이다. 그러기 위해서는 평소 다양한 분야의 전문직을 확보하는 것이 급선무이다. 그리고 세미나의 프로그램을 알차게 구성하는 일을 맡는다. 참석할 전문가들은 이러한 의미 있는 세미나를 기획한 당신을 은인으로 생각할 것이다. 그들을 패널로 삼고 세미나에서 잘 소개한다. 그리고 사회자 역할을 맡아서 이들과 인터뷰를 진행하고 수강자들과의 질의응답을 진행한다. 패널을 선정할 때는 전문성은 기본이고 여기에 이왕이면 입담이 좋은 사람, 대화가 편하게 들리는 사람을 선택하는 것이 좋다. 괜찮은 법률가, 회계사, 자산전문가, 투자전문가 등으로 세미나 패널을 구성한다. 당신 덕분에 패널로 참가한 그들은 당신에게 신세를 졌다고 여기기 때문에 그들이 다른 자리에서 변호사 이야기가 나오면 당신을 추천할 가능성이 열린다.

그리고 정규 행사 후 이어지는 질의응답을 주관하는 역할을 맡는다. 그렇게 대담을 주도하는 사람은 신뢰도 높은 전문가로 자연스럽게 각인되는 효과를 누릴 수 있다. 변호사로서 특정 법률분야의 전문성과 실무능력을 배양하는 데에는 상당한 시간과 경험이 필요한 반면, 이렇게 세미나를 활용한다면 여러 가지로 실질적인 이득을 챙길 수 있다.

당신은 세미나 참석자들에게 영양가 만점의 정보를 제공할 수 있는 외부 전문가그룹을 선정한 일 자체에서 자신의 전문성을 선보인 셈이다. 성공으로 행사를 마쳤다면 잠재고객과 상공회의소 관계자, 패널 모두에게 전문가로 강력하게 포지셔닝 한 것이다. 세미나 참석자가 많다고 무턱대고 좋은 것이 아니라는 것도 알자. 중요한 것은 유효한 잠재고객의 수이다. 따라서 사전에 적절한 자격제한을 둬서 뜨내기에 해당하는 사람은 미리 걸러야 효과적이다.

엽서

아니 이게 무슨 대단한 거라고 별도로 꼭지를 뽑았는지 갸우뚱하실 것이다. 우선은 그 자체로 의미가 있다. 온라인 시대가 전 사회에 확산되면서 상대적으로 오프라인 활동의 비중이 적어지는 것이 당연한 것으로 여겨지고 있다. 최근 3개월간 누구에게 오프라인 엽서를 받은 적이 있는지 생각해보면 답이 나온다.

손수 자필로 엽서를 쓰면 그 자체로 긍정적인 효과는 분명하다. 하지만 거기까지라고 여기기 쉬운데, 좀 더 머리를 쓰면 아주 요긴한 마케팅 도구가 된다. 엽서는 온라인으로 잠재고객을 유입하는 창구로서 매력적인 수단이다. 단순히 안부를 묻는 데 그치는 것이 아니라 내 사이트 주소를 남겨서 상대방이 내 플랫폼에 오게 만들고, 나아가 그들에게 유용한 정보를 다운로드 받을 수 있게 한다면 훌륭한 마케팅 기능을 한 셈이다. 이를 통해 고객과 보다 긴밀한 관계를 유지할 수 있고 나를 기억하게 해서 잠재적인 수요를 창출할 수도 있다.

재미있고 발랄한 엽서를 평소에 눈여겨보라. 그리고 그 엽서가 내가 전하고자 하는 메시지와 어떻게든 연관이 있다면 더 좋다. 엽서 본문은 간단히 하는 게 좋다. 그리고 한 엽서에는 하나의 유도가 좋다. 욕심내서 복잡하게 제시하면 오히려 반응이 안 좋다.

당신의 사이트 주소가 눈에 단박 들어오게 배치를 해야 한다. 여기에 꼭 행동을 촉구하는 문구를 덧붙이는 게 좋다. '지금, 즉시, 당장' 등의 부사어와 함께 '클릭하세요, 방문하세요' 등의 액션을 나타내는 동사가 들어가야 더 효과적이다. 기존 고객들에게 적절한 때에 보내면 아주 좋아할 것이다. 그러면서 그간 변화된 모습도 보여주고 고객에게 도움이 될 만한 정보를 제공하는 것이므로 전문가로서 내 위상을 여실히 다지는 계기가 될 것이다. 감사 인사, 기념일 축하, 이벤트 런칭 소식이 무난하고 가끔 '그저 날씨가 좋아 생각이 났어요' 같은 감성적인 접근을 활용해 보는 것도 좋다.

Chapter

06

——

레인메이커 마케팅
시스템

레인메이커 마케팅 시스템

마케팅은 흐름을 가진 시스템이어야 실효성이 커진다. 그간 변호사 마케팅은 단조롭고 단발성인 경우가 많았다. 그럴 수밖에 없는 것은 굳이 마케팅을 하지 않아도 별 무리가 없었기 때문이다. 전관예우에 준하는 대우를 받거나 대형 로펌에 편하게 있는 경우는 당연하고 그렇지 않은 경우도 조금만 신경을 쓰면 인맥, 학맥 등으로 얼마든지 전문가의 품격을 유지할 수 있었다. 그리고 전에는 매년 배출되는 변호사 수도 적었다.

최근에는 사정이 달라졌다. 많은 유능한 변호사들이 마케팅이 중요하다는 걸 뼈저리게 알게 되었고 부랴부랴 그 준비를 하느라 분주한데 대체 어디서부터 손을 대야 할지 막막하다는 하소연을 하고 있다.

마케팅 성과가 나오기 위해서는 일련의 활동들이 시스템화되어서 가동되어야 하고 또 지속적으로 운용되어야 한다. 그러기 위해서는 마케팅 플랜을 정교하게 수립하고 실행해야 하며 부단히 모니터링도 해야 한다. 어느 경우에든 시스템을 갖추는 일은 그리 만만하지 않다. 왜냐하면 그것은 집중된 노력과 상당한 시간이 소요되기 때문이다. 이때 경계해야 할 것은 시스템이 개발 중인 시점에 일감이 몰려든 경우이다. 당장의 일감처리에 급급하거나 확보한 물량에 느긋한 마음이 생겨서 더 이상 생산적인 활동을 하지 않는 것이야 말로 변호사 마케팅에 있어서 가장 경계해야 할 대목이다. 왜냐하면 시스템은 흐름이 관건인데 중간에 손을 놓으면 죽도 밥도 아닌 낭비로 전락한다. 중간에 운 좋게 수임이 잘되면 생각이 바뀔 여지가 스며드는데, 그때를 조심해야 한다!

전문직에게 마케팅이란 무엇일까? 빙빙 돌려서 말하지 말자. 그건 '의무'이다. 이렇다 저렇다 하지 말고 의무로 여기는 편이 최선이다. 실효성을 따지기 전에 그간 이 의무에 얼마나 소홀했는지 시인하는 것부터 시작해야 한다. '그래 나는 천하의 변호사잖아. 원래 이건 내 일이 아니지'라면서 복잡하고 힘든 일은 할 필요가 없지 않겠어? 그래서 손을 놓으면 어김 없이 슬럼프가 온다. 그때 가서 다시 허겁지겁 시작할 때는 더 힘들고 꼬일 가능성도 높으며 급한 마음에 무리수를 두게 된다. 그래서 새로운 마케팅과 영업 공부를 제일 안 하는 층이 바로 어느 정도 명맥 유지는 하는 변호사층이다.

적당한 만족이야말로 혁신에 가장 큰 걸림돌이다. '지금 바쁜데 뭘…'은 달콤한 악마의 속삭임이다. 고객이 없는 변호사는 그냥 옆집 사람일 뿐이다. 그럼에도 마케팅시스템을 일구는 건 쉽지는 않다. 하지만 '번거롭지만 유용한 활동'은 곧 그만한 결실을 가져다 준다.

삶은 해야 할 일의 연속인지도 모른다. 머리로는 해야 할 일이라는 것을 알면서도 몸이 따라 주지 않을 때가 있는 법인데 이럴 때 어떻게 하면 좋을까? 그럴 땐 평소보다 좀 과욕을 부리는 것도 하나의 방법이다.

예를 들면 평소에 꼭 한번 가고 싶었던 고급 식당에 가서 근사한 음식을 먹어 보는 것이다. 그리고 그곳의 쾌적한 분위기와 음악에 몸을 맡겨 본다. 내가 원하는 멋진 변호사의 모습을 연상하면서 승리자의 느낌을 느껴보는 것이다. 그리고 앞으로 어떤 삶을 살고 싶은지 구체적으로 상상해본다. 재정적으로도 여유롭고 삶의 질도 우아한 라이프 스타일을 영위하는 최고의 변호사의 그 극적인 느낌을 생생하게 느끼는 것은 매우 유용한 방법이다. 그러자면 지금과는 다른 생활 패턴이 있어야 할 것이고 그러기 위해서는 이전의 나와는 다르게 행동을 해야 할 것이다.

프로스펙팅 시스템

프로스펙팅이란?

프로스펙팅(prospecting)이란 변호사인 나를 고용해서 수임을 맡길 사람과 연결되는 것을 의미한다. 비즈니스가 지속되기 위해서 끊임없는 프로스펙팅을 활동이 있어야 한다. 잠재고객에게 나라는 변호사를 매력적으로 보게 해야 하는데 그러기 위한 일종의 구애작전이 필요하다. 변호사들은 흔히 이러한 프로스펙팅을 부담스러워하는 경향이 있는데 영업사원이 거리에서 전단이나 명함을 뿌리는 것이 연상돼서 진저리 난다는 분을 본 적이 있다. 그러나 고품격 마케팅에서는 좀 다른 방식을 취한다. 즉 프라이드를 유지하면서 효과적으로 나를 고용할 잠재고객을 선별해서 세련된 방법으로 접근할 수 있다.

전문직은 일이 있을 때 전문직이다. 냉정히 말하면 수임이 없는 변호사는 그저 옆집 사람과 별반 차이가 없다. 이는 어찌 보면 전문직의 숙명이다. 대부분 전문 자격을 취득하는 사람들은 흔히 자격증이 앞으로 남은 인생의 먹거리를 일시에 다 해결해 주는 요술봉이라고 믿어 왔고, 실제 몇몇 분야의 자격증은 수십 년간 그러한 호사를 누린 것도 사실이다. 의사, 변호사, 회계사가 그 대표적인 사례에 해당된다. 그랬던 것이 최근 몇 년 사이에 급격하게 흔들리고 말았다.

지속적으로 고객의 선택을 받기 위해서는 나를 고용할 만한 적임자를 선별해서 그들의 관심을 얻는 과정이 그 무엇보다 필요하다. 최근에는 로스쿨 출신 변호사가 대거 유입되면서 전문성이 채 확보되기도 전에 개업에 이르는 경우가 증가해 프로스펙팅의 중요성은 그 어느 때보다 중요해졌다.

나에게 비즈니스를 맡기는 사람들이 많아지거나 누군가가 잠재고객들을 사람들을 내게 보내줘야 하는데, 이전에는 이런 역할을 주로 사무장이 했다. 사무장은 행정과 영업을 전담해서 변호사에게 일감을 가져다 주는데, 수임경쟁이 급격히 거세지자 일부에서는 사무장펌이라고하는 기형적인 구조의 회사까지 생겼다. 이는 유능한 사무장이 일감을 구해와서 자기 밑에 변호사를 몇 명 두고, 이들에게 급여와 인센티브를 주는 식으로 운영되는데 최근에는 이러한 사무장펌의 기승으로 일부 변호사들이 피해를 보고 있기도 하다. 이는 프로스펙팅 역량의 부재를 증명하는 전형적인 사례이다.

다시 말해 프로스펙팅이란 실질적으로 수임을 맡길 사람과 연결되는것을 의미한다. 유능한 변호사가 되기 위해서는 전문성은 기본이고 프로스펙팅은 필요조건이다. 수임이 되지 않는 프로스펙팅은 아무런 의미가 없다. 또한 프로스펙팅은 표적시장과 깊은 관련이 있다.

전략적 정보수집법

무엇보다도 남들이 잘 읽지 않는 것을 읽는 것을 강력히 추천한다. 당신에게 전략적으로 도움이 되고 틈새시장을 발견하거나 컨택포인트가 모이는 곳을 알 수 있는 것을 전략적으로 읽으라. 의도하지 않게 무심코 본 한 페이지의 정보에서 새로운 틈새시장을 확보할 수 있는 결정적인 단서를 얻는 경우가 얼마든지 있다.

신문 뒷면의 안내 광고, 각종 행사, 세미나 및 교육행사, 협회연례모임 등도 좋은 정보원이다. 신문의 동정란도 잘 살피면 내가 기여할 수 있는 정보가 녹아 있다. 이러한 정보 습득 요령은 하루아침에 얻어지는 것이 아니다. 따라서 여러 번 시행착오를 겪더라도 제대로 그 요령을 익혀놔야 한다.

스스로 이런 질문을 하라. 이런 정보를 어떤 법률서비스와 연계할 수 있을까? 이런 정보가 의미하는 것은 무엇일까? 이 정보에 내가 줄이 닿을 만한 여지가 과연 있을까?

기업체 CEO와의 첫 미팅이 잡힌 경우 반드시 그 회사의 홈페이지와 최근 6개월 동안의 뉴스를 세밀히 점검하고 질문거리를 만들어 놔야 한다. 만나서는 구체적인 언급을 통해 나의 진심을 더 호소력 있게 만들어야 한다. 업계 출판물도 주의 깊게 살피면 뭔가 건질 여지가 충분하다. 또한 사업체의 매각이 이루어질 때도 여러 가지로 관여할 여지가 있으므로 내 분야와 접목할 가능성을 검토하라.

나와는 전혀 상관없는 이슈와 나의 주력 분야를 습관적으로 연결시켜 보는 게임을 추천해 드린다. 그냥 심심풀이 땅콩처럼 몇 번 해보면 뜻하지 않는 경로로 새로운 아이디어나 사업적인 팁을 얻는 수가 종종 생긴다. 그리고 카페에서 누군가를 기다릴 때 의도적으로 평소에 안 보는 잡지를 보는 것도 좋은 방법이다. 전혀 의도하지 않았던 영역과 자주 만나는 기회를 어떻게든 늘리는 것이 중요하다.

이런 방법도 있다. 길가다가 그냥 눈에 들어오는 간판 몇 개를 휴대전화로 찍어놓고 머리를 식힐 때 꺼내서 그 컷들을 놓고 무한상상게임을 하는 것이다. 전혀 상관없는 사진들을 다양한 조합으로 분류하거나 재배치하여 기막힌 아이디어를 얻을 수도 있다. 틈새시장도 기존의 논리적인 사고 틀에서 벗어나서 볼 수 있다면 다른 맥락의 해석이 가능해지고, 이를 통해 마케팅 활동에 탄력을 불어 넣을 수 있다.

지금 황홀한 잠재고객

기업체의 사내변호사가 되는 것이 점차 매력적인 일로 되고 있다. 최근에는 사내변호사에 많은 지원자가 몰리고 있는 현상이 가속화되고 있다. 개업에 비해 안정적이고 과도한 스트레스에서 벗어날 수 있어서 인기가 높아지고 있는데 자리가 그리 많지 않다 보니 경쟁률이 치솟고 있다. 헌데 관건은 대체 어떤 방식으로 기업의 CEO를 만나서 나를 어필할 수 있는가이다. 시중에는 수많은 변호사들이 우글거리고 있다. 그리고 웬만큼 이름있는 기업이라면 사내변호사직에 많은 변호사들이 지원할 텐데, 이러한 여건에서 특히 후발 주자 변호사는 과연 어떻게 해야 좋을까? 경력직을 선호하는 추세는 사내변호사 모집에도 이어지고 있다. 그러니 새내기 변호사들에게 사내변호사는 더욱 높은 벽으로 다가온다. 사내변호사가 되고 싶다면 다음의 내용을 잘 응용하면 좋은 결과를 얻을 수 있겠다.

아무리 내가 유능한 변호사이고 좋은 실적을 일궈냈다고 해도 그 사실만으로는 거래가 성립되지 않는다. 즉 상대방이 나를 선택해야 할 이유가 없다는 뜻이다. 이런 경우 가장 강력한 방법 중의 하나는 그 CEO

에게 내가 의미 있는 존재가 되는 방법이다. 다시 말해 그를 감동시켜서 나를 특별한 존재로 부각시킨다는 의미가 된다. 어떻게 그럴 수 있을까?

우선 추천하는 정보 소스로는 잡지를 들 수 있다. 경제경영전문지, CEO 전용잡지, 업계지, 무역협회지, 비즈니스전문지 등에는 성공한 기업인의 기사나 인터뷰 자료가 많이 있다. 그중에서 의미 있는 상을 받거나 탁월한 실적을 낸 CEO가 좋은 타깃이 된다. 그래서 유력한 잡지에 자신을 칭찬한 기사가 번듯하게 나면 많은 사람들이 그걸 알아봐주길 바라고, 또 스스로 뿌듯할 수밖에 없다. 누구라도 그러할 것이다. 이때 의외의 인물인 제3자가 자신을 알아봐주고 인정해주며 칭찬해준다면 어찌 기쁘지 않겠는가. 그러기 위해서 평소 신문이나 잡지 등을 읽을 때 무심코 넘기지 말고, 지금 기쁘고 행복한 의사결정자급 인사의 목록을 만들어 두는 것이 좋다. 그들의 인터뷰, 기사, 시상 내역 등의 뉴스를 정기적으로 리뷰하는 습관을 기르자. 그런 사실을 미리 알고 오는 사람에게는 아무래도 친밀감과 관심을 가지며 대할 수밖에 없을 것이다. 그렇다면 어떻게 관심을 보여야 할까?

기분이 좋은 상대방을 축하하고 치하할 뿐 아니라 그런 기사를 내용으로 한 기념패를 만들어 직접 건네는 것이다. 일반적으로 CEO에게 단번에 다가서기란 쉽지 않다. 게이트 키퍼(gate keeper), 즉 비서가 있어서 사전에 약속이 되지 않으면 만나기 어렵다. 이 기법은 이러한 경우에도 얼마든지 미팅을 가능하게 해준다. 변호사임을 밝히고 최근에 사장님의 업적을 기리기 위해 기념패를 만들었고 그 기념패를 전해드리고 싶다고 하면 거의 백발백중 비서는 미팅 시간을 잡아 줄 것이다.

이 방법이 강력한 이유는 성공자들이 성취에 대한 인정을 갈구한다는 사실에 기인한다. 성공자들은 그런 기사가 언론이나 인쇄 매체에 의해 게재되면 아주 좋아한다. 여기에는 중요한 의미가 내포되어 있다.

그것은 바로 자신의 업적이나 성취에 대해 대중이 공식적으로 인정해 주었다는 것이다. 상당한 성공을 거두거나 큰 업적을 쌓은 사람일수록 일반인들에게 오랫동안 각인되기를 원한다. 그런데 모르는 사람이 다가와서 기념패를 준다고 하면 그 얼마나 환상적인 일인가? 따라서 그 사람에 대한 경계심이 사르르 눈 녹듯이 녹을 수밖에 없는 것이다.

CEO를 기쁘게 할 뿐 아니라, 상대방이 내게 무엇인가 신세를 졌다고 여기게 하는 것이 이 기법의 포인트이다. 그런 느낌을 받은 상대방은 당신을 여느 평범한 변호사가 아닌 자기를 위한 특별한 변호사라고 여기게 된다는 의미이다. 이것은 굉장한 일이다. 전문가가 잠재고객의 뇌에 특별한 존재라고 포지셔닝 하는 것은 이후의 과정이 평탄해질 뿐만 아니라 관계가 급속히 가속화될 공산이 크기 때문이다. 그래서 고문변호사가 되거나 혹은 다른 회사까지도 추천받을 수 있는 기회가 열린다.

고소득의 세일즈전문가를 대상으로 하는 법률자문도 전망이 좋은 틈새시장이다. 세일즈전문가들은 자기 분야에서 탑클래스의 실적으로 인정을 받은 사람이다. 그래서 연말이면 여기저기에서 상을 받는다. 그러면 이들을 노리는 보험, 건축, 자산관리, 투자, 증권 등의 러브콜이 쏟아진다. 모두들 그 기사를 읽었다고 판에 박힌 듯이 이야기를 했을 것이다. 여기에서 중요한 접점 포인트가 있다. 그들은 이렇게 접근하는 사람들에게 호의적이지 않다. 왜일까?

그것은 바로 그들의 무심함 때문이다. 어느 한 사람도 자신의 성공에 대한 이야기를 들으려 하지 않았던 것이다. 이들이 좋아할 질문은 바로 이것이다. "어떻게 해서 이런 실적을 이루셨나요? 선생님의 무용담이 정말 궁금합니다."

이렇게 공허함을 느끼는 세일즈전문가들에게 절세에 관한 법률자문을 한다고 가정해보자. 전화로 우선 업계에서 인정받은 사실을 진심으로 축하한다고 말한 다음 당신이 읽은 그 기사를 오려 보내주겠다고 말한다. 기사를 여러 장 보관하고 있다가 나누어 주고 싶은 사람들에게 배포하면 좋은 것이라고 덧붙인다. 아울러 조만간 시간을 내서 여러 변호사들이 있는 모임에서 강연을 해줄 수 있냐고 요청한다. 주제는 어떻게 치열한 경쟁에서 이겨 그 지위에 이를 수 있었는지에 대한 이야기라고 밝힌다. 그 내용이 변호사들에게도 귀감이 될 것이라고 진심 어린 요청을 한다면 세일즈전문가는 응당 허락을 할 것이다. 자신이 진정 이해 받고 있다고 느낀 데다가 그것도 전문직의 대명사인 변호사들 앞에서라니….

성공한 중소기업이나 자영업 사장인 경우에도 이와 같은 방법이 효과가 있다. 기사에 대한 진심 어린 칭찬에 이어서 강연요청을 하면 상대방은 아주 황홀한 기분을 느끼며 제안을 한 사람에게 큰 호감을 느끼는 것은 인지상정이다. 그만큼 효과는 강렬하다.

유력한 CEO와 성공적으로 관계를 형성했다면 거기에서 추가적인 비즈니스를 만들 수 있는 추천을 받게 된다. 이때 수면에 잠복된 유지들이 있다. 그것은 바로 그 회사에 납품을 하는 회사의 CEO들이다. 납품업자들이라고 우습게 보면 안 된다. 이들 역시 알부자들이기에 동일한 방법으로 다가가 그들의 업적을 인정하고 성공일화를 잘 경청한다면 내 편이 된다. 이들은 많은 거래처가 있고 따라서 인적 네트워크가 풍부하다. 이들을 나의 흑기사로 만드는 노력은 충분한 가치가 있다. 소규모 변호사 모임에 초청해서 짧은 강연 기회를 제공하면 이들은 엄청난 자부심과 신세를 진 기분이 들 것이다. 그러면 그 다음은 술술 풀리게 된다. 나아가 변호사를 청중으로 하는 세미나에 유력 유지들을 강사로 초청하는 시스템을 성장시켜야 한다.

지금 불우한 잠재고객

　틈새시장을 선정할 때 흔히 주목받는 분야만 얼핏 떠올리는 경우가 많다. 물론 유망하면서도 사람이 덜 몰린 분야가 있다. 하지만 그 반대의 경우도 좋은 시장이 된다.

　거시적인 관점에서 현재는 지식정보사회에 속한다. 하지만 불과 몇십 년 전에는 1차 산업이 메인이었고 이어서 산업화 시대로 이어졌다. 이러한 추세에 따라 산업이나 업종은 일련의 흐름을 갖게 된다. 따라서 1차 산업과 2차 산업을 잘 살펴보면 사양하는 분야가 반드시 있다. 이런 분야 종사자들은 다들 초조하고 긴박함을 여실히 느끼고 있을 것이다. 이때 이들을 입장을 옹호하고 이익을 대변하는 변호사가 있다면 정말 천군만마를 얻은 듯 환영할 것이다. 그들의 협회에 관여하고 세미나에 참석하여 각인시킨다면 이를 통해 비즈니스를 얼마든지 창출할 수 진정성 있는 이미지를 제대로 있다.

　이들의 고민을 해소할 수 있는 법의 제정을 위한 입법활동에 변호사는 그야말로 그 어떤 전문가보다 큰 힘이 될 수 있다. 다소 투박하고 음지인 것처럼 보이는 곳에 돈 냄새가 나는 법이다. 선량하고 투박해 보이는 사람들이 많은 곳도 블루오션이 될 수 있다. CEO라는 단어를 보면 다들 안락의자에 앉은 사장을 떠올리기 십상인데, 이제는 다른 이미지도 떠올려 보자. 블루칼라층의 사장은 어떤가. 건축 토건업자, 굴착 또는 기초 토건업자 등도 얼마든지 좋은 공략 포인트가 된다.

　이러한 틈새시장을 발견하려면 무엇보다 신문이나 잡지 등을 읽을 때 전략적으로 임해야 한다. 어떠한 현상을 통해 일련의 변화 흐름을 사전에 간파하고 이로 인해 이익을 보는 층과 불이익을 감수해야 하는 양쪽을 두루 살피고 검토하는 습관을 가진다면 의외의 곳에서 나만의 멋진 어장을 형성할 수 있다. 기사를 보고 상상하는 훈련, 이 사건을 계기로 누가 이득을 보고 누가 힘들어지는지 양쪽으로 검토하면 뭔가 접근할 단서가 보일 것이다.

성공한 사람들은 자신의 목적에 대한 공감에 약하고 불우한 고객층은 자신이 불이익에 대처하는 솔루션을 크게 받아들인다. 다양한 분야의 전문지나 회보를 열심히 읽으라. 각종 규제에 대한 기사를 눈여겨볼 필요가 있다. 규제가 시행됨으로써 변하는 것들에 대해 조사를 하면 숨겨져 있던 틈새시장이 쑤욱 올라오는 것을 볼 수 있을 것이다. 주기적으로 오랫동안 관찰하면 어떤 주제이든 접근 단서로 삼을 만한 실마리를 건져낼 수 있다.

연대감/소속감 활용

잠재고객과 친밀한 관계가 되기 위해서는 둘 사이에 연결고리가 있다면 크게 도움이 된다. 그리고 잠재고객은 사회적 지위가 올라갈수록 자신의 사업, 업계, 삶 등에 진지한 관심을 가진 사람들과 더불어 연대를 맺고 교류하고 싶어한다.

자신이 표적으로 삼고 있는 의사결정권자들이 속해 있는 업계의 단체들과 유대 관계를 맺는 변호사는 여러 가지로 경쟁력을 더 확보할 수 있다. 선행되어야 할 전제는 이들에게 신뢰감을 주는 일이다. 자신들이 몸담고 있는 업계의 단체와 관계를 맺고 그 단체의 발전을 위해 시간과 관심과 노력을 기울이는 변호사를 볼 때 그들은 그 변호사가 진지한 열정이 있다고 여긴다.

우선 기존 고객들을 파악해서 그들이 어떤 업계지를 읽는지, 어떤 단체에 속해 있는지, 어떤 취미를 가졌는지 알아야 한다. 그 업계지와 단체에 대해 충분한 연구를 하고 그들에게 의미 있는 이슈를 파악하고 그들의 고민이 무엇인지 아는 일에 심혈을 기울여야 한다. 그리고 그 협회에서 활동을 하고 그들에게 도움이 되는 정보를 주는 일에 직접 참여하는 것이다.

협회가 의미 있는 타깃이 되는 이유는 그 모임의 리더급과 관계를 부드럽게 열 수만 있다면 그 안에서 추가적인 수임이 얼마든지 가능하기 때문이다. 개별적으로 잠재고객에게 공을 기울이는 것은 노력에 비해 부가가치가 적은 반면, 같은 이익을 공유하는 그룹에는 그들에게 도움이 되는 전문가로 인식만 되면 그 다음에는 평탄한 길이 열리게 된다.

여성CEO를 타깃으로 한 경우 어느 지역에나 있는 성공한 여성들이 가입한 경제단체를 컨택하는 것이 효과적이다. 그 단체에 가입하여 열성적으로 활동하면 직접 수임을 얻기도 하고 주변 인맥을 통한 소개 수임도 연이어 받게 될 것이다. 해당 단체에서 발행하는 기관지를 읽고, 위원회에 속해 열심히 뛰고, 자원 연설을 하고. 기관지나 회지에 글을 써서 싣는다면 의심의 여지 없이 전문변호사로 자리매김하게 될 것이다.

다양한 분야의 전문가들과 연합하여 세미나를 개최하는 것도 좋은 방법이다. 다만 이것을 준비하기에는 적지 않는 노력이 필요하고 구성 인원의 포트폴리오를 짜는 수고가 전제되어야 한다. 당장 시도하기보다는 다른 비즈니스 개발 활동을 통해 탄력을 받은 후 수익흐름이 안정적일 때 더 큰 도약이 필요할 때가 제격이다.

지역유지 발굴

지역상공회의소로 가서 그 지역에 있는 지역 클럽리스트와 현재 회장직을 맡고 있는 사람들의 연락처를 알아낸다. 그리고 한 명씩 방문을 한다. "저는 새로운 지역으로 이사를 가면 클럽 회장님들 같이 중요한 리더분들을 찾아 뵙곤 합니다"라면서 물꼬를 튼다.

만나서는 내 이야기가 아닌 상대방에 대한 정보를 입수하는 데 주력해야 하고 업적에 대한 치하, 업계에 대한 공감을 제대로 전해야 한다. 헤어지고 나서는 반드시 손 편지를 써서 진한 인상을 남긴다. 이후 관계가 진전이 되면 그 클럽 회원들을 위한 연사로 초대받을 수 있고, 무료 자문서비스를 제공할 수도 있다. 얻으려면 먼저 줘야 한다. 그 모임에서 그만한 유지를 또 만나게 될 것이므로 명함을 잘 보관하고 투어리스트를 만들어 개별 방문을 실시한다.

해당 리더들이 속한 단체나 소속단체 간행물을 정독하고 글을 기고한다. 기고한 기사를 다시 재사용하거나 변경하여 멀티 마케팅의 토대로 삼는다. 한번 물꼬가 터지면 계속 추가적인 비즈니스의 기회가 열릴 것이다. 처음에 부하가 많이 걸리고 힘들겠지만 일단 가속이 붙으면 신나고 보람되는 오묘한 법칙은 여기에도 작용된다. 간과하지 말아야 할 것은 이런 관계 형성은 오랫동안 인간관계를 돈독히 쌓아야만 가능하다는 사실이다. 그리고 지속적으로 성실한 자세가 필수적이다. 그러기 위해서는 역시 내가 관심이 있는 분야를 애초에 설정하는 것이 바람직하다.

지역에서 나름 출세한 사람들은 사람들이 자신을 더 훌륭한 사람으로 인정해주기를 바라는 경향이 강하다. 이러한 심리를 적극 활용할 줄 알아야 비즈니스 기회가 열린다. 이들은 주목을 끌 수 있는 곳이라면 어디든지 간다. 따라서 지역유지들이 돋보이게 하는 자리를 마련하는 것이 중요하다. 변호사를 대상으로 성공일화를 발표하는 모임도 효과가 강력하다. 그들 스스로 자신을 자랑하게 하여 신세를 졌다고 느끼게 하라.

중소기업 사장들을 고객으로 만드는 가장 효과적인 방법은 무엇보다 그들의 사업에 관해 질문을 하는 것이고, 이를 통해 그들에게 필요한 법률서비스를 제안할 수 있다. 한두 번의 만남으로 쉽게 이루어지지는 않는다. 지속적으로 그들에게 유익한 정보를 제공하는 소스로 자리잡을 때까지 물밑작업은 계속 유지해야 한다. 그들이 무엇을 하고, 그들이 바라는 것이 무엇이며 관심사는 어떤 것이 있는지 알아야 한다. 이들과 유무선으로 꾸준한 연락을 하는 것이 좋다.

신규 이주민 발굴

일정한 지역을 주된 타깃으로 삼은 경우, 신규 이주민을 대상으로 마케팅을 하는 방법이 있다. 새로 이사를 오면 대부분의 사람들은 낯선 환경에 막연한 설렘과 두려움을 지니게 된다. 이들에게는 새로운 환경에 적응하는 데 필수적인 도움과 정보가 절실하다. 특히 도심에서 살다가 지방이나 시골로 가는 경우에는 더욱 그렇다.

이를 위해서는 지역에 유입하는 사람들의 리스트를 효과적으로 알 수 있어야 한다. 약간의 노력을 들일 타이밍이다. 구청 수도사업이나 전기사업 및 도시가스 연결을 해주는 업체와 제휴를 맺는다. 새로운 유입 가구의 리스트를 확보하는 데 도움이 될 것이다.

새로 이주해 온 집이나 사무실에 방문할 때 초면에 고객이 되어달라는 식의 이야기는 절대 안 된다. 처음에 찾아가서는 그 지역에 적응하는 데 도움이 될 만한 이야기들만 해야 한다. 그리고 나서 편지를 쓰고 다시 만남이 이루어졌을 때부터 조금씩 파고들어야 한다.

이런 경우 새로 이사 오는 사람들에게 유용한 정보집(소책자)을 주는 것이 부드럽게 나를 알릴 수 있고, 그들의 지인을 소개받을 수 있는 기회도 확보할 수 있다. 이때 정보집은 법률적인 내용만 담기보다는 중요한 연락처나 이사 후 한 달 이내에 처리해야 할 행정절차 등을 함께 담는 것이 더욱 좋다. 정보집을 준 후 일주일 정도 지났을 때 전화를 걸어서 혹시 그 책자를 보셨냐고 물어보고 궁금한 것이 있냐고 묻는다. 또한 어떤 서식이나 양식 혹은 추가적인 정보가 필요한지 물어본다. 마지막으로 변호사나 회계사 혹은 자산관리사 등이 필요한지 묻는다. 필요하다면 적임자를 소개할 수 있다고 알린다. 이를 위해서는 다른 변호사 리스트와 지역 회계사 리스트를 갖고 있어야 한다.

만일 바빠서 방문이 가능하지 않다면 단도직입적으로 이렇게 제안을 해본다. "이 지역에서 거래하시는 변호사가 있습니까?" 많은 경우 없다고 할 것이고, 있다고 하더라도 자신 있게 "제가 자문변호사가 되어 드리는 건 어떠시겠어요?"라고 물어보라. 투박한 시도이지만 의외로 성사될 가능성도 있다. 왜냐하면 이주하고 나서 그런 제안을 한 사람이 처음이라는 피드백이 의외로 많기 때문이다.

다른 지역에 이주한 사람들은 자신에게 필요하다고 생각되는 상품이나 서비스를 제공하는 사람의 권유에 적극적으로 반응하는 경향이 있다. 그렇기 때문에 정보자료에 내 분야를 빼곡히 넣지 말라는 것이다. 일반적으로 도움이 될 만한 정보를 제공함으로써 일단 신뢰감을 형성하고 이후 비즈니스를 위한 활동이 들어가야 부드럽게 먹힌다.

그 이주자 역시 개인적인 네트워크가 있을 것이다. 한번 감동시킨 고객은 추가적인 소개를 해줄 가능성이 높다. 그러니 이런 활동들이 다소 번거롭고 내 스타일이 아닌 것처럼 여겨져도 일단 저질러보기도 하고 실수도 해가면서 자신만의 노하우로 정립해 나가야 한다.

신규 이주민을 대상으로 한 마케팅에서 유의할 점은 변호사가 아니라 정보중개전문가라는 마인드로 임해야 한다는 것이다. 변호사 쓸 일 있으면 연락 달라고 하지 말고, 그들에게 필요한 전문가가 누구인지 물어서 소개시켜주는 것도 좋은 방법이다. 이미 형성된 신뢰가 있기에 이제 내가 추천해주는 다른 전문가도 그들은 호의적으로 받아들일 것이다. 이를 위해서는 사전에 다양한 지역 전문가 그룹 리스트를 확보해 놓는 것이 필수적이다.

이 작업이 번거롭긴 해도 수고를 감수할 가치는 충분하다. 그리고 이 과정에서 당신을 통해 추천을 받은 그 전문가 역시 다른 곳에 가서 이왕이면 나를 추천할 가능성이 높아진다. 더불어 하나의 밸류 체인을 형성하면 그 네트워크가 탄탄해질수록 지역사회에 미치는 파급효과는 커져만 갈 것이다.

불특정 잠재고객 발굴

이 기법은 사람 만나는 것을 좋아하고 베짱이 두둑한 전문가들에게 적용하기 좋은 방법으로서, 말 그대로 거침없이 방문하여 개척하는 것을 의미한다. 명함을 두둑이 챙긴 후 아침 7시경 시내의 사무용 건물을 찾아간다. 아침 시간이 좋은 것은 많은 중소기업 CEO들이 일찍 출근하는 경향이 있기 때문이다. 건물에 도착하면 맨 꼭대기층에 올라가서 비즈니스 개발 활동을 시작한다. 사무실에 들어서면서 이렇게 인사를 한다.

"사장님 뵈러 왔습니다. 그리고 임원은 안 계신가요? 저는 ○○○ 변호사입니다. 이렇게 일찍 찾아 온 이유는 이 근처에 업무 차 왔다가 가는 길에 잠깐 들렀는데, 제가 원래 외근이 있는 경우 시간이 되면 이렇게 근처의 한 업체를 방문해서 자문서비스를 해드리는 것을 생활화하고 있습니다. 사장님께서 오늘 그 행운의 주인공이 되셨습니다. 서프라이즈 법률서비스 말이죠."

이런 방식이 필드에서 통할지 의문이 가실 수도 있으나 충분히 설득력이 있는 것으로 판명되었다. 일반인들은 변호사를 여전히 최고 전문직으로 인식하고 있다. 그런데 그런 전문가에게 무료 원포인트 자문을 받는다는데 그걸 거절할 이유는 딱히 없기 때문이다. 미팅이 이루어지면 이때 진행을 잘해서 리드해 나가는 것이 중요하다.

변호사로서 어떤 분야의 법률서비스를 주로 하는지 간략한 소개를 하고 메인 주제는 바로 그 회사 CEO에 관한 질문을 해야 한다. 어떻게 해서 이런 사업을 시작하게 되었는지, 그간 어떤 흐름으로 진행이 되었는지, 요즘 기업현황은 어떤지 등의 질문으로 내가 말을 많이 하기보다는 상대방이 술술 이야기하게 만드는 것이 포인트이다. "사장님! 젊으신 나이에 어떻게 해서 이렇게 훌륭한 기업을 일궈내셨는지요? 그 멋진 무용담을 듣고 싶습니다."

CEO는 응당 호의적인 태도로 자신의 대단함을 알리려 열변을 토할 것이다. 다양한 기법을 통해 적극적인 경청을 하고 적당한 시점에서 이렇게 물으라. "따로 긴밀히 자문을 구하는 변호사가 있습니까?" 아니라고 대답한다면 이 회사의 고문변호사가 될 가능성은 활짝 열린 셈이다. 그리고 추후 그 CEO와 더욱 친해져서 관련 업계로 진출한다면 그 시너지는 더욱 커질 것이다. CEO는 처음 보는 변호사에게 기죽고 싶지 않을 뿐만 아니라 자신이 얼마나 대단한 사람인지 입증하려고 할 것이다. CEO의 이야기를 잘 듣고 호응하며 메모를 한다.

그리고 어떤 협회에 소속해 있는지, 어떤 협회지나 뉴스레터를 구독하는지 반드시 파악하는 것이 중요하다. 추후 그 매체에 나의 글을 기고하여 다시 만날 수 있다면 아주 돈독한 사이가 될 것이기 때문이다. 기본적으로 상대방의 취미, 기호도 파악하면 좋다. 이를 추후 다양한 마케팅 연결고리로 사용할 수 있다.

미팅한 날 저녁에는 손수 편지를 써서 보낸다면 매우 좋은 마케팅 방법이 된다. 이를 위해 나의 사진과 프로필, 연락처가 그려진 자체 레터지가 있으면 더욱 효과적이다. 편지에 오늘 만나게 되어서 반갑다는 인사와 함께 그 CEO의 관심사나 애로사항에 대해 간단히 언급하고 그와 관련해서 추후 이러한 도움을 드리겠다고 쓴다. 사회 리더급일수록 손수 쓴 편지의 효과는 가중된다. 충분히 수고한 보람 그 이상을 얻게 될 것이다.

모르는 업체에 무작정 방문하는 것이 부담된다면 다른 방법이 있다. 이는 업계지와 관련이 있다. 업계지에 기사화되거나 광고를 한 기업체의 목록을 만들어서 투어스케줄을 잡는 것이다. 예정에 없던 방문이라 비서가 사전 차단에 나설 것이다. 이때 그냥 왔다고 하는 것보다 이러한 업계지를 통해 사장님을 알고 있다고 하면서, 근처에 일 보러 왔다가 평소 한번 찾아 뵈려고 여겼던지라 이렇게 오게 되었다고 하면서 그 잡지를 보여준다면 거의 통과될 것이다. 특히 업계지에 광고를 하거나 특집기사가 실렸거나 수상한 경험이 있는 업체인 경우 더 부드럽게 미팅으로 이어질 공산이 크다. 이보다 더 강력한 방법도 있다. 타깃으로 삼은 기업의 사장실로 가서 비서 앞에서 보란 듯이 명령조로 "사장님께 용무가 있어 왔다고 전하라"고 말하는 것이다. 그리고 비서에게 명함을 건네고는 바로 등을 돌려 사무실 반대편으로 걸어간다. 이런 확신에 찬 행동을 하면 비서는 중요한 인사인줄 알고 함부로 대하지 못하고 CEO와 만나게 해줄 것이다. 대담무쌍한 방법인데 의외로 먹힌다. 변호사라는 전문직인 경우에는 더욱 그렇다. 투박해도 고부가가치가 있는 방법이다. 용기 있는 자는 명분 있는 도전을 마다하지 않는다.

유인 시스템

유인 시스템의 최종 결과는 나에게 전화가 오는 것이다. 거기까지의 과정이 유인 시스템이다. 표적시장과 아바타 고객을 선정했다면 이제 영양가 있는 잠재고객을 어떻게든 유인하는 시스템이 있어야 한다. 마케팅에서는 이걸 홍보와 판촉으로 퉁 치려는 경향이 있는데 돈을 들여 그렇게 해도 결과가 만족스럽지 않을 가능성이 크다.

포털사이트의 유저클릭광고나 온라인 마케팅 대행서비스를 많이 하는데, 장점은 내 홈페이지 방문자의 수를 늘리는 데는 일정 효과가 있지만, 두 가지 문제가 발생한다. 하나는 방문자는 늘어도 실제로 수임에 이르는 확률이 낮고, 비용이 적지 않다는 점이다. 쉽게 말해 가성비가 매우 낮다. 마케팅은 ROI(Return on Investment)로 말한다. 투자에 비해 얼마나 수익으로 돌아 왔느냐가 관건이다. 급한 마음에 돈을 들여 소위 마케팅이란 걸 했는데 수임이 되지는 않으니 미치고 펄쩍 뛸 지경이다.

좀 더 경제적이고 효과가 높은 방법으로 바꿔야 한다. 일단 홈페이지가 살아 움직여야 한다. 대부분의 법률서비스 관련 홈페이지는 생생하지 않다. 로펌이라면 소속 전문가의 프로필과 경력 위주로, 개인사무소역시 프로필과 업적 위주로 홈페이지를 구성해 놓았다. 일반인들은 대체 어떤 변호사가 더 역량 있고 자기 사건에 적임자인지 알 도리가 없다. 그래서 지인을 통해 소개받고자 하는 경향이 높은데 막상 홈페이지를 봐도 그 외에는 별로 건져갈 것이 없다.

또한, 개인변호사의 경우 의욕이 앞서 커버하는 영역을 너무 많이 나열한 경우도 실력을 의심하게 만드는 실수이다. 아무리 홈페이지 방문자 수가 올라가도 그저 서핑만 하고 나가게 해서는 안 된다. 다시 찾아오게 할 여지를 만들어 놓아야만 한다. 그리고 그들이 누군지도 알아야 한다. 어떻게 하면 좋을까?

얻기 위해서는 먼저 주어야 한다. 방문자의 연락처를 확보하기 위해서는 홈페이지에 새로운 기능이 있어야 한다. 자동응답기(auto-responser)를 활용하는 거다. 홈페이지 초기 화면에 박스를 만들고 거기에 이메일 주소 혹은 연락처를 기입하는 데 동의하는 방문자에 한해 유용한 정보를 자동으로 쏴주는 서비스를 말한다. 정보의 유형은 다양할 수 있다. 일반적으로 문서를 PDF로 전환한 다운로드 서비스가 보편적이고 이 밖에 동영상, 팟캐스트, 책, 인터뷰 등도 가능하다.

이렇게 되면 불특정한 대상자에게 살포하지 않고 적어도 내 사이트에 방문을 할 이유가 있는, 즉 수임 가능성이 높은 영양가 있는 잠재고객의 리스트를 확보할 수 있다. 변호사는 불특정 다수에게 전단 살포를 할 수 없다. 하지만 이 방법은 전혀 법에 저촉되지 않으면서 비용이 거의 들지 않고 고급 잠재리스트를 확보할 수 있다는 거부하기 힘든 매력을 지녔다. 그런데 시중에 이런 홈페이지를 갖고 있는 변호사가 거의 없다. 로펌은 다수의 변호사가 다양한 범주를 다루기 때문에 알고도 안 할 가능성이 높지만, 개인변호사에겐 정말 시급한 시스템이다.

모바일 버전 홈페이지도 같이 연동되어야 한다. 현재 로펌이나 개인사무소 온라인 홈페이지의 문제점 중 하나는 모바일 버전의 홈페이지 가동률이 낮다는 점이다. 점차 나아지고는 있지만 아직도 상당수는

PC버전만 사용하고 있는데 미련하기 짝이 없는 일이다. 왜냐하면 필요한 정보를 점점 휴대폰으로 검색하는 추세이기 때문이다. 일단은 휴대폰으로 검색하고 더 보기 위해서 PC를 켠다. 휴대폰으로 검색을 했는데 PC버전의 깨알 글씨가 딱 뜨는 순간, 다른 사이트로 이동할 것이다. 모바일 버전 방문자에게도 자동응답기 위젯을 통해 유용한 정보를 제공하는 시스템이 큰 위력을 발휘한다. 마찬가지로 이 경우에도 고객리스트를 자동으로 얻게 된다.

쉬운 것부터 시작하자. 일단 워드문서로 고객에게 유용한 정보를 담아 PDF 파일을 만드는 것이다. 그 제목만으로도 잠재고객이 자신의 정보를 입력하게 만들 수 있어야 한다. 전문적인 법률지식보다는 어떻게 해야 법률서비스를 받을 때 불이익을 안 당하는지 등의 내용이 더 효과적이다. 피해야 할 법률사무소의 유형도 좋고 좋은 변호사를 구별하는 법 등도 가능하다.

기존 고객 중 나를 추천하기를 마다하지 않는 우호적인 고객을 확보해서 이들과 인터뷰한 동영상이나 팟캐스트 음성파일을 다운받게 하는 것도 좋다. 본인보다 제3자의 말이 더 잘 먹힌다. 제작 과정은 다소 번거로울지 몰라도 효과는 뛰어나다. 또한 다른 업계의 전문가가 추천하는 메시지를 담은 내용도 좋다. 책을 저술한 경우에는 책 전부나 일부를 PDF파일로 제공하는 것도 가능하다. 이 역시 잠재고객에게 전문가로서의 면모를 여실히 보여 줄 수 있다.

고객 전환 시스템

　홈페이지를 방문한 잠재고객을 얼마나 많이 실질고객으로 전환할 수 있는가가 변호사 마케팅의 핵심이다. 잠재고객의 실질고객화는 모든 변호사의 침을 꾸울꺽 넘어가게 하는 대목이리라. 또한 그간 전화문의나 방문을 한 고객에게도 후속 활동이 있어야 한다.

　전화문의를 한 고객이라면 어떻게 하든지 방문으로 이끌어야 한다. 이를 위해서는 전화 대응 스크립트가 있어야 하고 이를 기반으로 전화를 받는 선상에 있는 모든 사람이 자동으로 무리 없이 대응할 수 있도록 연습해야 한다. 대표적으로 자주 받는 질문의 유형을 정리하고 이에 대해 적절하게 대응한다. 기본적으로 해당 문의에 관한 내용이 다룰 수 있는 영역이라고 판단되면 미팅으로 유도해야 한다. 전화상으로는 구체적으로 모호한 답변을 할 수밖에 없다. 다양한 경우의 수가 있기 때문이고 잠재고객의 말만으로는 정황 파악이 어렵기 때문이다. 일정 부분 대응하다가 방문으로 유도해야 한다.

　고객 유인 시스템에서 언급한대로 고객에게 정보를 제공하면 고객 전환율이 올라간다. 여기에 다양한 온·오프라인 마케팅 툴 킷을 담아서 풍성한 선물을 준비하면 더 좋다. 다양한 법률정보에 유용한 변호사 선정 팁, 수상 경력, 강의 이력, 고객만족사례, 인터뷰, 뉴스레터, 매거진 등의 자료를 담아서 보내면 더욱 좋다. 당장은 어렵지만 체계적으로 마케팅 활동을 하면 자료는 축적된다. 처음이 힘들지 탄력받으면 고객 전환 시스템은 저절로 활성화된다.

　홈페이지에 '실시간 대화(live chat)' 기능이 있으면 좋다. 전화로 문의하는 것도 고객은 여러 번 고민을 한다고 한다. 그만큼 변호사에게 연락을 하는 것은 비장한 결의를 하는 것처럼 쉽지 않다고 한다. 그러므로 부담을 덜면서도 혹시 있을 수 있는 부석격자를 사전에 제한하는 효과도 있어서 향후 이 기능이 활성화될 것이다. 단, 이 위젯을 통해 무료 상담에 준할 정도로 상담을 해서는 안 된다. 이 기능의 목적은 직접 미팅을 갖는 것이다. 적당한 선에서 자세한 것은 오프라인 상담을 통한다고 해야 한다.

후속 연계 시스템

가장 결정적인 마케팅 실수는 무엇일까? 저마다 이견이 있겠지만 아무래도 가장 안타까운 경우는 후속 조치의 미흡과 간헐적인 대응이다. 시간과 공을 들여 이것저것 만들어 놓고 막연하게 고객의 전화가 걸려오기만을 기다리는 것이야말로 정말 속 터지는 일이다.

연애로 말하자면 단 한 번의 시도로 애인이 되는 확률을 맹신하는 것과도 같다. 연애도 마케팅도 모두 관계가 중요하고 일정 시간이 걸리기 마련이다. 골목에서 만난 짝사랑 그녀에게 쪽지 한 번 건네고 그녀가 데이트 신청을 해올 것으로 기대한다면 제정신일까? 마음이 열려야 로맨스는 시작된다. 고객도 마찬가지다.

이렇게 되면 더 피해가 큰 쪽은 법인 소속 변호사보다 개인변호사다. 안 그래도 마케팅에 투입할 시간적, 경제적 자원이 제한적인데 기껏 퍼부어 놓고 결실이 없다면 그야말로 큰 일이다.

후속 연계(follow-up sequences) 활동이야말로 마케팅의 건더기이다. 갈비탕이 맛있으려면 진국도 중요하지만 갈비도 맛이 있어야 한다. 시장에서 전문성과 신뢰도가 인정되어도 정작 돈이 되는 건 바로 이 후속 연계 활동의 효과에 달려 있다.

　일반적으로 고객은 급하게 당면한 이슈가 있을 때 변호사를 찾는다. 그렇다고 문의를 한 사람 모두가 수임을 하지 않는다. 덜 급하다고 판단되면 미루기도 하고, 아니면 다른 변호사를 찾기 때문이다. 관계의 중요 포인트는 지속성이다. 여기에 뭔가 도움을 주는 가치 제공이 빠져서는 안 된다. 영양가 있는 관계가 지속되어야 수임으로 이어지는 추천이 샘솟는다. 수임에 이르지 않은 사람이라고 관심을 끄는 것은 정말 미련한 일이다, 아니 짓이다. 그 사람 주변에 어떤 사람이 있는지는 아무도 모른다. 지속적으로 관계를 유지해서 우연한 기회에 내 이름이 오르내릴 수 있을 정도는 해놔야 파이프라인으로서의 기능을 유지할 수 있다.

　영업에서는 7번 이상 고객과 접촉해야 거래가 이루어진다고들 한다. 정기적이면서 전략적으로 고객과 오프라인 혹은 온라인 상에서 접촉이 이루어져야 한다. 나에게 정기적으로 문자를 보내는 컴퓨터유지보수업체가 있다. 하도 오래 자주 접하다 보니 주위에서 누군가 컴퓨터 장애가 발생해서 혹시 아는 곳 있냐고 물으면 나도 모르게 그곳을 알려준다. 그만큼 마케팅의 효율성과 효과를 올리기 위한 후속 연계 시스템은 정말 중요한 역할을 한다고 볼 수 있다.

　기본적으로는 감사 편지나 이메일, 뉴스레터 전송, 직접 방문 등을 들 수 있다. 고객이 관심을 가질 만한 기사나 자료를 보내는 것도 좋다. 다양한 행사에 초대하기, 자문 구하기도 권할 만하다. 자문을 구하는 건 고급 스킬이다. 변호사에게 자문요청을 받는 자체로 대접을 받는 기분이 들기 때문이고 또 실질적으로 도움을 받을 수도 있기 때문에 유용하다. 타이밍에 맞게 카드를 보내도 효과가 좋다. 친한 고객인 경우 풍경사진과 함께 간단한 문자메시지를 전하는 것도 친밀감을 돈독하게 해준다.

뉴스레터의 효용성은 앞서 기술한 대로 강력하다. 주말을 활용해서 정해진 시간을 두고 이 활동에 집중하라. 1호를 발행하기까지가 고단하지 그다음에는 훨씬 부담이 적을 것이다. 그 사이 고객의 피드백을 접한다면 더 신나게 마케팅 활동에 임할 수 있다. 마케팅은 액션이다.

그래도 변호사의 입장에서 줄 수 있는 건 고객이 관심을 가질 만한 법률서비스일 것이다. 제도 시행이 되거나 법률제정이 임박한 경우 미리 알려 주면서 유용한 대비책을 팁으로 제시하면 잠재고객은 진심으로 고마워할 것이다. 마지막으로, 이런 활동은 처음 계획 수립부터 고려되어야 미리 시간을 내고 전체 프로세스를 염두에 두면서 작업에 박차를 가할 수 있다. 뜬금없이 절대 되지 않으니 현재 이런 기반이 약하다면 일단 고객 서비스 흐름도부터 작성하는 게 급선무이다.

후속 연계 시스템은 자동화(automation)되어야 제대로 그 역할을 할 수 있다. 인터넷 위젯을 활용해서 24시간 고객의 연락처를 입수하자마자 준비한 자료를 자동으로 전송해 주고, 고객의 주소지에 각종 인쇄물을 보내며, 상담 후 일정 기간이 지나면 전화나 엽서로 소식을 전한다. 이러한 마케팅 계획도 마땅히 수립해야 할 것이다. 처음부터 이 모든 것을 다 할 수는 없지만 어쨌든 그만큼 후속 연계 시스템은 수익성과 직결되어 있다는 점을 절대 잊어서는 안 된다.

추천 시스템

탄탄한 수익구조를 이루는 데에는 추천에 의한 수임이 큰 몫을 한다. 성실하고 열심히 변호를 해서 승소를 하는 것으로 만족하면 안 된다. 그런 성과 이상으로 중요한 것이 추가적인 굴비꾸러미를 엮는 것이다. 한 번의 수임으로 최대 성과를 내는 식으로 시스템을 가동시켜놔야 몸도 편하고 시간적인 여유도 누릴 수 있다.

기존 고객과 잠재고객 리스트를 활용한 방법으로는 뉴스레터 발행을 들 수 있다. 이 대목에서 푸념할 분이 있으실 것이다. 발로 뛰기도 바쁜데 그걸 언제 만드냐고. 더구나 혼자 북치고 장구치고 있는데 불가능하다고 하실 것이다. 그건 뉴스레터가 얼마나 유용한지 몰라서 하는 안타까운 외침이다.

뉴스레터가 고객추천에 도움되는 이유는 여러 가지인데 우선 정기적으로, 보통 1달에 한 번, 더 열심이라면 격주에 한 번 레터를 보냄으로써 그들이 나를 기억하게 하는 것부터 시작한다. 현대인들은 너무나 많은 정보의 홍수 속에서 살아간다. 설사 승소를 시켜 준 고객도 금방 나를 잊는데, 하물며 내방했거나 전화로 문의했던, 혹은 홈페이지를 통해 자료를 다운받았던 잠재고객이 나를 기억하며 지낸다는 것은 거의 불가능하다. 따라서 때때로 그들에게 내가 이렇게 훌륭한 변호사라는 걸 알려줘야 한다. 까맣게 잊고 지내다가 레터를 여는 순간 나를 다시 떠올리면, 그 시점에서 추천할 고객이 생길 수도 있지 않은가?

또한, 주요 실적이나 다른 매체에 기고했던 글, 고객에게 도움이 되는 콘텐츠를 실어서 전문성과 유능함을 부드럽게 전할 수도 있다. 나 혼자서 지면을 다 메울 필요는 없다. 다른 변호사나 다른 업종의 전문가를 활용하면 된다. 지인 변호사에게 칼럼이나 사례 등의 기고를 부탁해도 좋은데 이때는 당연히 나의 주력분야와 겹치지 않아야 하며, 의사나 회계사, 변리사 등의 네트워크를 통해 홍보용으로 글을 쓰게 하거나 광고를 신도록 한다. 그럼으로써 전문가 그룹의 일원이라는 걸 암시할 수도 있고, 이 변호사와 친해지면 여러 가지로 도움을 얻을 수 있겠다는 느낌도 전할 수 있다.

또 다른 방법으로는 온라인상으로 추천하는 메시지를 구성하여 띄우는 것이다. 우호적인 고객이 쓴 편지를 스캔하여 올려도 좋고, 온라인으로 추천하는 기능을 구현하는 위젯도 있으며, 고객과의 인터뷰를 녹화해서 동영상이나 음성파일로 올려 놓을 수도 있다. 이 방법이 매력적인 이유는 홈페이지 방문횟수를 올리는 데, 또 검색사이트에서 내 사이트가 상위로 가는 데 영양만점이기 때문이다. 홈페이지 방문을 한 단순한 클릭 수보다는 동영상이나 음성파일이 검색순위를 올리는 데 파괴력이 크다.

한 번에 모든 걸 다할 수는 없고 그럴 필요도 없다. 또한 오프라인 추천이 넘치면 안 해도 된다. 하지만 달콤함이 지속된다는 보장은 그 어디에도 없기 때문에 시스템으로서의 기능에는 문을 열어놓는 것이 재정적 슬럼프를 미연에 방지할 가능성이 커진다.

팬 양성 시스템

자고로 스타는 팬 관리를 잘해야 한다. 그리고 양성에도 힘을 기울여야 한다. 팬들에게 적어도 나는 스타라는 인식이 필요하다. 이건 허세와는 다르다. 아무리 내게 우호적인 고객이라도 지속적인 보살핌이 없다면 이내 관심을 끊을 것이다. 그들도 먹고살기 바쁘다.

뉴스레터는 팬을 양성하고 관리하는 데도 특효약이다. 지면을 구성할 때 팬을 위한 면을 만들고 다양하게 보살펴 나가야 한다. 주요 고객의 동정뉴스를 소개하면서 은근슬쩍 제 자랑을 할 수도 있으니까 이건 일거양득이다.

주요 고객의 업종과 관련 있는 뉴스를 보내는 서비스도 좋다. 구글 알리미를 통해 손쉽게 자료를 캡쳐할 수 있다. 또한 신문을 읽다가 관련 정보를 휴대폰으로 찍어서 메일로 보낼 수도 있고, 인터넷 기사와 함께 메일로 첨부하는 것도 좋다. 주요 고객의 회사나 업계에 영향을 미칠 만한 법조계 동향이나 이슈를 적절히 가공해서 일련의 코멘트와 함께 보내주면 아주 좋다. 그러면서 사전에 점검할 요소를 알려주거나 추후 예정인 일정들에 대해서도 관심을 갖게 해준다면 그들은 매우 만족할 것이다.

성공 변호사 비즈니스는 수임만 달랑해서는 안 된다. 그 이후에 더 큰 시장이 성큼 와 있다는 걸 늘 기억하고 후속 프로세스에 박차를 가해야 한다. 직접 대면도 게을리하지 말자. 적어도 주요 고객은 정기적으로 만나야 한다. 외근 일정을 고려해서 근처에 들릴 경우 잠깐이라도 만나서 차 한잔 마시는 것이 꽤 큰 여운으로 상대방을 감화시킨다. 보통 변호사 사무실에 그들이 찾아오는 게 일반적인데 불쑥 찾아와준다면 고마워하는 건 당연지사다.

전문가 네트워크 시스템

내가 직접 '나 유능하오'라는 식의 홍보는 사실 너무 흔하고, 막연한 의구심에서 자유롭지 못하다. 이때 제3자가 하는 칭찬은 대중에게 개연성이 높고 거부감이 없게 해준다. 여기에다가 한 술 더 떠서, 이 업종 전문가들의 추천이라면 어떻겠는가? 그야말로 따봉이다. 그리고 이런 제휴는 서로 이득을 취하는 윈윈시스템이 된다. 그런데 이게 막상 하려면 쉽지 않다. 많은 변호사들이 다른 의사나 회계사들과 서로 고객을 주고 받으면 어떨까 생각을 하는데 실제 거래가 거의 일어나지 않는 것은 서로 별 소득이 없기 때문이다. 전문가 그룹을 만드는 건 따로 방법이 있다.

친해진 전문가들이 있다 해도 이들에게 뭔가 혜택을 줘야 움직이려 할 것이다. 우선은 역시 뉴스레터를 활용한다. 앞에서도 기술한 것처럼 뉴스레터에 그들의 홍보공간을 줘서 PR할 수 있게 도와주는 것이다. 정기적으로 식사도 하고 술도 한잔하는 건 기본이고 그 모임에 주요 고객이나 유력한 잠재고객을 초청해서 짧게라도 자기 PR을 할 수 있는 기회를 주면 서로에게 도움이 되는 연합의 장이 될 것이다.

또한, 세미나를 통해 서로에게 도움되는 잠재고객을 떼로 모을 필요도 있다. 이때 강연자로 나서는 것도 좋지만 꼭 그래야 할 필요는 없다. 오히려 강연자나 패널보다는 진행자로 나서는 것이 장기적으로 유망할 수도 있다. 왜냐하면 세미나의 기획 및 코디네이터 경험이 그만큼 부가가치가 있기 때문이다. 준비할 게 많아서 손이 제법 바빠도 일단 한 번 치르면 어느 정도 노하우가 생기기 때문에 다음 행사 준비는 훨씬 쉬워진다.

세미나 코디네이터가 되는 것은 투입 노력에 비해 결실이 짭짤하다.

더욱이 청년변호사도 결연히 도전해볼 만하다. 오히려 나이 많은 고참들보다 훨씬 유리하다. 호텔의 대관이나 연회담당자들과 친해져서 동향을 살피고, 그들의 고객리스트를 활용할 수만 있다면 금상첨화다. 이 과정에서도 단박에 고객리스트를 달라면 누가 주겠는가? 예컨대 기고, 대타 강연, 무료상담 등을 통해 먼저 도움을 주는 것은 필수이다.

요즘은 온라인 시대. 온라인 접점 효과를 접목할 수도 있다. 다른 전문가들을 위한 홍보동영상을 찍어 홈페이지나 온라인 뉴스레터에 올린다. 그때 당신은 진행자로서 그들을 인터뷰하면 된다. 또는 팟캐스트를 통해 음성파일을 업로딩해도 좋다. 전문가끼리 뭉치면 고객들은 전문성을 더 확신하는 습성이 있다. 요즘 이런 제작은 손쉽게 할 수 있기 때문에 아마추어도 얼마든지 만들 수 있다. 물론 약간의 비용으로 외주 제작도 가능하다.

Chapter

07

수임률을 극적으로
높여주는 기적의 NLP

수임률을 극적으로
높여주는 기적의 NLP

이제는 법률과 판례만 잘 안다고 유능한 변호사가 아니다. 사회현상을 객관적으로 냉철하게 꿰뚫어보고, 적절한 타이밍에 협상 스킬을 보여주며, 법정에서는 상대방을 들었다 놨다 할 정도의 밀당의 고수라야 진정 유능한 변호사라고 할 수 있다. 이를 위해 사건의 법적 쟁점뿐만 아니라 의뢰인의 취향과 성격, 의사결정 패턴까지 파악하여야 소기의 목적을 달성할 수 있다.

마케팅 활동의 결과로 고객이 전화를 걸어서 미팅을 하게 되면 이제 세일즈 영역이 시작된다. 세일즈는 두 가지 차원, 즉 의식과 무의식 차원의 인식에서 이루어진다. 느닷없이 무의식이란 단어에 너무 놀라지는 말기 바란다. 무의식 차원의 인식이란 사람들이 의식적으로는 인식을 하지 못해도 언제나 마음과 육체에 영향을 끼치는 것이다.

고객과의 면담 시에도 똑같이 두 가지 차원이 작용한다. 하지만 이 두 가지 차원의 의식이 작용하는 것을 완전히 자각하는 사람은 아무도 없다. 대화도 잘 이끌 수 있어야 한다. 계약 전에 무리한 장담을 많이 하면 나중에 곤란한 상황이 나올 가능성이 높다. 망설이는 고객도 적절히 대응해야 하고 어느 대목에서 거짓말을 하는지도 알아챌 수 있어야 한다. 다양한 질문 기법과 유연하게 명령문을 구사하고 행동을 촉진하는 법도 꼭 필요하다.

NLP란?

NLP(Neuro Linguistic Programming, 신경언어프로그래밍)는 인간의 의식·무의식적 경험이 감각과 중추신경계(neuro)를 거쳐, 언어(linguistic)를 통해 부호화·조직화되어 의미를 부여하고, 그런 부호화·조직화는 컴퓨터의 원리와 같이 프로그래밍(programming)되어 저장되고 활용된다는 것을 말한다. 즉 인간의 행동은 일련의 특정한 패턴, 체계적으로 프로그래밍된 신경과정이 작용하며, 따라서 어떤 목표를 성취하기 위해서는 언어화된 수월성 있는 프로그램을 작동하면 된다는 것을 의미한다.

신경언어프로그래밍이란 단어가 생소할 것이다. NLP가 무엇인지는 중요하지 않다. 다만 NLP는 잘 활용하면 상담을 통한 수임 확률을 크게 향상시킬 수 있는 아주 기특한 녀석이 될 수 있다.

NLP는 사람의 두뇌작용에 관한 조직적인 틀을 제공한다. 우리의 내적 상태와 행동뿐만 아니라 다른 사람의 내적 상태와 행동까지 조절하는 방법을 알려준다. 간단히 말해서 NLP는 우리가 원하는 결과를 얻기 위해 어떻게 하면 두뇌를 가장 적절하게 사용할 수 있는가에 관한 심리과학이다.

NLP 마음, 언어, 행동의 결합제로서 다음과 같이 비유할 수 있다. 컴퓨터로 비유하면 마음은 프로그램과도 같다. NLP 패턴에 입각하여 저마다 개인적인 알고리즘을 통해 아날로그 식으로 데이터를 흡수하고 분석한다. 그러한 결과는 다양한 인식을 형성하고 그에 따라 여러 가지 반응이 나오는데 그 대표적인 것이 바로 언어와 행동이다.

다양한 인식의 예를 들자면 어떤 사람들은 일반적인 관점에서 의사 결정하기를 좋아하고 다른 사람들은 디테일한 정보에 따른다. 혹자는 시각적인 이해가 빠른 반면, 혹자는 청각적 혹은 체감적인 표현에 민감하다. 행동에 관심이 있는가 하면 정보에 관심을 더 두는 경우도 있다. NLP는 그러한 타입들에 대한 통찰력을 제시하며 이를 통해 상대방을 내가 원하는 방향으로 안내하는 강력한 도구이다.

마음속 지도를 형성하는 기준에 대한 NLP적인 접근을 통해 새롭고 다양한 차원의 고객 이해가 가능해진다. 세상을 각기 다르게 인식하는 이유는 우리가 처리할 수 있는 데이터의 수량이 제한되어 있기 때문이다. 인간이 매 순간 처리할 수 있는 데이터 수는 5~9개인데 반해 환경이 제공하는 정보의 양은 이보다 수천 배 이상 많다.

제한된 용량을 수용할 수밖에 없는 상태에서 인간은 여러 정보를 선택할 수밖에 없는데 이 과정에서 정보의 삭제화, 오류화 및 일반화가 생긴다. 의식적인 차원에서 이렇듯 제한된 용량만이 저장되고 나머지는 잠재의식 속으로 가라앉아 저장된다. 잠재의식의 저장량은 어마어마하다. 이 정보들을 빙산의 수면 위로 올려 보내는 것이 바로 NLP의 강력한 기능 중 하나이다. 또한, 이러한 기능을 통해 고객의 감추어진 니즈와 욕구를 효과적으로 끄집어낼 수 있다. 세일즈 슈퍼스타는 예외 없이 성공으로 이끄는 자신만의 말과 행동 패턴이 있다. 그리고 그 이면에는 고객을 정확히 이해하는 예리한 지각이 숨어 있다. NLP를 통해 이제 손쉽게 설득의 달인이 될 수 있다.

공감대 형성

고객과 만나서 초반에 가장 중요한 것은 뭐니뭐니해도 공감대 형성 (rapport building)이다. 공감대의 사전적 의미는 조화, 일치, 화합이라는 뜻이다. 공감대가 형성되면 미묘한 친화력이 생겨나 고객이 마음을 활짝 열고 본심을 보일 것이다. 일단 고객과 공감대가 형성되면 고객은 당신이 자신과 닮았다고 생각하고 호감을 느끼게 될 것이다.

사람은 대개 호감 있는 사람과 거래하고 싶어한다. 설득의 근본은 상대방에게 영향력을 행사하는 것이다. 공감대를 형성하면 상대방에게 손쉽게 영향력을 미칠 수 있다. 공감대는 모든 커뮤니케이션을 통한 상호작용을 이끌어가는 핵심 개념이다. 만나는 모든 사람과 이 같은 공감대를 형성할 수도 없고 그럴 필요도 없지만, 이러한 끈끈한 유대감이 녹아 있는 공감대는 타인에게 영향력을 미치려는 경우에 너무도 중요한 이슈로 부각된다. 영업은 궁극적으로 고객에게 영향력을 미치는 과정이다. 따라서 영업과 공감대는 떼려야 뗄 수 없는 긴밀한 관계다. 세일즈 슈퍼스타는 예외 없이 공감대 형성의 귀재이다.

대부분 공감대는 자연스럽게 자동적으로, 직관적으로 일어나는 것처럼 보인다. 그러나 공감대는 약간의 주의력과 노력을 통해 얼마든지 형성될 수 있다. 공감대 형성은 인터넷 상담이나 전화문의를 한 잠재고객과 직접 만나서 상담할 때 매우 긴요하게 쓸 수 있는 기법이지만, 앞서 언급한 것처럼 다양한 포지셔닝 활동을 통해 잠재고객을 만난 경우에도 유용하기는 마찬가지이다. 그리고 다른 전문가들과 교류하고 네트워킹을 다질 때도 유용하다. 아무리 전문가라도 인간적으로 호감이 가는 사람에게 모이기 마련이기 때문이다.

보조 맞추기(Pacing)

공감대 형성의 주요한 이점은 두 사람이 서로 동질감을 갖도록 해준다는 것이다. 동질감을 많이 느낄수록 공감대가 커진다. 공감대의 첫걸음은 정교한 관찰에서 시작한다. 보조를 맞추고 이어서 리드해 가는 순으로 이루어진다. 미러링과 매칭이 상당 부분 진행되면 공감대가 스르르 형성된다.

보조 맞추기를 할 요소들로는 표정과 자세, 수족의 위치, 동작과 수족의 움직임, 호흡, 목소리의 어조, 말의 내용과 감정, 선호 표상(감각)체계 등을 들 수 있다. 호흡은 특히 의식하지 않으면 알아차리기 어렵지만 상대방의 호흡 템포와 스타일에 보조를 맞출 수 있다면 관계형성에 있어서 매우 강력한 도구가 된다. 보조 맞추기는 흔히 상담할 때나 우울한 사람과 함께 있을 때 매우 도움이 된다. 상대가 계속 나아갈 준비가 되면 다음 화제를 논의하면서 상대방의 말 속도에 조화롭게 보조 맞추기를 사용하면 좋다.

미러링(Mirroring)

말뿐만 아니라 비언어적인 특성을 활용하여 공감대와 신뢰를 더욱 올릴 수 있다. 상대방의 특정행동이나 자세를 따라 하는 것을 '미러링(따라하기)'이라고 하는데, 이는 자칫 눈에 뻔히 보일 수 있기 때문에 실전에서 사용하기가 망설여질 수도 있다. 따라서 눈에 띄지 않게 하는 노하우가 필요하다.

미러링은 통하는 사람 사이에 일어나는 자연스러운 현상으로 서로 편하기 때문에 나오는 것으로 보면 된다. 둘 이상의 사람이 공감대를 이루고 있는지 알 수 있는 것은 그들의 언어 외에도 자세, 몸짓, 목소리 등 여러 경로가 있다. 이러한 미러링은 눈에 잘 띄는 특성이 있는데 이와 반대로 대립하는 모습 또한 눈에 잘 띈다. 뭔가 통하지 않는 사람 간에는 여기저기에서 부조화가 발견된다.

육체적인 미러링이나 정신적인 미러링 모두 자연스러운 현상이다. 거의 모든 경우 무의식적으로 일어난다. 단지 주목하지 못할 뿐이다. 하지만 특정한 기법으로 의식적인 노력을 한다면 이러한 무의식적인 과정에 변화를 줄 수 있다. 일단 공감대가 충분히 형성되면 이 부분은 크게 신경 쓰지 않아도 된다. 다만 필요할 때 다시 시도해서 효과를 보면 된다.

공감대를 형성하는 신체적 미러링

누군가의 자세를 따라 하면 상대방은 당신을 편하게 느끼게 되고 당신의 말에 더욱 관심을 가질 것이다. 이러한 신체적 미러링을 많이 할수록 여러 가지로 유용하다. 하지만 꼭 지켜야 할 사항이 있다. 스스로를 불편하게 하지 말라는 것과 상대방이 눈치채지 않게 하라는 것이다. 스스로 불편해하면 무의식적으로 상대방에게 전달되어 공감대에 부정적인 영향을 미치며, 눈에 띄게 드러난 따라 하기는 상대방의 신뢰감을 크게 잃을 수 있기 때문에 매우 유념해야 한다.

미러링은 공감대를 높이는 가장 빠른 방법이긴 하나, 어설프게 사용하면 큰 낭패를 보기 쉬운 면이 있다. 상대가 눈치채지 않게 하는 방법으로는 일정한 시간이 흐른 뒤 따라 해보는 것이다. 상대방이 대화 도중 숨을 돌릴 때나 시선이 다른 곳을 향할 때 슬쩍 자세를 바꾸는 것이다. 상대방 행동을 그대로 따라 하지 않고 유사하지만 다른 패턴의 동작으로 대응하는 방법도 있다. 이것을 교차미러링(cross-mirroring)이라고 한다.

또한, 상대방의 모든 행동을 따라 해서는 안 된다. 미묘하고 약간 다르게, 그리고 시간 차를 두고 해야 한다.

공감대를 테스트하는 미러링

신체적 미러링을 성공했다면 이제 공감대는 형성되었고, 상대방은 눈치도 채지 못했을 것이다. 이때 제대로 공감대가 형성되었는지 어떻게 알 수 있을까? 더 이상 상대방을 미러링하지 않고 당신의 자세를 바꿔 보는 것이다. 이때 상대방이 당신의 동작이나 자세를 따라 한다면 이는 곧 충분한 공감대가 형성되었다는 증거가 된다.

상담 중 수임료에 대한 언급을 해야 할지 판단해야 할 때, 과연 지금이 적기인지 아닌지를 이를 통해 확인할 수 있다. 만일 고객이 당신을 따라 하는 기미가 전혀 나타나지 않는다면 괜히 불쑥 민감한 사안을 꺼낼 필요가 없다. 충실하게 언어와 비언어를 활용하여 다시 공감대 구축에 돌입하라.

손쉽게 미러링을 연마하는 방법으로는 TV의 인터뷰 프로그램을 시청하는 것이다. 게스트에 집중을 하고 당신이 인터뷰를 하는 것처럼 해보라. 그렇게 하면서 게스트의 자세를 미러링하라. 이때도 역시 약간의 시차를 두고 해야 한다.

🔍 매칭(Matching)

매칭은 상대방의 행동과 똑같은 행동이 아니라 비슷한 행동을 하는 것이다. 예를 들어 상대방이 다리를 떨면서 말하고 잠시 후에 그 템포로 당신이 볼펜을 두들긴다면 매칭에 해당된다. 매칭은 당신의 동작과 자연스럽게 연결하는 게 중요하다. 매칭을 하면 상대방은 자신의 무의식적인 행동을 반영하는 당신의 행동을 무의식적으로 인식하게 되고 그 결과 둘 사이에 연결고리가 생기는 것이다.

🔍 페이싱과 리딩(Pacing & leading)

지속적으로 미러링과 매칭을 하여 보조를 맞추는 것을 페이싱이라고 한다. 페이싱은 상대방 행위의 전반적인 흐름 및 패턴과 보조를 맞추는 것이다. 상대방의 무의식에 보조를 맞출수록 공감대의 수준은 점점 높아져간다. 미러링과 매칭에서 가장 중요한 것은 상대방 행위의 구조를 그대로 따라 하는 것이다. 즉 그것의 정도나 양이 아니라 질이라는 것이다. 미러링과 매칭을 지나치게 많이 하면 흉내내기로 전락하니 주의를 요한다.

리딩은 구체적인 방향이나 결과를 유도하기 위해 상대방에게 영향력을 행사하는 과정이다. 리딩은 반복되는 상호작용이고 상대방에게 여러 번에 걸쳐 영향을 미치는 과정이다. 페이싱은 말, 언어, 호흡, 자세 및 감정에 보조를 맞추는 활동이다.

- 말: 상대방의 말 속도, 성량, 빠르기, 톤에 보조 맞추기
- 언어: 상대방이 사용하는 말을 다른 유사어로 바꾸지 말고 그대로 사용하기. 또한 같은 감각언어 패턴을 써서 표현하기
- 호흡: 상대방과 같은 템포나 깊이로 호흡하기
- 자세: 상대방의 말을 경청하는 동안 주의 깊은 관찰을 통해 자세를 따라 하기
- 감정: 상대방의 감정에 보조 맞추기. 표정과 자세와 연동된다.

페이싱과 리딩에서 중요한 것은 '얼마만큼 자연스럽게 페이싱에서 리딩으로 넘어가는가'이다. 일단 미러링과 매칭을 해서 공감대를 만들고 나서 당신이 자세를 바꿈으로써 상대방을 리딩할 수 있다. 이때 상대방이 따라 움직임이 변하면 리딩이 상대방에게 전달되었다는 뜻이다. 리딩이 이루어진 뒤라야 상대방에게 제안이 잘 먹힌다. 그러한 미묘한

흐름을 간파하지 못하고 일방적으로 설명하는 식의 상담은 수임에 이르지 못할 확률이 높아진다. 이러한 내용들이 생소해 보일 수도 있지만 일련의 실습을 통해서 연습하면 누구나 실전에서 사용할 수 있으니 미리 부담을 갖지 않아도 된다.

🔍 백트래킹(Backtraking)

식당에 갔을 때 종업원이 여러 가지 주문을 다 듣고 나서 메모도 하지 않고 그냥 휙 돌아설 때 어떤 기분이 드는가? 예를 들어 탕수육 하나, 짬뽕 둘, 삼선짬뽕 하나, 울면 하나, 볶음밥 하나, 삼선볶음밥 둘, 잡채밥 셋, 깐풍기 하나 이렇게 주문했을 때 말이다. 아마도 주문한 내용이 제대로 전달되었는지 답답하기도 하고 무성의한 듯한 태도에 화가 날 수도 있을 것이다.

만일 그 종업원이 메모를 하고 일일이 확인한 후, "주문하신 게 맞으신 가요?"라고 물었다면 그런 염려와 불쾌감은 없었을 것이다. 이렇게 종업원이 고객이 한 말을 다시 한번 똑같이 말하는 기법을 NLP에서는 백트랙킹이라고 한다. 다시 추적하여 반복하는 것을 말한다.

백트레킹은 훌륭한 공감대를 만들 수 있을 뿐 아니라 상대방의 정보를 보다 정확히 할 수 있게 도와준다. 본질적으로 백트레킹은 상대방이 한 말을 그대로 다시 하거나, 핵심단어 몇 개만으로 요약할 수도 있고, 주요한 구매 규범을 확인하는 방법도 가능하다. 가령 상대방이 말을 다 마치면, "귀하께서 원하시는 바를 정리하면 결국 ○○을 원하시는 거죠?"라고 물을 수 있다. ○○에 해당되는 단어가 중요하다. 고객이 뜻하는 키워드나 문장을 그대로 다시 말하는 것이 좋다.

"디자인도 중요하지만 차는 무엇보다 안전성이 뛰어나야죠."
"아, 고객님께서는 이 차의 안정성을 중요하게 생각하신 거죠?"

'안정성'이라는 단어를 말할 때 고객의 얼굴과 표정을 잘 살펴서 어떤 반응인지를 체크해보면 얼마나 효과적인지를 측정할 수 있다. 고객은 자신의 말을 귀담아 들은 것으로 받아들이므로 당신에게 더욱 개방된 자세를 보일 것이다.

고객은 늘 자기를 이해하고 납득해주길 바란다는 사실을 늘 기억하자. 백트레킹은 공감대를 형성하고 유지하는 데 막강한 성능을 보인다. 주의할 점은 반드시 고객이 말한 단어 그대로 써야 한다는 점이다. 단어는 일반적으로 유사한 뜻으로 여러 개가 존재한다. 고객이 한 말과 같은 뜻이지만 그 단어가 아니면 고객의 무의식은 은연 중에 거부당하는 느낌을 받는다. 그렇게 되면 공감대는 약해진다. 백트레킹이 효과적인 이유는 상대방의 입장에서 보자면, 자기가 사용한 언어를 타인을 통해 재생한 느낌을 주어서 효과적으로 동질감을 주기 때문이다.

VAK

인지적 필터 혹은 표상체계는 인간의 오감(시각, 청각, 촉각, 미각, 후각)에 감정(emotions)이 더해진 구조를 지닌다. 사람이 세상을 인식하는 방법을 인지(perception)라고 하는데 인지적 필터는 이러한 감각기관을 통해 여과된 데이터를 기반으로 세상을 인지하게 된다. 시각적인 장면, 청각적인 소리, 촉각적인 느낌, 냄새와 입맛, 감정을 통해 정보를 수집하여 두뇌에 인식한다. NLP에서는 이러한 감각기관을 통해 정보를 수집·처리하는 역할을 하는 시스템을 표상체계(representational system)라고 한다.

재미있는 것은 사람은 오감과 감정을 모두 사용하지만 개인마다 선호하는 감각기관이 있다는 사실이다. 이 사실을 효과적으로 사용하면 고객이 원하는 방식으로 부드럽게 접근할 수 있다. 즉 고객의 표상체계를 식별하여 그에 맞게 표현해주면 고객의 무의식이 깨어나게 되어 친근감과 호감이 생기고 성공적인 클로징으로 연결할 수 있는 것이다.

오감 중에서 일반적으로 주로 세 가지를 영업적으로 활용할 수 있다. 바로 시각(visual), 청각(auditory), 촉각(kinesthetic)이 그것이고 요약해서 VAK라고 표현하며 고객이 VAK 중에서 어떤 표상체계에 더 민감한지를 간파하는 것이 첫 미팅에서의 영업 포인트가 된다.

고객이 말하는 내용을 잘 보면 세 가지 표상체계 중에서 어떤 것을 더 선호하는지 알 수 있고 이를 확인하기 위해 그 표상체계를 활용한 단어를 사용하여 질문과 제안을 해보면 고객의 미묘한 반응이 드러나게 된다는 사실에 놀라게 될 것이다.

일반적으로 시각 선호 비중이 40%, 청각 20%, 촉각 40%라고 추정한다. 선호 표상체계는 여러 가지 표상체계 중에서 해당 표상체계를 상대적으로 더 선호한다는 의미이지 그것만을 사용한다는 뜻은 아니다. 상대방에게 강력한 인상을 줄 수 있는 가능성이 그만큼 크다는 의미에서 선호 표상체계라고 명명한다는 뜻이다. 후각과 미각이 유난히 뛰어난 사람도 있지만 상대적으로 적은 편이고 실제 영업현장에서 후각과 미각을 사용하기엔 제약이 있다는 점도 감안할 필요는 있다.

상대방과 일치하는 표상체계를 지닌 경우 영업자는 왠지 통하는 고객인 느낌이 들고 고객 역시 영업자에 대해 편안한 느낌을 갖게 된다. 영업자는 VAK 세 가지 방식의 표상체계를 인식하고 효과적으로 표현해내는 방법을 익히면 거의 모든 고객에 대해 기본적으로 초반 저항감을 상당히 줄일 수 있다. 엔지니어나 건축가는 잘 발달된 시각적 능력을 갖고 있고, 음악가나 작곡가는 청각적 능력을, 간호사나 간병인은 촉각적, 감정적 능력을 더 가진 경우가 많다. 물론 모든 경우는 아니다. 주방장은 미각과 후각에 아무래도 더 강점이 있을 가능성이 높다. 와인전문가는 시각과 후각, 미각이 고루 발달한 경우 더욱 유능한 평가를 받을 가능성이 높다.

이렇듯 우리는 개인적으로 선호하는 표상체계를 통해 세상을 이해하고 또한 자신을 표현한다. 표상체계를 통해 우리는 저마다의 마음속 지도를 형성하며 그 지도를 중심으로 인생을, 미래를 개척한다.

왠지 통하는 사람이란 나와 같은 선호 표상체계를 가진 경우가 상당히 많다. 이에 착안해서 표상체계를 중심으로 영업을 전개할 수 있다. 어떻게 하면 고객의 표상체계를 파악할 수 있을까? 여러 가지 접근 단서가 있겠지만 여기에서는 두 가지 포인트로 압축하고자 한다.

첫째, 상대방의 언어 중 술어(predicates)를 분석하는 방법이다. 술어란 형용사, 동사, 부사 세 가지로 구성되어 있다. 상대방이 자주 구사하는 술어가 바로 그 사람의 선호 표상체계라고 보는 방법이다. 술어는 오감을 나타내는 단어로 구성되어 있는 경우가 많기 때문이다.

둘째, 말하는 템포(tempo)에 따른 분별이다. 술어를 유심히 보면, 들으면, 느끼면, 그 안에 선호 표상체계를 발견할 수 있다. 시각적인 사람은 "내가 보기엔 그렇게 보이네", 청각적인 사람은 "내가 들은 바로는 이렇지", 촉각적인 사람은 "내 느낌이 팍 당겨지네"라고 표현한다.

여러분도 잘 살펴보면 스스로 대화할 때 어떤 감각적인 술어를 사용하는지 알게 된다. 무의식적 무능력 상태인 여러분은 이제 의식적 무능력 상태가 된 것이고 이후에 의식적 능력, 더 나아가 무의식적 능력으로 개발해낼 수 있을 것이다. 이제 고객이 하는 말을 경청하면서 VAK 중 어떤 표상체계를 주로 사용하는지 주목할 수 있다.

영업초반에 이 포인트를 알아 채는 것은 너무도 중요하다. 그 결과를 토대로 제품을 설명하고 가치를 보다 효과적으로 전달할 수 있기 때문이다. 설레지 않는가? 고객은 선호표상체계를 사용하여 정보를 걸러내고 자신의 지도에 입각한 의사결정 모드로 가고 있는 것이다.

이러한 과정에서 적절한 시기에 그에 합당한 표상체계를 활용한 표현을 제시하여 고객의 무의식을 터치하면 그만큼 성공적인 클로징에 가까워질 수밖에 없다. 영업자가 VAK별 술어를 써서 자연스럽게 자신의 상품이나 제안을 표현할 수 있을 때 성공은 성큼 다가온다.

대화에서 경청의 중요성이 많이 강조되지만 영업적으로 영양가 있는 경청을 하기 위해서는 VAK 선호 표상체계에 대한 이해력이 수반되면 매우 좋다. 표상체계란 결국 고객이 어떻게 생각하는가를 알 수 있는 단서이기 때문이다.

또 하나의 단서로는 상대방의 말하는 템포와 속도를 관찰해 접근 단서를 포착하는 방법을 들 수 있다. 시각적인 사람은 일반적으로 빠르게 말하는 편이고, 청각적인 사람은 중간 정도, 그리고 가장 느린 타입은 촉각적인 사람이다. 손쉬운 방법이지만 매우 효과가 있다.

흔히 대화를 할 때 말하는 내용이 가장 중요하다고 생각할 수 있으나 이는 정답이 아니다. 말의 내용, 즉 텍스트는 커뮤니케이션 영향력이 전체의 7%에 국한된다. 미국의 심리학자 앨버트 메라비안 박사는 목소리의 특성이 38%, 나머지 55%는 얼굴표정, 제스처, 자세에 달려 있다고 발표했다.

시각적인 타입과 촉각적인 타입이 대화를 하면 왠지 서로 커뮤니케이션이 잘되지 않는다는 느낌을 받는 경우가 많다. 시각적인 타입은 머릿속에 지나가는 많은 양의 시각자료를 최대한 많이 설명하고자 말이 빠른 반면, 촉각적인 타입은 한 마디를 해도 성대와 몸이 울리는 공명을 체험하는 것을 좋아해서 느리게 말을 한다. 따라서 시간이 갈수록 상대방이 너무 빠르게 말한다거나 답답할 정도로 느려터졌다는 푸념을 하게 되는 것이다.

영업자는 상대방의 패턴에 맞추는 연습을 통해 공감대를 형성할 수 있다. 처음엔 다소 어색할 수도 있으나 금세 익숙해질 것이고 전보다 영업하기 부드러운 분위기가 되는 걸 보고 신기할 것이다. 부동산 중개인이 VAK를 사용하여 영업하는 상황을 사례로 살펴보자.

첫 번째 집

손님이 보고 싶어하실 거라고 제가 확신하는 집이 하나 있는데요. 주위환경이 아름답고 정말 그림 같은 집이죠. 심지어 도어벨까지 디자인이 독특합니다. 방이 커 보이고 색상도 훌륭하다는 것을 확실히 보실 수 있을 겁니다. 발코니에 나가면, 아름답게 조화를 이룬 주위 경관을 볼 수 있지요. 저녁 노을이 지면 환상적인 색감으로 둘러 쌓인답니다. 손님께서도 스스로 훌륭한 저택을 보았다고 하실 수 있을 겁니다.

두 번째 집

손님이 듣고 싶어하실 거라고 제가 확신하는 집이 또 하나 있는데요. 이 집은 주위환경이 대단히 조용하고 아주 빵빵하게 지어졌습니다. 도어벨조차 듣기 좋은 소리를 냅니다. 손님께서는 방들이 크고 적당한 톤을 지니고 있다는 것을 분명히 말 하실 수 있을 겁니다. 발코니에 나가면 새들이 지저귀고, 미풍이 불어올 때는 그 소리를 들을 수 있지요. 손님 스스로도 분명히 훌륭한 선택이라고 말씀하실 수 있을 겁니다.

세 번째 집

손님이 만족해 할 것으로 제가 확신하는 집이 하나 더 있는데요. 이 세 번째 집은 주위환경이 따뜻하고, 또 매우 튼튼하게 느껴지도록 되어 있습니다. 도어벨조차 환영하는 듯한 느낌을 주죠. 손님은 확실히 방들이 큼지막하고 적당한 느낌을 준다는 것을 알 수 있으실 겁니다. 발코니에 나가면 따뜻한 태양과 부드러운 미풍을 느낄 수 있지요. 손님 스스로도 훌륭한 선택이라고 느끼게 될 것이라고 자신할 수 있습니다.

당신은 어떤 집을 사고 싶은 마음이 생기는가? 위 사례는 세 가지 집을 설명한 것이 아니라 같은 집을 VAK에 입각하여 고객이 선호하는 표상체계로 표현한 것이다. 만일 첫 번째 집을 선택했다면 시각적인 타입으로 볼 수 있고 두 번째는 청각적인 타입, 마지막은 촉각적인 타입으로 볼 수 있다.

노련한 부동산전문가는 고객과 차 한잔 나누면서 그 고객이 어떤 표상체계에 민감한 스타일인지 파악하고 그에 맞추어 집을 묘사했던 것이다. 즉 위의 3가지 집은 사실 하나의 집을 의미한다.

제안하는 대화나 문서에도 이 같은 효과를 이용할 수 있다. 고객의 회사에서 다수의 청중을 대상으로 시연을 하는 경우에도 세 가지 표상체계의 술어를 적절히 혼용해서 사용하면 매우 효과적이다. 만일 고객사의 의사결정권자가 어떤 타입인지 미리 알 수 있다면 시연의 중요한 순간마다 그 선호 표상체계에 맞춰 제안해보라. 클로징이 한결 향상될 것은 자명하다.

고객의 마음속 지도를 여는 두 가지 방법, 선호 표상체계와 말하는 템포, 속도를 체크하는 습관이 들면 고객과 영업자 동시에 서로 무의식적인 상태에서 편하게 대화를 주고 받을 수 있다. 일반적으로 시각적인 타입은 숨을 빠르게 내쉬며 흉부 위쪽의 호흡을 주로 사용한다. 반면에 촉각적인 타입은 숨을 느리게 내쉬며 흉부 아래쪽 깊숙한 호흡을 주로 한다. 청각적인 타입은 이 두 타입의 중간 정도로 호흡한다.

눈동자 움직임 역시 유용한 접근 단서로 인정받고 있다. 우리는 말을 할 때 눈이 자주 움직이는데, 이 움직임을 통해 상대방이 어떤 표상체계를 주로 사용하는지 간접적으로 알 수 있다. 좌우 움직임의 경우 보통 10% 정도의 사람들이 일반적인 방향과 반대 방향으로 작용한다는 점이 변수가 되지만 꽤나 높은 효과를 볼 수 있는 기법이다. 시각, 청각, 감각, 그리고 마음속 생각인 디지털 표상체계를 알 수 있기에 중요한 영업 프로세스 순간에 눈동자의 움직임을 파악하여 시의적절하게 제안하면 효과적일 수 있다. 이 방법은 고난도의 숙련이 필요하다.

가장 쉽게 상대방의 선호 표상체계를 알 수 있는 방법은 말의 템포와 속도이고 그 다음이 호흡패턴, 세 번째가 표상체계가 들어 있는 술어, 그리고 눈동자의 움직임 패턴으로 정리할 수 있다.

만일 누군가 색상에 민감하고 미술을 좋아하며 말이 다소 빠르고 옷이나 책상 등이 잘 정돈된 상태를 선호한다면 시각적인 타입으로 간주할 수 있다. 대화 중에 신체적인 접촉을 자주 하고 말이 느리며 깊은 호흡을 하면 촉각적인 타입으로 볼 수 있다. 청각적인 타입은 글씨나 그림보다는 대화로 설명을 듣는 것을 선호할 가능성이 높다.

감각을 의지대로 바꾸면서 영업자를 거절하는 고객은 거의 없다. 상대방의 커뮤니케이션 스타일이 아주 좋은 단서이므로 이제 공은 당신에게 넘어갔다.

고객에게 보여주는 영업자료도 이제 전과 다르게 할 수 있다. 모든 고객에게 같은 자료를 보여주는 것이 아니라 상대방의 선호 표상체계에 맞는 자료를 준다면 더욱 효과적이다. 시각적인 사람에게는 사진과 도표가 풍성한 자료를, 청각적인 사람에게는 음성메일이나 배경음악을 첨부하면 좋고, 촉각적인 사람에게는 부드러운 공간, 분위기에서 제스처나 신체적인 가벼운 접촉을 잘 활용하면 효과가 좋다.

B.A.G.E.L 모델

NLP에서는 내면의 정신적 과정을 확인하기 위해 행동단서를 식별하는 방법을 사용하는데 이를 B.A.G.E.L 모델이라고 한다. 이러한 신체적 행동요소는 신체자세(body posture), 접근단서(accessing cues), 몸짓(gesture), 눈동자 움직임(eye movement), 언어 패턴(language patterns)으로 나뉜다.

신체자세

- 시각적인 사람: 머리를 뒤로 기대고 어깨는 위로 또는 둥글게, 호흡은 얕게 한다.
- 청각적인 사람: 몸은 앞으로 하고 머리는 한쪽으로 기울이고, 어깨는 뒤로 젖히고 팔짱을 낀 자세를 자주 한다.
- 감각적인 사람: 머리와 어깨는 아래로, 심호흡을 깊게 한다.

접근단서

- 시각적인 사람: 시야를 의식하고 등을 세워서 직립한다. 즉 어깨에서 등까지의 근육이 긴장하고 있다. 자세를 높게 유지하기 위해 가슴 상부에서 얕고 빠른 흉식호흡을 한다. 시각에 보이는 정보를 모두 말로 하기 위해 말하는 속도가 빠르다. 얕은 호흡에 의해 목소리 피치는 높다.
- 청각적인 사람: 음과 말을 의식하고 머리와 귀를 좌우 어느 한쪽으로 자주 기울인다. 간혹 가슴 위치로 팔짱을 낀다. 자신의 목소리를 컨트롤하기 위해 가슴 전체를 넓게 사용한 흉식호흡을 한다. 신체 일부를 작고 리드미컬하게 움직이거나 펜이나 다리 등으로 소리

를 낸다. 말하는 속도는 시각형보다는 느리고 감각형보다는 빠르다. 일정한 템포와 억양을 하면서 음악하듯이 대화를 하기도 한다.

- 감각적인 사람: 신체를 의식하고 머리를 낮추고 어깨를 둥글게 하여 앞으로 구부정한 자세를 취한다. 이때 전신근육은 이완상태가 된다. 자세가 앞쪽으로 구부정하기 때문에 깊고 천천히 복식호흡을 한다. 손짓을 크게 하거나 자신의 신체를 타인에게 닿게 하기도 하고 감정을 신체동작으로 표현을 한다. 촉각에 의한 정보를 마음에서 확인하면서 말하기 때문에 말하는 속도가 가장 느리다. 정보로서의 감각과 감정을 마음에서 확인하면서 말로 변환하기 때문에 큰 공백을 두면서 말한다. 깊이 있고 부드러운 낮은 목소리로 차분히 말한다.

몸짓

- 시각적인 사람: 눈을 만지거나 가리키기, 눈 위쪽으로 제스처를 한다.
- 청각적인 사람: 귀 가까이서 몸짓, 귀 쪽을 가리키기, 입이나 턱을 만진다.
- 감각적 사람: 가슴과 배 부분을 만지기, 목 아래쪽에서 제스처를 한다.

눈동자 움직임

자동적이고 무의식적인 눈동자 움직임은 표상체계의 단서로 사용될 수 있다. 눈동자와 대뇌는 인간이 시각적, 청각적, 감각적인 정보에 접촉할 때 눈동자를 일정한 방향으로 움직이게 되어 대뇌의 특정 영역을 자극한다. 상대방의 시선을 통해 많은 정보를 얻어낼 수 있다.

- 시각적인 사람: 눈동자를 위쪽으로 자주 움직인다. 그 상태에서 우측으로 움직인 경우는 새로운 영상을 만들고 있는 것이고, 좌측으

로 움직였다면 과거의 영상을 재생하고 있는 것이다.

- 청각적인 사람: 눈동자를 수평상태에서 좌우로 자주 움직인다. 우측으로 움직인 경우는 새로운 음을 만들어 내고 있다는 것이고 좌측으로 움직였다면 과거에 들었던 음을 떠올리고 있는 것이다.
- 감각적인 사람: 눈동자가 자주 아래쪽을 향한다. 그러면서 우측으로 향한 경우는 신체감각에 접근하고 있는 것이고 좌측으로 움직였다면 자신과의 내적인 대화를 하는 중이다.

이 표준적인 패턴은 오른손잡이를 기준으로 한 것으로, 왼손잡이인 경우는 반대로 나타날 수 있다. 변호사에게 의뢰하는 고객은 때로 거짓을 말하기도 하는데 이때 눈동자 움직임을 통해 진의를 효과적으로 파악할 수도 있다. 쉽지는 않지만 연습하여 내 것으로 만들 만한 가치가 충분히 있다.

단기적인 기억을 묻는 것은 별 의미가 없다. 왜냐하면 눈동자가 너무 빨리 움직이기 때문이다. 눈동자 움직임을 실전에서 사용하기 위해서는 상대방이 생각을 더듬을 수 있는 내용의 질문을 해야 한다. 대답하기 위해서 뇌가 움직일 때 무의식적으로 눈동자가 움직이기 때문이다. 실습을 통해 이러한 사실을 확인할 수 있다. 그리고 무엇보다 필요한 기술은 고도의 관찰력이다.

언어 패턴

앞서 언급한 VAK 술어선호를 통해 알아본 바와 같이 상대방이 사용하는 감각언어 스타일을 의미한다. 고객과 상담하면서 표준적으로 진행하는 멘트를 세 가지 감각언어로 표현해 놓고 암기해서 사용하는 훈련이 필요하다. 그러면 고객이 '왠지 이 변호사와는 이야기가 잘 되네, 잘 통하네'라고 느끼는 효과가 있다. 상대방은 왜 호감이 가는지 잘 모르면서도 나에게 실질적인 호감을 느끼게 된다.

Truism & yes sets

자명한 사실(truism)이란 누가 봐도 명백한 사실, 즉 이치에 맞는 문장을 의미한다. 변호사 사무실을 찾는 고객은 대개 불안하고 조심스러우며 걱정이 앞서기 마련인데 이때 고객은 예민한 상태이므로 변호사는 사소한 부분에서도 신경을 써야 한다. 그래서 만나서 인사를 나눈 후에는 자명한 사실을 언급해서 서서히 조화로운 상태를 형성할 줄 알아야 한다. 이 기법은 말하는 시점에서의 주변의 그 어떤 모습도 적용 가능하다. 고객은 부정이나 거부를 할 수 없기에 주도권을 세일즈맨에게 넘기는 상황이 온다.

이 기법을 통해 공감대를 더욱 강하게 형성할 수 있고 고객의 마음속 지도를 열 수 있다. 또한, 고객의 입장을 확인하는 질문을 통해 거부감을 줄일 수도 있다. 여기에 부가의문문을 사용하면 더 효과적이다. 대화를 나누는 주변의 어떤 물체, 환경, 소리까지도 이 기법을 적용할 수 있다.

일반적으로 많은 변호사 사무실에서 고객이 들어오면 어떤 일로 왔냐는 식의 질문을 하는데 그런 멘트는 고객을 불쾌하게 할 수도 있다. 너무 사무적이고 건조한 느낌이 들기 때문이다. 첫 인상이 중요한 것처럼 변호사 사무실에 들어온 고객에게도 첫 3분이 매우 중요하다.

고객이 사무실에 들어오는 순간, 아니면 카페에서 만나는 순간 주위에 있는 걸 활용해서 truism을 적용할 수 있다. 몸 밖에 있는 서너 가지의 당연하거나 이치에 맞는 내용을 언급하고 나서 뭔가를 제시하는 내부적인 마음을 향한 문장을 사용하면 듣는 고객은 무의식적인 최면 상태가 되어 제안한 내용을 쉽게 거부할 수 없게 된다.

- 아이구 밖에 비가 많이 오나 보네요. (맞아!)
- 이쪽으로 오셔서 차 한잔 드세요, 향기가 괜찮으실 겁니다. (그렇군!)
- 전담 변호사가 지금 상담 중이니 우선 이 리플릿을 보시면서 편하게 기다려 주시기 바랍니다. (그러지.)
- 그러시면 어떻게 저희가 이 분야에서 지난 5년 동안 최정상을 유지하고 있는지 아시게 될 것입니다. (어, 어, 그렇군!)

즉 3~4개의 truisms + 1개의 지시문을 연결하면 거부하기 어렵다. 왜냐하면 상대방이 마음속으로 계속 yes를 반복(yes sets)하게 만들었기 때문에 갑자기 반대라는 역방향으로 마음을 틀기 어렵다. 심리적인 관성 때문이다.

적극적 경청(Active listening)

영업에서 계약이 되지 못하는 이유는 많다. 그중에서도 의외로 그 중요성이 간과되기 쉬운 것이 바로 경청이다. 모두들 기본 중의 기본이라면서도 여전히 취약한 것이 바로 적극적 경청이다.

경청을 잘 하면 상대방은 고마움을 느낀다. 그리고 공감대가 형성된다. 사람은 자기에 대한 이야기를 오랫동안 들어준 상대방에게 좋지 않은 감정을 갖기 매우 어렵게 프로그래밍 되어 있다. NLP에서 P는 프로그래밍이라는 뜻으로 이런 자동화된 인간의 프로그래밍에 직간접적으로 영향력을 행사한다는 뜻이다.

경청 자체로 설득 효과가 생긴다. 설득력과 경청력은 비례한다. 말하기의 반대는 무엇일까? 그것은 듣기가 아니라 기다리는 것이다. 경청을 잘 못하는 이유는 상대방에게 보일 반응을 미리 생각하거나 주위 환경에 주의를 빼앗기거나 말을 자르기 때문이다. 또한 성심껏 듣는다는 것을 바디 랭귀지로 표현하는 데 서투르기 때문이다. 또 하나, 상대방은 귀신같이 자기의 말을 집중하는지 아닌지 본능적으로 안다는 것이다.

상대방의 말을 들으면서 어떤 감각언어(VAK)를 사용하는지 알아차려야 한다. 시각적(visual), 청각적(auditory), 감각적(kinesthetic) 언어 중에서 사람은 일반적으로 어느 한 쪽을 더 많이 사용하면서 말을 한다. 그래서 설득의 고수는 상대방이 주로 말하는 감각언어를 사용해서 대화를 이끌어 간다. 그러면 공감대가 훨씬 강력해지고 상대방은 자기와 잘 통하는 사람을 만났다는 기분이 든다. 경청력을 향상시키려면 주변에 호기심을 갖고 다양한 정보에 주목하는 연습부터 하라. 고객이 흘리는 미묘한 뉘앙스를 포착할수록 지갑은 더욱 두둑해진다.

상태 정렬

몰입과 관조(Association & dissociation)

롤러코스터를 탔던 때를 기억해보자. 타기 전부터 앞서 경험한 사람들이 내릴 때 짓는 표정을 보면서 긴장은 이미 충분히 된 상태이다. 자리에 앉고 안전장치가 잠기면 덜컹 소리를 내며 롤러코스터가 움직인다. 처음에는 덜덜거리면서 서서히 앞으로 가다가 땅땅 소리를 내면서 하늘 높이 올라간다. 지상으로부터 점점 하늘로 오르면서 빌딩들이 성냥갑처럼 작게 보이기 시작한다. 이윽고 시퍼런 하늘이 점점 시야를 차지한다. 이제 거의 굴곡섬 성상에 이르러 움직임이 느려졌다고 생각할 때쯤 갑자기 엄청난 속도로 아래로 고꾸라진다. 다시 올라갔다가 좌우로 강렬한 마찰과 함께 정신 없이 핑핑 돌고 몸이 사방으로 뒤틀린다. 가슴은 터질 것처럼 뛰고 코에선 뜨거운 김이 물씬 나며 온몸의 피가 역류한다. 꼭 죽을 것만 같다. 입은 이미 바짝 타버렸고 귀에선 천둥소리의 열 배나 되는 굉음이 터진다. 고함을 너무 질러 이제는 소리마저 나오지 않는다. 언제쯤 이 상황이 끝날까 하는 생각마저 공포에 눌려 사라진다.

이런 경험을 NLP에서는 주관적인 몰입(association)이라고 한다. 자신의 감각기관을 통해서 상황을 인식하는 상태를 말한다. 이와 반대로 객관적인 상태에서 내가 처한 상황을 마치 영화 보는 것처럼 인식하는 방법을 객관적인 관조(dissociation)라고 한다. 내가 롤러코스터 타는 모습을 찍은 화면을 재생하여 마치 영화처럼 바라보는 것이 바로 관조이다.

다시 말해 몰입에서는 내 몸이 보이지 않고 관조에서만 보인다. 보는 관점이 다른 점을 활용하면 감정과 기분을 달리 느끼게 하는 효과가 생긴다. 영업에서는 두 가지 관점에서의 활용이 가능한데 첫째는 영업자 자신의 마인드컨트롤에 적용하여 긍정적인 감정과 자세를 강화할 수 있고, 둘째는 고객에게 주관적이거나 객관적인 시각에서의 경험을 제공하여 효과적인 체험의 포인트를 제공한다.

객관적 관조 관점에서 롤러코스터 타기를 다시 경험해보라. 떨어져서 사람들의 억제된 소리를 듣고 관찰자 입장에서 고요함과 안정성을 느끼면서 멀리서 스스로를 바라보라. 경험의 내용은 같지만 느끼는 감정의 강약은 많이 다를 것이다.

높은 빌딩 꼭대기에서 떨어지는 꿈을 꾼 적이 한번쯤은 있을 것이다. 너무나 무섭고 놀란 나머지 괴성을 지르고 어마어마한 공포가 밀려와 잠에서 깼을 것이다. 그만큼 공포가 실제로 느껴졌기 때문이다. 몰입

상태는 그만큼 강렬한 인상을 충분히 준다.

이와 대조적으로 영화 속 연기자가 낭떠러지로 떨어지는 장면을 본다면 어떨까? 물론 어느 정도의 공포감이 밀려 오는 것은 맞지만 내가 직접 경험하는 것 같은 강렬한 자극은 아닐 것이다. 관조는 객관적인 시각을 지니고 있기 때문이다.

일반적으로 어떤 경험이 긍정적이면 상대방에게 몰입 상태를 주고 싶고, 부정적이면 관조 상태를 제시하여 커뮤니케이션의 효율성을 제고할 수 있다. 몰입에서 긍정적인 느낌은 더욱 강화되는 반면 부정적인 느낌은 관조를 통해서 어느 정도 중화시킬 수 있기 때문이다.

소송 관련해서 급한 마음으로 변호사를 찾아오는 고객의 경우, 격양된 상태이기 때문에 자기 입장에 젖어 있는(association) 경우가 많다. 고객과의 공감대 형성 차원에서 계속 동의하고 받아주기만 하고 좀처럼 대화가 진전되지 못한다면 이제 고객의 마음 상태를 객관적인 관점(dissociation)으로 보여 줄 필요가 있다.

"그렇다면 고객님은 이 사태에 대해서 ○○이라고 보고 계시는군요."

이 말을 들은 고객은 감정에서 빠져 나와 흥분한 자기 모습을 인식하고 점차 냉정을 되찾을 수 있다. '보고 있다'라는 표현은 상대방의 입장을 관조상태가 되게 해준다. 이처럼 유능한 설득자는 상대방의 상태를 조정하고 나서 본론으로 넘어간다. 또한 고객이 과거 어떤 시점에서 난감한 상태가 되어 문제 해결 능력이 떨어져 있을 때라면 "그 당시에 무엇이 고객님을 꼼짝 못하게 만들었다고 보시는지요?"라고 물으라. 그러면 고객은 그 당시를 회상하면서 보다 객관적이고 이성적인 자세로 스스로를 바라볼 것이다. 이 개념은 본격적인 상담에 들어가기 전에 요긴한 기법이다.

지각적 입장 변화(Perceptual position change)

　상황에 대한 이해를 넓히고 새로운 시각을 할 필요가 있을 때, 관점의 기준을 변화시켜서 보다 유연하고 객관적인 사고로 전환할 수 있다. 변호사는 고객의 편에 서야 하지만 무턱대고 그럴 수는 없다. 왜냐하면 판결은 판사가 내리기 때문이다. 즉 변호사가 아무리 고객의 입장에 공감하고 대변해도 판결에서 이긴다고 장담할 수 없다. 그래서 이것저것 고객에게 사실을 확인하고 기타 여러 세부 사항을 알아가는 과정에서 고객의 기분이 상하거나 섭섭해 하는 경우가 종종 생긴다. 이 기법은 이럴 때 효과적으로 사용할 만한 기법이다.

　고객은 지금 자기 관점에 치우쳐 있어서 상황을 객관적으로 바라보지 못하고 있다. 그들은 자신들의 가치관에 갇혀 있는 것처럼 보인다. 이때에는 고객의 지각적 입장(perceptual position)을 바꾸어 보는 것이다.

　개인이 특정 경험을 지각하는 것을 받아들이는 세 가지 입장, 제1(자아), 제2(타인), 제3(관찰자)의 입장으로 살펴보게 한다. 제1의 입장은 '일인칭' 관점으로 우리 자신의 눈을 통해서 사물을 경험하는 것이고, 제2의 입장은 '상대방의 입장'에 처한 것처럼 사물을 경험하는 것이며, 제3의 입장은 '관찰자'의 관점에서 뒤로 물러서서 자신과 상대방 간의 관계를 인식하는 것을 말한다.

　이를 실전에서 활용할 때는 의자를 하나 더 갖다 놓는 것이 필요하다. 고객과 대화를 하다가 제2의 입장을 경험하게 한다. 당신의 자리로 고객을 앉히고 고객의 원래 자리에는 고객이 있다고 가정하게 하는 것이다. 즉 고객은 자기의 모습을 정면에서 보는 것이다. 그렇게 상황을 설정하고 상대방에 입장에서는 고객의 모습이 어떻게 보이는지 체험하게 한다. 무엇이 보이는지, 들리는지, 느껴지는지를.

　그리고 나서 다른 의자로 고객을 옮긴다. 그리고 고객이 있었던 두

지점을 바라보게 한다. 이것이 바로 제3의 관찰자 입장이라고 설명한다. 즉 판사의 시각이다. 분쟁의 당사자 두 명이 각각 주장하는 걸 바라보는 제3의 입장을 고객이 체험하게 하는 것이다. 그렇게 물리적인 자리를 이동해서 자신의 모습을 객관적으로 볼 수 있게 하는 것이다. 좀 생소한 방법이어서 망설이실 수 있으나 이 방법은 꽤 강력한 효과를 보인다. 말로만 상대방이나 판사의 입장이라고 하는 것과 엄청난 차이가 있다는 사실을 깨닫게 된다. 그럼으로써 소송 준비를 더욱 효과적으로 준비할 수 있다. 또한 변호사한테 배신을 당했다는 식의 억울한 상황을 미연에 방지할 수도 있다. 동료 변호사들과 함께 몇 차례 실습을 해보면, 손쉽게 실무에서도 활용할 수 있을 것이다. 그리 어렵지 않으면서도 효과는 만점이다. 비록 패소를 해도 이후 고객이 클레임을 거는 확률도 크게 줄일 수 있다.

고객 니즈 파악

다양한 질문법

전문직은 전문성을 강조하고 업적을 소개하는 식의 정보나열을 통해 고객설득에 나선다. 하지만 그것만으로는 계약에 이르기는 부족하다. 이제 고객에게 적절한 질문과 대응을 하여 한 단계씩 클로징을 향해 나아가야 한다. 질문을 통해 얻는 것은 답만이 아니다. 질문을 통해 고객의 구매전략에 영향력을 행사하여 계약에 이르게 하는 것이 더 큰 목적이다. 질문과 대답이 부드럽게 오갔는데 수임이 되지 않았다면 그 과정에서 뭔가 잘못된 것이 있는 것이다.

질문을 통해 대화의 주도권을 잡고 반론에 맞서야 한다. 그리고 질문으로 반론을 잠재워야 하고 작은 'yes'를 지속적으로 얻어낸다. 적절한 타이밍에서 클로징으로 유도하는 질문을 던져야 한다. 갈팡질팡하는 고객을 행동으로 유인하는 것도 모두 기막힌 질문에 달려 있다.

질문 기법이 중요하지만 그걸 외워서 말한다고 다 되는 것은 아니다. 가장 큰 이유는 성공적으로 공감대를 형성하지 못해서이다. 질문을 하려면 그에 앞서 상대방이 대답할 만한 것인지 확인해야 한다. 답하기 어려운 질문을 던지면 고객은 위협을 느끼거나 불쾌할 수도 있기 때문이다. 기본적으로는 대답하기 쉬운 간단한 것부터 하고 이후 다양한 질문 기법을 적절하게 사용한다. 질문리스트를 작성하고 다음의 기법을 활용해서 적절하게 시나리오를 짜고 실습하면 계약 확률은 크게 오를 것이다. '고객이 알아서 현명한 결정을 해주겠지'라고 기대하는 것은 순정으로만 짝사랑을 하는 농촌 총각이나 다를 바 없다.

⌕ Open/closed questions

개방형 질문은 여러 가능성을 열어두고 고객이 어떤 방식으로든 대답할 수 있게 제한을 두지 않는 질문 유형이다. 흔히 말하는 '5H1H 법칙', 즉 '누가, 무엇을, 언제, 어디서, 왜, 어떻게'라는 육하원칙을 활용한 질문이다. 이에 대한 고객의 대답에서 공략할 포인트와 작전을 수립할 수 있는 재료를 얻을 수 있다.

기본적으로 해야 할 개방형 질문을 최소한 예닐곱 개를 보유하고 있다가 대화가 끊기거나 고객의 대답이 짧아지는 느낌이 들 때 개방형 질문을 통해 대화에 활력을 불어 넣을 필요가 있다.

- 변호사를 보실 때 주로 어떤 면을 중시하시는지요?
- 고객님은 이 사건의 승소 확률이 어느 정도라고 생각하시는지요? 그리고 그 이유는 무엇인가요?
- 살펴보니 이전에 다른 변호사와 진행을 하셨더군요. 혹시 이전 변호사에게 어떤 면에서 불만이라도 있으셨던 건가요?

이때 효과를 더욱 높이려면 적절한 바디 랭귀지도 중요하다. 손바닥을 가끔 보여주는 것이 좋다. 그리고 고객 쪽으로 상체를 약간 기울이고 진지한 눈빛으로 부드럽게 응시한다. 만일 질문은 개방형으로 적절하게 던져놓고 딴청을 피우는 등 주의가 산만해지면 고객은 이내 알아차리고 마음의 문을 닫을 것이다. 고객은 개방형 질문에 답을 하려면 생각도 해야 하고, 어떤 순서로 말할지 머릿속이 바빠진다.

이제 남은 것은 적극적인 경청과 주의 깊은 관찰이다. 고객의 몸에서 나오는 모든 정보에 주의를 집중하고 접근 단서를 마련해야 한다.

폐쇄형 질문은 특정 대답을 유도하는 질문이다. 일반적으로 '예', 혹은 '아니오'로 짧게 대답하게 된다. 대화 초기에는 '예'가 나올 수 있는 일련의 질문이나 묘사가 이어지는 것이 좋다(truism). 폐쇄형 질문이 개방적 질문보다 낮은 수준의 질문법이라고 생각하는 경우가 종종 있는데 그렇지 않다. 두 가지 방법을 적절하게 사용하는 것이 좋은데 이는 고객의 커뮤니케이션 스타일과도 상관이 있다. 즉 고객이 외향적이고 대화를 잘 하는 경우라면 개방형 질문을 통해 고객 스스로 많이 말하게 하고, 이를 확인하고 주의를 집중하는 목적으로 폐쇄형 질문이 이어지는 것이 좋다.

반면 소극적이거나 내향적인 고객에게는 처음부터 무리하게 개방형을 쓸 필요가 없다. 이때에는 선택을 하게 하거나 예를 드는 식의 질문으로 변형하거나 어느 한 부분에서 물꼬가 터진 경우 그것에 대해 심층적으로 물으면서 점차 개방형 질문으로 바꾸는 것이 노련한 방법이라 하겠다.

🔍 Dissociated questions
고객이 자기 감정에 너무 몰입(association)해 있는 경우 원활한 진행이 어렵게 된다. 이때는 의식의 관점을 바꿔야 한다. 즉 관조(dissociation)를 유도하는 질문이 바로 이 기법이다.

"그것에 대한 고객님의 생각은 무엇인가요?"
"그런 그들의 대응에 대해 어떻게 느끼고 계신지 말씀해주시겠어요?"
"지금 고객님의 입장을 좀 더 객관적인 시각으로 본다면 어떠신 것 같으세요?"

이런 질문을 통해 이제 고객은 롤러코스터를 타는 상태에서 롤러코스터를 타고 있는 자기 모습을 보는 객관적인 입장이 되면서 냉정을 되찾게 되고 현실적으로 준비해야 할 것에 대해 주목하게 될 것이다. 더불어 이 변호사는 이전에 상담한 다른 변호사들과는 뭔가 다른 능력이 있어 보이고, 신뢰가 간다는 느낌이 들게 해준다.

🔍 Tag questions
자명한 내용의 문장 끝을 의문문 형식으로 만들면 부가의문문이 된다. 자명한 이치란 거의 모든 사람에게 참인 문장이나 명백한 사실을 말한다.

"고객님은 빨리 이 소송을 해결하고 이전의 행복한 생활로 돌아가고 싶으신 겁니다. 그렇지 않은가요?"
"벌써 두 명의 변호사를 거쳐서 제게 오셨네요. 이제는 정말 확실하게

정리가 되는 걸 바라시겠네요, 그렇지 않으세요?"

이런 부가의문문에 대부분은 "예"라고 할 것이다. 그러면서 자기의 마음을 들킨 것처럼 놀랄 수도 있다. 이런 말을 할 때에는 문장을 잘 만드는 것도 중요하지만 처음 만난 고객이라도 이미 익히 잘 알고 있는 것처럼 말하는 것이 중요하다. 자신감 없이 사용하면 오히려 전문가로서 실력이 없을 수도 있다는 불안감을 줄 수도 있기 때문이다. 여기에 고객의 선호 감각체계에 맞춰 질문이나 대답을 하면 더욱 좋다. VAK 기법을 참조하기 바란다.

🔍 Negative questions

이건 좀 재미있는 방법이면서 고수들이 애용하는 필살기 중의 하나이다. 상담 초반에 이례적으로 부정적 질문을 던진다.

"선생님께선 왜 구태여 변호사에게 의뢰를 하려고 하십니까? 저는 의뢰를 받지 않습니다."

이는 대부분의 가망고객에게 신선한 충격을 준다. 다들 수임을 하려고 난리인데, 고객한테 잘 보이려고 노력하고 그러는데 '이건 뭐지?'라고 충격을 받을 것이다. 세일즈 고수들은 이러한 놀람기법에 능하다.

일반적이지 않은 돌발질문에 고객의 뇌는 주도권을 빼앗기고 당황하게 된다. 먼저 놀라게 한 후 접근하는 방법은 최면화법 중에서 혼란법에 속한다. 뇌는 놀라면 빠르게 다시 원래의 균형을 찾으려는 본능이 가동된다. 이후의 제안에 대해 이성적인 판단을 내려놓고 일단 수용하려는 뇌의 성질을 활용한 노련한 기법이다.

이에 고객은 당황하면서 왜 그러는지 이유를 물을 것이다. 이때 "왜냐하면 아직 저는 고객님에 대해 잘 모르고 어떤 상황인지 아는 바가 없기 때문이죠"라고 한다. 그러면 고객은 "아, 그런 거군요(속으로 안도

하면서). 난 또⋯"라는 식의 반응을 보일 것이다.

이어서 본격적인 상담에 들어가면 초반 공감대 형성 작업이 약했더라도 신기하게 상담이 잘 이루어질 것이다. 놀란 뇌가 저항필터를 내려놓기 때문이다. 한편 여기에 '전제(presuppositions) 기법'을 가미해도 좋다.

"고객님의 상황에서 이렇게 수임료가 비싼 고급 변호사를 고려하시는 이유는 무엇인가요? 부담이 크실 수도 있습니다."

그냥 변호사가 아니라 고급 변호사라는 전제를 심은 것이므로 부담이 클 수도 있다는 대목에서 고객의 자아를 꿈틀거리게 하는 효과도 넣은 표현이다. 이 기법은 어느 정도 지위나 재력이 있는 대상자에게 해야 제대로 먹히지, 그렇지 않으면 오만하거나 재수 없다는 식의 비판을 받을 수 있다. 이렇게 말했는데도 계속 대화를 하자고 하면 나중에 가격이 비싸다고 조정을 요구할 가능성이 낮아진다. 왜냐하면 처음에 수임료가 비싼 걸 알고 시작했기 때문이다. 가격저항을 효과적으로 낮출 때 요긴하게 사용해도 좋다.

🔍 Double bind questions

잠재고객에게 두 가지 대답을 제시해서 하나를 선택하게 하는 질문이다. 이 기법은 최면화법 중 전제(presuppositions)에 해당한다. 어차피 선택을 한다는 기본 전제가 포함되어 있어서 고객은 일단 어떠한 선택을 하게 된다. 이 질문에 '아니오'라고 대답하기는 어렵다. 이때 선택지는 선택할 것 중에서 하부 메뉴여야 한다.

"저에게 의뢰하시겠어요, 아니면 마시겠어요?"는 잘못된 활용이다. 계약을 안 하겠다는 말이 나올 수 있기 때문이다. 이럴 때에는 "지금 계약을 하시겠어요? 아니면 출장 갔다 오시는 다음 주 월요일에 하시겠어요?"가 맞다. 이러면 고객은 어떤 선택을 하든지 어쨌든 계약을 하겠다는 말이 나올 가능성이 높아진다고객을 방문할 때도 마찬가지이다. "오늘 오후에 찾아뵐까 하는데 괜찮으세요?"라는 질문보다는 "고객님, 제가 오늘 그 부근에 미팅이 있어서 갑니다. 그래서 간만에 찾아뵐까 하는데 3시와 5시 언제가 더 좋으세요?"라고 물어야 좋다.

이제 차이가 보일 것이다. 클로징에서도 쓸 수 있다. 고객이 망설이고 있을 때 마냥 기다리지 말고 잠시 후에 이렇게 묻는다. "착수금은 오늘 지불하시겠어요, 아니면 출장 갔다 와서 하시겠어요?" 이윽고 고객이 둘 중 하나를 언급한다면 계약체결이 된 셈이다. 변호사도 시간과 노력을 들여 상담을 하고 이제 마지막 수임결정을 해야 할 시점인데, 그저 고객의 오케이 사인만 기다리고 있으면 안 된다. 이때 적절한 이 질문법으로 들이대야 한다.

상담이 끝나고 이제 계약만 남았는데 멀뚱멀뚱 서로 바라만 보고 침묵이 흐른다면 이때는 위기이다. 고객이 의뢰를 확정할 때까지 착하게 (?) 기다리기만 해서는 안 된다. 이때 이 기법을 통해 마무리를 하면 된다. 고객이 끝내 선택을 하지 못한다면 이때에는 "고객님, 혹시 제가 미처 알지 못한 사항이 있으신지요?"라고 물어서 고객의 고민 포인트를 제대로 파악해야 한다.

Menu questions

고객에게 제시할 대안이 셋 이상인 경우 이것을 나열하고 그 안에서 선택하게 하는 질문이다. 앞선 더블 바인드(double bind)의 확장편으로 마찬가지로 전제기법에 속한다.

"고객님 지금까지 함께 살펴본 결과 우리가 그 소송에 대응하는 방법으로는 A, B, C 그리고 D가 있습니다. 이 중에서 지금 가장 마음속에 있으신 건 어떤 건가요?"

고객이 하나를 선택하면 그 내용을 세세하게 묻는 청킹 다운

(chunking down) 질문을 이어서 하면 된다. 만일 이 넷 중에서 둘을 언급하면, 앞선 더블 바인드와 동일한 조건이 되므로 다시 묻거나 그 둘에 대해 어떻게 생각하는지 청킹 다운으로 접근해도 좋다.

🔍 Chunking up & down questions

청킹(chunking)은 기억 대상이 되는 자극이나 정보를 서로 의미 있게 연결시키거나 묶는 인지 과정을 지칭한다. 사고를 거시적으로 하게 할 때는 청킹 업(chunking up)을, 세부적으로 작게 쪼개서 답을 유도할 때는 청킹 다운(chunking down)을 활용한다.

사람은 개인별로 정보를 인지하는 기본 단위가 다르다. 어떤 사람은 세부적으로 생각하고 또 어떤 사람은 큰 관점을 선호하는 것도 다 이 청킹의 구조가 다름에 기인한다.

- 청킹 업(chunking up): 일반적이고 보편적이며 전체적인 견해를 물을 때
  • 저희 법률서비스가 어떤 면에서 도움이 된다고 보시나요?
  • 어떻게 도와드리면 될까요?
  • 만일 이번 소송에 적절히 대비하지 못한다면 앞으로 어떤 일이 일어날 것 같으세요?

- 청킹 다운(chinking down): 세부적인 사항에 대해 답을 얻고 싶을 때
  • 이런 특별한 상황인데도 아직까지 법률서비스를 채택하지 않은 구체적인 이유가 무엇인가요?
  • 구체적으로 제가 어떻게 해드리면 진정하시겠어요?
  • 정확히 어떤 부분에 대해서 궁금하신지요?

계약을 마무리하려는 과정에서 여전히 고민하는 고객이 자주 있다. 의뢰를 하긴 해야 하는데 결론을 내리지 못하고 있다면, 이때 청킹 업

질문으로 고객 스스로 거시적인 관점에서 자신을 돌아보게 하는 것이다. 그래도 결론을 내리지 못하거나 말을 하지 않으면 이번엔 청킹 다운으로 접근해서 구체적으로 뭐가 걸림돌인지 묻는다. 이렇게 사고의 기준을 넓혔다 좁혔다 하는 과정을 유도하여 고객이 스스로 결정하게 돕는 것이 중요하다. 지속해서 공감대 형성기법을 쓰면서 중간중간 미소를 잃지 않으면 더욱 좋다. 진지하게 경청하는 자체로 큰 설득효과가 있다는 사실을 늘 견지하자.

🔍 3 step questions

이 기법은 상대방에게 신뢰감을 주면서 거절하지 못하도록 설계되었다. 구체적인 단계는 다음과 같다.

1단계: 분쟁 여지가 없는 명백한 사실적인 내용을 언급한다.

2단계: 당신의 경험을 통해 얻는 개인적인 고찰에 대해 언급한다.

3단계: 앞선 두 단계를 아우르는 개방형 질문을 한다.

1단계: "아시다시피 고객님, 대부분의 사람들이 변호사에게 올 때에는 특별한 경우에라야 옵니다."

2단계: "그간의 제 경험에 따르면 성공한 분들일수록 사전에 이런저런 리스크에 대비해서 구체적인 대비책을 가진다는 사실을 발견했습니다. 막상 일이 터지고 나서 수습하는 과정은 쉽지 않고 처리에 드는 기회비용이 막대하기 때문입니다."

3단계: "고객님과 같이 사회적으로 성공하신 분들에게는 이제 전문 변호사를 통한 법률자문은 필수적이라고들 하는데, 이것에 대해 어떻게 생각하시는지요?"

이렇게 한다고 다 계약으로 이어지지는 않겠지만 어렵지 않고 상당한 효과를 내는 방법이다. 이때 '고객님 같이 성공하신'은 미묘한 최면 기법으로 마음읽기(mind reading)에 해당한다. '어? 어떻게 알았지?'혹 은 '흠, 그렇게 나를 봤다는 거지?'라는 생각을 갖게 해준다. 직관적으 로 상대방을 좋게 묘사해서 스스로 그 틀을 벗어나지 못하게 만드는 효과가 있다.

삭제, 왜곡, 일반화

삭제, 왜곡, 일반화는 일상생활에서 이미 빈번하게 사용하는 것으로 최소한의 표현으로 의미를 전하려고 하려는 경제적인 화법을 추구하는 과정에서 무의식적으로 자주 나온다. 그로 인해 때로 서로 오해가 생 길 수도 있고 편견이 조장되기도 한다. 하지만 이러한 요소가 무엇인지 안다면 소통력도 증가하고 고객의 사고를 환기시켜 줄 수 있어서 영업 에서 중요한 역할을 할 수 있다. 고객 역시 이러한 정보의 여과 작용에 적용받은 채 말하기 때문이다.

사람이 저마다 세상을 각기 다르게 인식하는 이유는 우리가 처리할 수 있는 데이터의 수량이 제한되어 있기 때문이다. 매 순간 인간이 처 리할 수 있는 데이터의 수는 5~9개인데 반해 환경이 제공하는 정보의 양은 이보다 수천 배 이상 많기 때문이다. 제한된 용량을 수용할 수밖 에 없는 상태에서 인간은 여러 정보를 선택할 수밖에 없는데 이 과정 에서 정보의 삭제화, 오류화 및 일반화가 필연적으로 생긴다.

🔍 삭제

이 과정은 우리가 의식적 혹은 무의식적으로 특정한 경험에 대해서 집중하고 있을 때 이루어진다. 삭제하지 않으면 우리는 모든 일의 세세한 사항까지 일일이 다 설명해야 한다. 삭제가 없으면 뇌는 과부하가 걸릴 것이다. 그러므로 중요하지 않은 세부사항은 삭제하는 것이다.

"아니 수임료가 그렇게 비싼가요? 누가 그리 높은 가격에 맡기나요?"

고객은 진짜 가격이 높다고 여길 수도 있고, 가격협상에서 유리한 고지를 차지하기 위해 일단 비싸다고 던져놓는 걸 수도 있다. 이에 대한 대응은 다양하다. 고객이 어떻게 말했든 일단 보조를 맞추는 것이 좋다. 처음부터 반대 입장을 말하면 그 내용이 합리적이건 논리적이건 상관없이 공감대에 손상이 가기 때문이다. 일단 이렇게 비켜 나가는 수가 있다.

"고객님은 저희 수임료가 높다고 보시는군요."

그렇지 않다는 내심이 깃든 동조의 표현이다. 이건 최소한의 룰이다. 고객이 어떤 마음으로 언급했든지 인정만 해서는 구매의욕을 끌어 올리기 힘들다. 여기에서 '보시는군요'는 관조 화법이다. 객관적으로 상황을 보게 해서 상대방의 생각을 덜 주관적으로 만드는 효과가 있다.

위 문장을 다시 살펴보자. 뭔가 이상한 점을 발견했는가? 그것은 바로 뭔가 삭제되었다는 점이다. 대체 무엇과 비교해서 더 비싼 건지, 비싸다는 기준은 무엇인지, 이 제품의 가치와 제대로 비교를 해본 건지 등이 생략된 압축형 문장이라는 사실을 발견했는가?

우리가 나누는 대화 속에서는 이러한 삭제형 문장이 적지 않다. 특히 푸념, 원망, 아쉬움 등을 나타내는 문장에는 삭제가 숨은 경우가 많다. 이제 우리의 역할은 이러한 삭제형 문장에 담긴 구체적인 이슈를 고객 스스로 떠올려서 다시 생각하게 유도하는 것이다. 익숙한 것에서 이전과 다른 의미를 찾을 때 굉장한 느낌이 든다. 자, 어떻게 하면 좋을까?

"무엇과 비교해서 비싸다는 말씀이신가요?"
"염두에 두신 가격보다 얼마나 차이가 나는데요?"
아예 다른 차원에서 대응하는 방법도 있다.
"맞습니다. 저희 수임료는 분명히 고가입니다. 그런데도 왜 많이들 찾으실까요?"

모든 상황에 딱 맞는 답변은 없다. 이때 변수는 공감대이다. 공감대가 충분히 쌓였을 때는 다소 도발적이고 자신감 있는 답변도 좋은 결과가 나오지만, 같은 대답도 분위기가 무르익지 않았을 때는 당돌하다는 느낌을 줄 수도 있기 때문이다. 또한, 고객의 성향이 주장이 강하고 에너지가 넘치는 타입이면 세 번째 답변이 좋고, 조용하거나 소극적인 경우에는 첫 번째나 두 번째가 유리할 수 있다.

요지는 무심코 던진 말 속에 잘 살펴보면 비교의 대상이 되거나 정확한 주체에 대한 정보가 생략된 경우가 많다는 사실을 깨닫고, 이를 잡아낼 수 있는 능력이다. 변호사 역시 고객과 상담하면서 자주 듣게 되는 거절의 유형을 정리한 후, 하나씩 적절하게 대응하는 멘트를 사전에 작성해 놓고 반복적으로 연습하면 실전에서 그 효능을 체감할 수 있을 것이다.

🔍 왜곡

왜곡은 인식을 잘못했을 때나 특정한 부분이 과장 혹은 축소되었을 때 이루어진다. 영업사원이 상사에게 "오늘 좋은 미팅을 많이 하고 왔습니다"라고 했을 때 상사는 계약을 많이 따왔다는 이야기로 받아들였는데, 사실 영업사원의 의미는 그저 '좋은 미팅'만 했다는 뜻인 경우 왜곡에 해당된다.

고객과 사건 의뢰 상담을 하면서도 충분히 일어날 수 있는 일이다.

215

그래서 서로 같은 이슈를 놓고 전혀 다른 의미로 받아들여서 오해가 생기는 것이다. 서로 언성을 높이며 "아니 내가 언제 그런 식으로 이야기했냐?"는 분쟁이 생겼을 때 왜곡현상인 경우가 적지 않다. 고객이 자신의 처지나 여건을 빗대어서 하는 푸념 속에 이처럼 왜곡이 들어있는 경우가 많다. 고객은 무심코 던진 말이지만 뇌의 의사결정프로세스에서 여과를 거친 결과임을 상기하고 새롭게 해석하고 대응하면 된다.

소송을 마치고 좋았던 고객과 변호사 간의 관계가 소원해지는 경우가 종종 있다. 예컨대, 의뢰인은 당연히 자기 편인 줄 알았던 변호사가 소송진행 과정에서 자기 편이 아닌 듯한 진술을 한다는 느낌을 받는 것이다. 변호사는 의뢰인 입맛대로 처신하는 것이 승소에 도움이 되지 않는 경우를 너무도 잘 알고 있는데 반해 의뢰인은 그렇지 못하기 때문이다.

이러한 왜곡현상이 발생하지 않으려면 사전에 미리 재판 중에는 중립적인 변론을 할 수도 있고 그것이 왜 필요한지 알리는 것이 중요하다. 그래도 서운한 감정이 남은 경우, 변호사는 고객의 감정에 동조하고 공감대를 표하는 것이 최우선이다. 그러고 나서 하나씩 짚어가면서 조곤조곤 설명하고 동의를 이끌어내야 한다. 자주 발생하는 왜곡현상에 대한 사례를 수집하고 하나씩 적절한 대응 시나리오를 구축해 놓는 것이 바람직하다.

🔍 일반화

이 과정은 우리가 하나 혹은 두 개 이상의 적은 경험을 갖고서 속단했을 때 생긴다. "변호사 말 다 믿으면 안돼" 이 문장에는 전체가 다 그렇다는 식의 일반화가 숨어있다. 모든 변호사가 다 그렇지는 않은데도 말을 줄여서 하다 보니 이런 현상이 생기는 것이다.

이 문장을 풀어서 하자면 "모든 변호사가 다 그렇지는 않겠지만 상당수의 변호사들 말을 믿지 못하겠네요"라는 뜻이다. 이때 반문을 적절히 한다면 효과적으로 대응할 수 있다. "설마 모두 그런 건 아니겠지요?"라든가 아니면 "만일 그렇지 않다면, 그것을 어떻게 알 수 있으세요?"라고 묻는 것이다. 이러면 고객의 뇌는 다시 회전하면서 일반화로 경직된 상태가 풀어지고 다소 수그러질 것이다. 꼭 되묻지 않아도 그냥 부드럽게 웃어 넘기고, 다음 본론으로 넘어가도 좋다.

위 내용들은 처음에는 생소하더라도 자기 것으로 만든다면 실전에서 매우 요긴하게 사용할 수 있는 표창이나 다름없다. 그 한마디로 당장 구매를 하지는 않아도, 고객의 뇌에서는 신선한 충격이 될 것이다. 고객의 푸념은 다 실제가 아니다. 고객이 그렇게 생각하는 관념이다. 가격이 비싸다는 것도, 불친절하다는 것도, 푸대접을 받는 기분이라는 것도 다 관념에 지나지 않는다. 이러한 관념을 재구성하여 다시 다가서는 것이 계약을 이루는 지름길이다.

침묵

침묵(pause)은 완벽한 언어와 대조를 이룬다. 침묵이 일어나면 대개 한 두 가지 일이 발생한다. 우선 침묵은 아이디어, 단어, 개념을 극적으로 표현케 한다. 노련한 화자는 청중이 자신의 말을 제대로 흡수하고 있는지 알고 싶거나 확인할 때 의도적으로 사용하기도 한다. 강사뿐 아니라 목사 등의 연사들도 이러한 기교를 정교하게 사용하여 전하려는 메시지를 최대한 극적으로 표현하여 보다 효과적으로 전달하고 있다.

두 번째로는 대화 중에 침묵이 발생하면 상대방은 그것을 빈 공간처럼 인식하여 무의식적으로 메우려고 한다. 영업자는 상세한 설명을 할 줄 알아야 한다. 하지만 가끔 침묵을 사용하여 고객이 자신의 지도에 입각한 내용을 스스로 말할 수 있도록 해야 한다. 입을 굳게 다문 상태를 통해 고객의 구매 기준을 정확하게 알 수 있는 기회가 될 수 있다.

어느 시점에서 이 기법을 사용해야 하는지를 정확히 알면 진정한 고수의 반열에 들었다고도 볼 수 있다. 협상에서는 "먼저 말하는 쪽이 지는 것이다"라는 표현이 있다. 침묵 상황에서 먼저 말을 꺼내는 쪽이 협상에서 밀린다는 의미로 많이 쓰인다. 하지만 이 말은 늘 적용된다고 볼 수는 없다. 어쨌든 침묵을 통해 효과적으로 고객에게 강한 인상을 주며, 대화의 관점을 점검하고 요지에 집중케 하는 효과가 있다고 보면 틀림없다. 이런 방식으로 제안을 할 수 있다.

"그러니까 지금껏 나눈 내용을 요약하자면, 일단 맞고소를 하기보다는 상대방의 개선하려는 의지를 확인한 후에 적절하게 대응하고 싶으신 것으로 보여집니다. 그럼에도 불구하고 상대방이 조정 의지가 없다면 맞고소는 어느 시점이 좋으신가요? 다음주, 아니면 그다음 주 혹은 더 나중인가요?"라고 한 후 입을 다물어 보자. 아마도 고객은 잠시 생각을 한 후, "아무래도 2주는 기다려보고 다시 논의해야 할 듯싶네요"라는 식으로 뭐라도 대답을 할 것이다.

먼저 말하는 쪽이 진다고 여기는 두 사람이 만났다면 어떻게 될까? 지기 싫다고 설마 한 시간 동안 계속 침묵인 상태로 있을 수는 없을 것이다. 침묵 상태에서 몇 분이 지나간다면 상대방도 이미 그런 사실을 알고 있다고 보는 것이 맞다. 그렇다고 어색한 분위기를 쇄신하기 위해 튀는 질문을 한다면 더욱 이상해진다.

이럴 때는 무작정 버티지 말고 "허, 우리가 얼마나 더 이러고 있어야 할까요?"라고 말한 뒤 다시 침묵하라. 이런 질문은 상대방을 다시 대화로 몰입하게 하는 효과가 있다. 당신은 손해 없이 대화에 복귀한 셈이다. 다른 방법으로는 "저희 어머니 말씀으로는 침묵은 늘 동의와 같다고 하셨는데 동의하시겠죠?"라고 말한다. 침묵은 금 맞다.

침묵을 통해 최종 선택을 고객이 하도록 유도하는 것이 중요한 이유는 그렇게 해놔야 나중에 고객의 클레임이 적기 때문이다. 자기가 한 말에 대해서는 인정할 수밖에 없기 때문에 침묵 이후에 기다림을 통해 고객이 스스로 결정하게 하는 것이 바람직하다.

최면적인 대화법

· 암시 걸기(Delivering suggestions)

대화 중 미리 암시를 심어 놓는 것은 계약에 이르는 지름길이다. "제가 얼마나 큰 도움이 될지 아시게 된다면 아주 놀라실 겁니다"라는 말을 건네면 상대방의 무의식에 전달되어 '아, 이 변호사한테 일을 맡기면 놀라게 될 거 같아.'라는 느낌을 줄 가능성이 높아진다. 시선을 마주하고 의욕적으로 표현하면 더욱 좋다.

기본적인 암시 걸기의 패턴은 두 가지이다. 앞선 예처럼 '~하게 된다면 ~하실 겁니다'의 패턴과 '~하면 할수록 더욱 ~하실 겁니다'의 패턴이다. 기본적인 공감대를 형성하고 본격적인 상담에 들어가기에 앞서 이러한 암시 걸기를 사용하면 부드럽게 상담을 이끌어 갈 수 있다.

이제 고객의 뇌는 스스로 자가예언을 가동하여 이러한 암시가 진짜 이루어지는 쪽으로 향하게 된다. 또한, 깊은 최면효과를 내려면 과거의 경험이나 미래를 상상하는 질문을 하여 상대방의 의식이 현재에 있지 않게 하면 된다. 화제의 시점을 현재에서 과거로, 다시 미래로 움직이면 고객은 자신도 모르게 따라오면서 혼란스러워한다. 뇌는 이러한 혼란스러움을 싫어한다. 그래서 빨리 무언가에 의식을 고정하려고 혼란 이후 이어지는 제안을 일단 덜컥 잡고 본다. 그래서 제안이 더 잘 먹히게 된다.

이렇듯 NLP는 고객에게 형성되어 있던 무의식인 사고에 직간접적으로 영향을 주어 새롭게 다시 프로그래밍하는 효과가 있다. 대화를 통해 의식의 흐름을 원하는 방향으로 향하게 할 수 있다.

과거 학습 경험법(Early learning set)

일종의 기억퇴행기법으로 상대방의 어렸을 때 경험을 말하게 해서 의식의 중심을 과거로 돌리는 것을 말한다. 변호사를 찾는 고객 가운데에는 억울하거나 분노에 넘쳐서 감정이 격한 경우가 종종 있는데 이 경우에 쓰면 효과적이다.

흥분한 상태를 계속 받아주는 것으로 해결이 안 될 경우에는 느닷없이 어렸을 때 가령, 초등학교나 중학교 시절 이야기를 물어보는 것이다. 그러면 고객은 그 질문에 대답하면서 머릿속의 의식이 과거로 가서 경험을 재생시키기 마련이다. 그러면서 현재의 분노나 억울함이 점차 가라 앉게 된다. 혹은 최근에 있었던 유쾌했거나 기분이 좋은 일에 대해서 물어보는 것도 좋다. 없다고 하면 사소한 것이라도 생각해보고 말해 달라고 한다. 이때도 마찬가지로 고객의 뇌는 최근의 경험을 역추적하게 되고 이에 따라 현재의 심리 상태가 부드러워질 것이다.

이런 방법도 있다. 상담이 무리 없이 흘러가서 내심 성사 가망성이 높다고 짐작하고 있는데 느닷없이 고객이 의뢰를 원점에서 다시 생각해봐야 하겠다는 등 위기가 올 때가 있다. 이럴 때는 장황한 부연설명보다는 뭔가 고객의 심적 상태를 재조정해야 하는 것이 맞다. 이럴 때는 고객에게 최근에 중요한 의사결정을 할 때 신중하게 선택하여 좋은 결과가 난 적이 언제였는지를 물으라. 그러면 고객은 시간을 들여 과거를 더듬으면서 그런 경우를 생각해낼 것이다. 당신은 그때가 언제였고 어떤 상황이었는지, 최종적으로 그렇게 결론을 내린 결정적인 계기는 무엇인지에 대해 묻는 것이다. 대답을 하면서 고객은 그 당시의 긍정적인 상황을 몸소 재연하게 되고 이윽고 현재 상태에도 그러한 기운이 연결된다. 그렇게 고객의 마인드를 재프로그래밍한 후 다시 설득에 들어간다.

이어서 현재 이슈와 관련해서 충분히 극복할 수 있다는 암시를 주면 강력한 대화최면 효과가 생긴다. 따라서 상담 초반에 이 기법을 써도 좋고 중간에 위기 상황에서도 반전카드로 쓸 수 있다. '나는 이 정도로 이 분야에 전문가니까 걱정 말고 맡기라'는 말이 얼마나 투박한 표현인지 이제 감이 올 것이다. 진정성 있는 느낌이 들게 할수록 더 효과가 좋다.

최면적인 음성(Hypnotic voice)

암시를 걸 때 목소리는 아주 중요한 요소로 작용한다. 같은 암시문을 써서 전달해도 사람마다 차이가 나기 마련인데 이때 결정적인 요인이 바로 목소리이다. 기본적으로 암시를 말할 때에는 중저음을 쓰면서 평소보다 느리며 부드럽게 소리 내는 것이 포인트이다.

상담을 하면서 가끔 이런 방식으로 말을 하면 꼭 암시문장이 아니더라도 상대의 무의식은 영향을 받는다. 여기에 중요한 단어를 평소보다 하나씩 누르는 듯 발음하는 것도 효과적이다.

전제(Presuppositions)

전제란 명백하게 드러나 있지 않은 숨겨진 조건을 의미한다. 미리 어떠한 가정이 들어간 표현을 사용하여 고객의 의중을 알 수 있고, 때로는 구매 저항감을 사전에 무마하여 고객을 긍정적인 상태로 이끌 수 있다.

- 고양이가 테이블에서 점프해서 떨어졌다. ➡ 전제: 고양이가 테이블 위에 있었다.
- 가격이 제 예산을 초과하네요. ➡ 전제: 예산이 있다.
- 이것은 훌륭한 대체품이군요. ➡ 전제: 상대방은 이미 하나를 갖고 있다.
- 귀사의 시스템은 최고입니다. ➡ 전제: 다른 시스템들이 이미 고려되었다.

전제를 통해 두 가지 이점을 얻을 수 있다. 하나는 전제란 신념에 대한 언어적인 반영의 결과라는 점이다. 전제를 통해 상대방이 가진 신념에 대한 정보를 얻을 수 있다. 다른 하나는 전제를 이해하는 것은 강력한 언어도구라는 점이다. 간접적으로 전제를 사용하면 대화의 다음 단계로 넘어갈 수 있다.

- 둘 중 어느 것이 더 낫습니까? . ➡ 전제: 이미 두 가지 다 선택할 만한 가치가 있다.

좋은지 싫은지를 묻는 질문과 비교해서 얼마나 큰 장점이 있는지 눈여겨보라.

– 자금조달에는 여러 가지 경로가 있다는 사실 아시죠? ➡ 전제: 자금
조달에는 여러 가지 경로가 있다.
상대방이 살 수 있는 금전적 여력이 되는지 묻는 것과 비교해 보라.

– 그것에 어떤 옵션을 추가하길 원하세요? ➡ 전제: 옵션을 원한다.
상대방에게 옵션을 원하는지의 묻는 것과 비교해 보라.

– 결제는 카드로 하시겠어요? 현금으로 하시겠어요? ➡ 전제: 구매를 한다.
상대방에게 살 건지 말 것인지 묻는 것과 비교해 보라.

이 분야에서 독보적인 성과를 내고 있는 저희 로펌에 오신 것을 진심
으로 환영합니다.

전제를 사용하는 것이 유용한 이유는 바로 영업과정의 다음 단계로
가는 분기점이 될 수 있는 가능성이 높기 때문이다. 직접적으로 질문
한다면 상대방은 거절할 수도 있다. 이때 전제가 들어간 질문을 유연하
게 하면 고객은 무의식적으로 전제 안에 갇히게 되어 자신의 세상에서
벗어나게 된다. 자기도 모르게 영업자가 설정한 환경으로 스르르 넘어
가는 것이다. 이 과정에서 의식적으로 거절하기는 쉽지 않다. 이 기법
은 아주 정교한 사전 연습과 설정이 동반될 때 더욱 효과적이다.
또 다른 강력한 전제가 들어간 단어는 '~조차도, 더욱 더'가 있다. 가
령 누군가가 유난히 멋지게 차려 입고 나왔을 때 "이야, 오늘은 정말
멋지게 차려 입었네. 끝내줘"라고 말한다면 상대방은 다시 당신을 쳐다
보지 않을 수도 있다. '오늘은'이라는 표현에서 다른 날은 별로인데 '오
늘만'이라는 느낌을 줬기 때문이다. 그렇다면 어떻게 말을 했어야 할
까? "이야, 오늘은 평소보다 더 멋진데?"가 정답이다. 늘 멋지지만 오

늘은 더 그러하다는 전제가 이제 보일 것이다.

앵커링(Anchoring)

유능한 설득자가 되기 위해서는 앵커(anchor)를 만드는 데 능숙해야 한다. 앵커란 닻을 의미하는데 사람의 몸과 마음이 배와 닻처럼 서로 영향을 주고받는 것을 활용한 기법이다.

파블로프의 조건반사는 이러한 앵커를 이해하는 데 유용하다. 먹이가 주어질 때마다 종소리를 들었던 개는 종소리만 듣고도 먹이를 주는 줄 알고 침을 흘리게 된다. 이때 종소리가 앵커인 셈이고, 이 경우에는 음성적 앵커를 쓴 것에 해당된다.

소송을 당한 고객이 너무 억울했던지 때론 격한 감정에 북받쳐 흐느껴 울 때가 있다. 이때 노련한 변호사는 고객의 팔을 지긋이 눌러준다. 이후 고객의 감정이 또 격해지면 그때마다 동일한 부위를 눌러 준다. 이것이 '앵커를 발사한다'고 말한다. 반복될수록 앵커의 강도는 세진다. 그런 후 고객과 상담을 마치고 인사하면서 고객에게 다가가 같은 부위를 또 지긋이 눌러주면 그 울림이 고객의 무의식에 전달되어 강력한 암시가 심어진 셈이다. 그런 후 상담을 마치고 고객과 헤어지는 시점에서 자연스럽게 그 부위를 지긋이 눌러주면 상대방에게 강력한 암시효과가 생긴다.

얼마 전 건강검진을 받으러 병원에 간 적이 있었다. 위 내시경 검사를 받으면서 앵커링을 경험했다. 마취를 하지 않으면 내시경이 식도를 통과할 때가 가장 괴롭다. 몇 번의 경험이 있었기에 나름 버틸 자신이 있었는데도 막상 그 순간이 되자 욱 소리가 나면서 괴로웠다. 그때였다. 옆에 있던 간호사가 내 손을 꼬옥 잡아 주는 것이 아닌가. 절체절명의 막막한 터널을 지나는 기분이었다가 그 얼마나 안도의 손길이었는지 모른다. 눈을 감은 채 버티느라 앞을 보지 못하면서도 어찌나 위안이 되었는지 모른다. 그리고 그 병원에 대한 좋은 인상이 강하게 형성되었다.

앵커링을 잘 하려면 고객과 대화를 하면서 앵커를 심을 타이밍을 잘 포착해야 한다. 변호사의 경우 고객이 분을 참지 못하거나 하소연하며 울 때 쓰면 매우 유용하다.

이렇게 적용할 수도 있다. 내게 맡겨 달라면서 밝은 전망의 소식을 말할 때마다 넥타이 핀을 만지는 거다. 몇 번의 앵커를 한 후, 고객과 작별 인사를 할 때, 환하게 웃으면서 넥타이 핀을 만지는 앵커를 발사한다. 고객의 무의식은 이러한 신호에 민감하다. 의식은 잘 알아채지 못해도. 또한 앵커는 공감대를 형성할 때도 큰 역할을 하지만, 시간이 흐르면서 느슨해진 공감대를 다시 끌어올리는 회복제 역할도 한다. 또 다른 예를 들자면, 고객을 바라보며 상담할 때 변호사는 의뢰인에게 부정적인 영향을 설명할 때에는 자신의 오른손을 펴서 말하고, 반대로 긍정적인 내용을 말할 때에는 왼손을 펴서 말하는 것이다. 이렇게 몇 번 반복해 공간 앵커를 설정하면 나중에는 변호사가 왼손을 드는 순간, 고객은 무의식적으로 자기에게 도움이 되는 내용이 나올 것으로 알아챈다는 것이다. 고객과의 상담을 마치고 배웅할 때도 또다시 왼손을 흔들며 잘 해결될 것이라는 인사말을 전하면, 고객의 의식은 알아채지 못해도 무의식은 긍정적인 메시지를 더욱 흡수하게 된다.

앵커의 특징은 다음과 같다.

1. 앵커는 순식간에 형성될 수 있다.
2. 강도를 높이거나 즉각적 보상을 할 필요는 없다.
3. 중요한 것은 앵커로 인한 심리적인 경험이나 반응이다.
4. 앵커는 형성되고 자극된다. 앵커를 만들 때의 상황이 인상적일수록 후에 앵커를 자극할 때 더욱 확실한 반응을 얻을 수 있다.
5. 앵커를 만들려고 자극할 때 타이밍은 결정적인 역할을 한다.
6. 동기부여의 방법이 독창적일수록 공감대를 형성하기 쉽다.
7. 앵커의 형성에는 오감의 모든 감각체계가 이용될 수 있다.
8. 앵커는 의식과 무의식 차원에서 모두 형성되고 자극된다.

앵커링은 공감대 형성기법과 대표지각체계와 결합될 때 특히 강력한 위력을 발휘한다.

은유와 이야기법(Metaphor & storytelling)

메타포는 은유, 상징을 의미한다. 메타포와 스토리텔링은 최면적인 효과를 내는 언어법이다. 고객은 두 가지 측면으로 외부 정보를 흡수하는데 바로 의식과 무의식이다. 의식은 이성적으로 판단을 하는 기능을 수행하면서 고유의 정보 필터를 통해 필요한 것만 수용하고 나머지 거의 대부분은 버린다. 합리적인 설명은 방어기제를 불러일으키나 메타포는 호기심을 자극한다.

고객을 설득하는 과정에서도 의식적인 방법, 즉 설명, 자료, 도표 등으로만 하기보다는 간접적인 메타포나 이야기를 사용하여 비판 필터를 우회해서 무의식에 메시지를 전하면 비평모드가 가라앉았기 때문에 제안을 폭넓게 수용할 확률이 높아진다.

　설명이 아닌 은유나 이야기는 고객을 단지 생각만 하는 수준에서 생각하며 느끼는 존재로 바꿔준다. 이처럼 다른 것과 연결하면 설득력이 향상된다. 법률적인 용어를 최대한 자제하고 고객이 알아 듣기 쉽게 설명을 하는 연습이 필요하다. 라디오나 TV에도 법조인이 가끔 나오는데 어떤 변호사의 말은 알아 듣기 쉬워서 이해가 빠른데, 어떤 변호사는 용어가 어렵고 딱딱해서 채널을 다른 곳으로 돌리게 된다. 특히 고객의 나이가 많거나 교육 수준이 낮은 경우에는 더욱 조심해야 한다. 그래서 "고객님, 그건 이렇게 말씀드릴 수 있네요, 가령 ○○인 것처럼 말이죠." 이렇게 메타포를 적절하게 활용하여 묘사한다. 이런 방법은 사전에 연습 없이는 실전에서 사용하기 어렵다. 그간의 실전 경험을 통해 고객이 자주 하는 질문유형과 타이밍을 미리 예상하고 그에 맞는 간접 표현인 메타포를 써야 한다.

　의식적 마음은 현재 상황이나 미래 전망에 대해서 자세하게 분석하고 비평하기 바쁘다. 반면 무의식적 마음은 언제나 여유롭고 너그러우며 수용적이다. 특급 세일즈전문가는 이러한 상징을 활용하여 간접적으로 메시지를 전하고, 고객의 결정을 촉진하는 데 귀재이다.

　고객을 만나 이러저러한 정황에 대한 설명을 들을 때 대부분 언제 무슨 일이 있었고 어떤 분쟁이 있었는지 시간적 추이에 따라 사건을 설명하고 이어 자신의 심정이나 처지를 말하기 마련이다. 이때 메타포 기법을 사용해도 좋다.

　"그러시군요, 고객님. 자, 그러면 고객님은 지금 이 상황을 무엇에 비유할 수 있으세요? 사물이나 가축, 그 어떤 것이라도 눈에 보이는 모습으로 빗대서 말씀하신다면요?"

아무리 변호사에게 사건 의뢰에 대한 검토를 하는 미팅이라도 고객은 심정이 복잡하고 불편할 수 있다. 이럴 때 간접적인 상징인 메타포를 사용해서 묘사하도록 하면, 그 메타포를 사용해서 의견을 전할 수 있다. 그렇게 되면 고객은 자기의 실수 등에 대한 비난을 직접적으로 듣는 것이 아니므로 당신의 조언이나 지적을 거부하지 않게 된다.

"요즘 같아서는 저는 꼭 터질 것 같은 큰 풍선 같아요."

고객이 이렇게 대답했다면 그 풍선을 가지고 하고 싶은 메시지를 담아 표현한다.

"거대한 풍선은 쉽게 터지지 않습니다. 그래서 하늘을 나는 기구도 있지 않겠어요? 또 밖에는 얼마나 작은 풍선이 많은데요. 큰 풍선이 되는 것도 사실 쉽지 않은 거죠."

고객 관점에서 풍선의 의미는 터지기 위한 도구로 그만큼 불안하고 고생이 심한 것이었는데, 이제 풍선의 의미가 전혀 다른 건설적인 메시지로 바뀐 것으로 여기게 된다. 그러면서 자기라고 여겼던 풍선이 전혀 다른 의미로 다가오게 된다. 이로써 고객의 상태(state)를 안정되게 만들 수 있다.

이야기도 마찬가지로 고객의 무의식에 간접적으로 메시지를 전하므로 의식의 비평필터에서 자유롭다. 적절한 메타포나 이야기는 고객의 인식을 바꿔서 다른 유용한 대안을 열린 자세로 맞이하게 도와준다. 이야기를 전할 때 가장 중요한 목적을 잊지 않아야 한다. 그것은 바로 행동하게끔 유도하는 일이다. 재미있는 연상은 이해를 돕기도 하지만 효과적이기 위해서는 이야기 속 주인공이 어떤 행동을 취했다는 내용이 들어가야 한다. 그런 사례를 들으면 고객의 무의식은 이야기 속의 주인공을 자기와 어떻게든 연관시키려는 무의식적 연관에 들어가기 때문이다.

이야기를 만드는 손쉬운 방법은 기존 고객의 사례나 나의 경험을 활용하는 것이다. 이야기가 효과적인 것은 어쨌든 그 내용이 고객 자신에 관한 것이 아니기 때문에 그 어떤 이야기라고 해도 본인과는 무관하다고 생각해 비평필터가 사라지는 것이다. 그 이야기 속에 어떠한 행동이 있을 것이고 그러한 행동을 통해 고객이 자기 입장으로 가정해서 생각하게 하는 것이 이 기법의 포인트이다. 또는 유명인의 사례나 신문이나 잡지 등의 뉴스를 통해서도 응용 가능하다.

이야기 속의 캐릭터들이 하는 행동이나 특성을 고객이 스스로 적용하도록 잠입명령어(embedded command) 기법을 사용하고, 이어서 아날로그 마킹(analogue marking)을 적용한다면 퍼펙트한 구성이다. 이에 대한 설명은 뒷부분에서 자세하게 다룬다.

이야기의 중요한 행동을 묘사할 대목에서는 평소보다 굵고 낮은 목소리로 다소 느리게 소리를 내면서 고객의 눈을 정열적으로 보는 것이다. 그러면 고객의 뇌는 별다른 저항을 하지 못하게 된다. 이런 방법은 즉흥적으로 쓸 수 없고 사전에 미리 적절하게 스크립트를 짜고 거기에 위의 두 가지 기법을 녹인 후 실전처럼 역할극 연습을 통해 충분히 체득이 가능하다. 이야기를 잘하는 변호사는 수임률이 높아진다. 실전 워크숍을 통해 재미 있게 배울 수 있다.

양식조절자(Modal operator)

양식조절자는 문장의 주요 동사로 기분을 형상하는 단어이다. 대개 가능성을 나타내는 상태가 반영되어 있고 우발적인 상태도 들어있다. 예를 들어 "난 자전거를 사고 싶어", "나는 자전거를 사야만 해", "난 새 자전거가 필요할지 몰라"라는 세 문장을 비교해 보자. 각 문장은 각각 가능성, 필요성, 우발성을 지닌 단어를 포함하고 있으면서 화자의 의지나 마음 상태를 반영한다. 이러한 단어의 양식을 조절하여 영업에 활용할 수 있다. 양식조절자의 유형과 종류는 다음과 같다.

- 가능성: 할 수 있다. 가능하다. 원한다. 바란다. 그럴 수 있다.
- 필요성: 해야 한다. 그래야만 한다. 그렇게 되어야 한다. 할 수 없다.
- 우발성: ~일지 모른다.

양식조절자는 신념의 언어적 반영의 결과이다. 신념의 다양한 강도에 따른 뉘앙스를 통해 화자의 실질적인 마음 상태를 알 수 있다. 사람들이 양식조절자를 사용하는 것을 귀담아 들으면 무의식 중에 추출할 수 있는 고객의 정보와 마음 상태를 가늠할 수 있다.

고객이 강한 신념이 깃든 표현을 사용한다면 접근 방식에 문제가 있다는 의미로 받아들이고 신속하게 재정비하고 전열을 가다듬어 다시 공감대를 형성해야 한다. 고객이 양식조절자를 통해 신념을 드러내면 상담자는 2가지 유형의 질문을 통해 이에 적절하게 대응할 수 있다. 이 방법은 아주 효과가 좋은 기법 중의 하나로 고객이 평소에 자신의 신념에 입각한 전제들을 다시 살펴보는 기회를 제공한다. 다른 관점에서 볼 수 있는 시각을 통해 고객은 이제 새로운 가치관을 형성할 수 있으며 이를 통해 클로징으로 연결할 수 있다.

"○○하다면 어떠한 일이 일어날까요?"
"○○하지 못하게 가로막는 것이 무엇인가요?"

고객: "오늘 중으로 결정을 못하겠네요."	
대응 1	"만일 오늘 중으로 결정을 한다면 어떤 일이 일어날 것 같으세요?"
대응 2	"오늘 중에 결정하지 못한다면 무엇이 그렇게 만들 것 같으세요?"

고객: "난 이것을 해야만 해."	
대응 1	"당신이 이것을 해낸다면 어떤 일이 일어날 것 같으세요?"
대응 2	"당신이 이것을 해내지 못한다면 무엇이 그렇게 만들 것 같으세요?"

패턴 가로막기(Pattern interrupt)

사람은 저마다 일정한 패턴을 보이며 커뮤니케이션 한다. 생각하는 패턴, 말하는 패턴, 행동하는 패턴 등 다양한 패턴이 개인에게도 형성되어 있다. 그리고 패턴은 일정한 흐름과 타이밍을 지니고 있다. 걸음걸이도 사람마다 다르다. 보폭, 빠르기, 세기 등 다양한 각도에서 패턴이 생긴다. 느리면 느린 대로 빠르면 빠른 대로 리듬이 생긴다. 그러다가 갑자기 외부 변수에 의해 그 리듬이 깨지면 당황하게 되고 뇌는 혼란스러워진다.

2010년에 개봉한 영화 「방자전」 초반부에 이 기법이 나온다는 걸 이 책을 쓰면서 틀어놓은 동영상을 통해 우연히 발견하였다. 이 영화는 고전인 『춘향전』을 현대적인 버전으로 재해석한 영화인데, 사극적인 대사가 아닌 현대식의 말투가 고전과 접목된 퓨전드라마 장르에 속한다. 방자전이라 뻔한 내용일 거라고 생각해서 별로 기대하지 않았는데 의외로 구성이 탄탄해서 볼만 했다. 춘향의 노래를 듣고 한눈에 반한 몽룡(류승범 분)이 방자(김주혁 분)에게 데이트 신청을 하고 오라는 지시를 한다. 몸종인 방자는 몽룡이 시키는 대로 춘향집에 가서 향단(류현경 분)에게 꼭 데이트 신청을 받아야 한다고 조른다. 그러나 향단은 그럴 수 없다고, 춘향아가씨는 따로 남자를 만나지 않는다며 연신 막무가내로 거절한다. 그러자 방자가 이때 필살기를 쓴다.

방자는 사실 전날 몽룡집에서 기거하는 식객이자 자신의 연애코치인 마영감(오달수 분)에게 여자 꼬시는 노하우에 대해 원포인트 레슨을 받는다. 그런데 그 방법이 좀 거시기해서 듣고도 미덥지 않아 흘려 들었다가 위급상황이 되어 혹시나 싶어서 시도한 것이다. 그 방법이란 대화 중에 느닷없이 여자에게 슬쩍 다가서서 뜬금없이 치마 위로 여자의 주요 부위를 움켜쥐는 것이었는데, 누가 봐도 황당한 방법이라 방자 또한 이 기법이 먹힐지 영 의심스러웠지만, 몽룡의 성격이 워낙 개차반이고 막무가내인지라 아무 소득이 없이 돌아가면 크게 혼날 것이 뻔해 방자는 막다른 골목이라 여기고, 밑져야 본전이라는 심정으로 마영감이 전수한 방법을 시도한다. 실랑이 끝에도 약속 일정에 대한 아무 소득이 없자 그랬던 것이다. 갑작스런 습격에 크게 놀란 향단이 눈을 크게 뜨고 숨소리도 내지 못하는 바로 그때, 방자가 다소 느리면서 나지막한 소리(analogue marking)로 "잘 하자, 응? 고집 좀 줄이고…"라고 속삭인다. 그러자 향단은 아무 저항을 하지 못하고 사지가 나른해지면서 긴장이 풀리게 되었고, 결국 춘향에게 가서 어쩔 수 없이 데이트를 해주기로 약속을 해버리고 왔다고 전한다. 식객 마영감이 패턴 가로막기(pattern interrupt)와 아날로그 마킹까지 전수했던 것이다.

패턴 가로막기는 이러한 일정 흐름의 패턴을 깨는 것을 의미한다. 크게 보면 대화최면 중에서 혼란법에 속한다. 뇌는 안정된 상태에서 의식이 강하게 작용한다. 그래서 정보를 흡수하고 분석하여 처리한 후 말과 행동을 통해 반응을 한다. 이 패턴을 가로막아서 깨면 상대방은 일시적으로 혼란스러운 상태가 된다. 뇌는 이러한 혼란스러운 상태를 최소화하기 위한 비상대응에 들어간다. 그래서 혼란스러운 상태에서 제일 먼저 접하는 정보에 대해서 의식적인 비평이 가라앉고 무의식인 수용을 하게 된다. 그래서 패턴 가로막기 이후의 메시지는 고객이 거의 수용하게 된다.

이러한 특성을 활용한다면 영업에서도 요긴하게 써먹을 수 있다. 가장 좋은 타이밍은 상대방의 일정한 패턴이 시작되는 시점이다. 그때 말을 걸어 무언가 제안하면 흐트러진 상태가 되어 거부하기 힘들게 된다. 최면요법에서는 상대가 호흡하는 순간에 암시하는 메시지를 던진다. 숨을 다 내쉰 후 다시 들이키기 직전의 순간에는 외부의 자극에 별다른 대응을 하지 못하기 때문이다. 그러므로 상대방의 호흡 패턴을 느끼며 그 템포를 파악한 후에 이 기법을 써야 한다. 그리고 창의적으로 접근해야 한다.

이해를 돕기 위해서 악수를 예로 들어보자. 일반적으로 악수는 손을 잡은 후 아래 위로 흔들기 마련이다. 그런데 만일 손을 잡자마자 좌우로 흔든다면 상대방은 깜짝 놀랄 수밖에 없을 것이다. 좌우로 서너 번 흔들고 나서 "거기 말고 이쪽으로 앉으시죠"라고 말하면 상대방은 거의 따라서 행동한다. 상하운동을 갑자기 좌우로 바꿨으니 원래의 패턴이 흔들린 것이다.

변호사를 찾은 고객을 상담할 때도 적용할 수 있다. 고객이 너무 억울한 나머지 고개를 떨구고 흐느낀다면 이때가 절호의 타이밍이다. 어깨가 들썩거리면서 흐느낄 때 어깨가 내려갔다가 다시 올라오려고 하는 시점에 고객의 한 쪽 팔을 살짝 누르면서 "걱정마세요. 제가 다 해결해 드리겠습니다"라고 말을 건다면 그 메시지를 무의식적 마음이 덥석 잡아서 가져갈 것이다. 이것은 앞서 설명한 앵커링과 패턴 가로막기를 결합한 방법이다.

이럴 수도 있다. 상담 중에 갑자기 황당한 질문을 한다. 이왕이면 시간도 현재가 아닌 과거나 미래가 더 좋다. "그렇군요, 고객님. 아참! 어제 저녁 8시에는 뭘 하고 계셨나요?" 이렇게 물으면 고객은 뜻밖의 질문을 받고 대답하기 위해서 뇌를 써서 생각을 해야 한다. 뇌가 과거를 회고하거나 미래를 상상하게 되면 그걸 뇌에서 재생시키고자 얕은 최면상태가 된다. 그래서 고객이 대답을 하고 나서, 다시 아무 일 없었다는 듯이 원래 하던 대화를 하면, 별다른 거부감 없이 잘 새겨들을 것이다.

고객에게 설명을 다한 후 이제 선택을 한 듯 말하려는 순간도 좋은 기회이다. 느낌상 계약이 될 거 같으면 이 기법을 구태여 쓸 필요는 없지만, 혹시나 표정이 심상치 않다 싶으면 재빨리 패턴을 깨서 다시 설득에 나서야 한다. 고객의 입이 씰룩거리는 그 순간에 전하고 싶은 메시지를 건네는 것이다. 물론 반복적인 고객의 패턴을 먼저 파악하는 것이 선행되어야 한다. "고객님, 잘 해결될 수 있습니다."

고객이 커피를 들이키는 순간, 의자에서 앉으려는 순간, 하품이나 한숨을 내뱉고 들이쉬는 순간 모두 적용 가능하다. 그럼으로써 계약을 앞당기거나 부정적인 결정을 사전에 막을 수 있다. 주의할 것은 이러한 기법들의 전제조건은 사전에 서로 공감대가 충분히 형성되어 있어야 한다는 것이다. 여기에 타이밍을 잘 잡고 얼마나 부드럽고 여유롭게 리드하느냐가 후속 관건이다.

마음 읽기(Mind reading)

점을 보면 신기하게도 나에 대해서 너무 잘 안다는 느낌을 받은 적이 있을 것이다. 사실 그럴 때 자주 사용하는 무의식 대화법이 있는데 그 중 하나가 바로 이 마인드 리딩이다.

변호사에게 상담을 받는 중에도 고객의 머릿속은 복잡하고 과연 결정을 해야 할지 고민이 많다. 낯설기도 하고 왠지 느낌이 확 와 닿지 않은 상태일 수도 있다. 이때 직관을 사용해서 "왠지 고객님은 ○○하실 분 같네요"라고 하는 것이다.

예를 들어 변호사가 정황에 대한 분석을 마치고 승소 가능성 및 기타 변수에 대해서 타진해보니 의뢰를 할 것 같은데, 고객이 수임료가 높다고 느끼는 것 같으면, "고객님 정도의 레벨이신 분들은 그래도 이렇게 확실한 선택을 하시곤 하죠"라고 말을 하라. 그리고 반드시 침묵하라. 그러면 그 레벨이 아니라는 것을 면하기 위해서라도 계약할 가능성이 높아진다. 이때 '왠지 ○○○일 것 같아 보인다'가 중요하다. 이 기법은 단정적으로 말하기보다는 모호하게 말을 하는 것이 포인트이다. 그래야 언제나 맞는 말로 느껴질 수 있다. 단정적이면 '흥, 난 아니야'라고 빠져나갈 여지를 주면서 지금까지 쌓아온 공감대에 금이 간다. 혹은 '○○○하려고 노력을 하실 것 같다'는 표현도 좋다. 노력을 한다는 것은 누구나 조금이라도 해당되면 다 사실이라고 믿기 때문이다. 그래서 점집에 가면 신통하다고 느끼는 것도 사실 이런 모호한 표현을 잘 다뤘기 때문인 것이다.

사람들끼리 만나면 성격스타일에 대한 이야기를 할 때가 있다. 아무나 붙잡고 이렇게 말해보라.

"내가 보기에 당신은 한편으로는 강해 보이지만, 다른 한 면으로는 의외로 약한 면도 있으신 것 같아 보여요."

이 말에 대해서 아니라고 말할 사람은 거의 없다. 모호한 기준인 '한편, 다른 면'을 사용했고 확신이 아닌 '같아 보인다'는 식의 추정을 통해 상대방은 자기만의 잣대로 비교하게 되고, 그 말이 맞다는 느낌을 받기 때문이다. 이때 또 하나의 포인트는 이 말을 할 때 여유로운 자세로 이미 다 알고 있다는 식의 부드러운 자신감을 드러내야 좋다. 그러면 상대방은 '이 사람이 나를 아주 잘 알고 있구나'라고 인식할 가능성이 높아진다.

모호하게 말하면 상대방은 그 모호함을 구체적으로 확인하려고 뇌를 가동하게 된다. 이렇게 구체적으로 뇌가 움직이면 가벼운 혼란상태가 되어서 별다른 거부를 하지 못하게 된다. 또한 이렇게 해도 좋다.

"역시 고객님처럼 합리적인 분들은 계약을 신중하게 여기시죠, 그렇지 않나요?"

합리적이지 못하고 싶은 사람이 어디 있는가? 이처럼 마인드 리딩은 예외 없이 말하는 게 중요하다. 그리고 문장 말미를 부가의문문으로 맺는 것도 좋다. 이 부드러운 질문은 고객이 아니라고 말하기 어렵다. 그래도 고객이 망설이고 고민하고 있다면 다시 3개의 전제를 포함한 yes sets을 발사한다.

"이렇게 이른 아침에 비를 맞고 오셔서, 옆에 있는 이 서류들을 검토하셨으며, 제반 사항도 꼼꼼히 체크하셨습니다. 혹시 제게 아직까지도 말을 못한 내용이 있으신가요?"

아울러 종종 앵커링도 하고 매칭도 하면서 침묵하고 있으면 고객이 거의 따라올 것이다. 고객이 망설이면 다시 공감대 형성에 신경 쓰는 것이 바람직하다. 설득은 밀어붙이기만 하면 안 되고, 밀당을 해야 한다. 알고 보면 보조 맞추기와 리드의 연속이다.

3F 화법

3F(feel, felt, found) 화법은 영업에서 오랫동안 사용해온 단골 메뉴이다. 변호사도 얼마든지 이 기법을 활용할 수 있다. 예를 들어 고객이 승소전망에 대해서 본인의 예상치보다 낮은 의견을 접하면 대개 당황스러워하거나 화를 내기 마련이다. 이럴 때 쓴다.

"고객님이 이에 대해 어떻게 느끼는지(feel) 충분히 이해가 갑니다. 제 고객들도 대부분 고객님과 같이 느끼셨죠(felt). 하지만 그분들도 자세히 검토하고 나서는 ○○하다는 사실을 발견했습니다(found)."

이 기법이 효과적인 이유는 상대방의 감정에 동조하고 혼자가 아닌 다른 사람들의 사례를 통해 객관성과 근거를 제시했으며, 좋은 결과로 이어진 사례를 제시해 안심시키는 효과를 줬기 때문이다. 이러한 방법은 고객 마음을 한결 편하게 해준다.

잠입명령어(Embedded command)

잠입명령어란 말 한마디로 두 가지 의미를 동시에 전달하는 것으로 설득에 매우 요긴한 기법이다. 처음에는 생소할 수 있으나 제대로 알고 내가 사용할 문장을 만들어 적용하면 실전에서 좋은 결과로 이어지는 마스코트가 될 것이다.

인식차원에서는 나에게 직접 하는 명령어가 아니라고 여기게 하면서 무의식 차원에서는 그 제안을 수용하게 하는 것인데, 이 기법은 뒤에 나오는 아날로그 마킹(analog marking)과 세트로 해야 더욱 큰 효과를 얻을 수 있다. 간단하면서도 강력한 효과는 내는 기법으로 감추어진 명령어로 된 문장은 의식적인 마음을 뛰어넘어 무의식적 마음에 직접적으로 명령이나 제안을 전달한다.

전문직은 흔히 전문성을 강조하며 실적을 보여주면 고객이 설득될 거라고 생각한다. 하지만 그런 내용들은 의식차원에서 고객의 필터에 걸러지고, 부하가 걸리게 하므로 논리적으로나 이성적인 판단의 영향을 많이 받는다. 머리로는 이해를 하지만, 감정적으로 꼭 구매를 해야 하는지 결정을 못하는 경우가 너무도 많다.

최면 커뮤니케이션은 이러한 필터를 뛰어넘어 무의식의 세계에 제안과 지시를 유연하게 전한다. 상대방의 비평필터를 자극하지 않으면서 의도하는 바를 표현하는 것이 이 기법의 핵심이다. 원하는 지시나 제안이 담긴 대목에 이르러서는 평소와 다르게 표현해야 한다. 즉 중요한 문구 앞에서 잠시 숨을 끊고 앞서 말한 분위기와 다른 음성 스타일, 즉 중저음으로 다소 느리게 발음한다(아날로그 마킹). 다음 문장을 큰 소리로 읽어보자.

"이와 같은 최면언어기법을 배우는 것은 충분히 가능하고 반복해서 연습하면 어느새 달인이 된 기분이 들 것입니다."

분명 옳은 이야기이다. 하지만 별다른 느낌을 주지 않는다. 이 평범한 문장을 이제 효과를 넣어서 읽어보자. 밑줄 친 부분을 말할 때는 그 앞에서 숨을 끊고, 복식호흡을 통해 두텁고 높은 목소리와 다소 강조하는 듯한 톤으로 발음을 한다. 이어서 나머지 부분은 원래의 음성대로 표현하는 것이다.

"이와 같은_ 최면언어기법을 배우는 것_은 충분히 가능하고 반복해서_ 연습을 하면_ 어느새 달인이 된 기분이 들 것입니다."

누군가에게 이렇게 말을 했다면 그 사람의 무의식적인 마음은 "최면언어기법을 배워라. 연습을 하라. 달인이 된다"는 식으로 이해하게 될 것이다. 그런 뒤에 헤어지고 나면 그는 왠지 최면언어기법을 배워야 할 것 같고, 그래서 결국 달인이 될 것 같은 느낌을 받을 가능성이 높아진다. 그러면서도 그 결정 자체를 스스로 한 것처럼 자연스럽게 느끼게 된다. 다음의 단계를 거쳐 여러분 스스로 만들어보기 바란다.

1. 당신이 원하는 결과를 정하라.
2. 4개 이하의 단어의 길이로 명령어 조합을 쓴다.
3. 일반 문장으로 만든다.
4. 끊어 읽을 부분에 표시를 하고 목소리를 변조한다.
5. 하나의 명령어보다는 여러 개의 잡입명령어를 적용하는 것이 더욱 효과적이다.

대화를 할 때 상대방에게 행동을 촉구하는 단어가 나오는 대목에서 목소리를 다소 느리고 굵으며 저음으로 말하는 것이 요령이다. 혹시나 이런 기법을 상대방이 눈치챌까 봐 신경이 쓰일지도 모르겠다. 고객은 평소 당신의 말하는 스타일을 잘 모르기 때문에 이런 변화를 주어도 구체적으로 알아채기는 거의 불가능하다. 개의치 않아도 좋다.

처음 연습할 때는 하나의 잠입명령문을 만든 뒤, 적절하게 연출하는 연습을 충분히 해서 익숙해지면, 서너 개의 잠입명령어를 넣은 문장 역시 유연하게 할 수 있다. 익숙해지기 전까지 어색할 수 있으나 그것은 나만의 느낌일 가능성이 많다. 듣는 상대방은 그런 어색함을 거의 느끼지 못하니 안심하고 연습한 대로만 하면 된다.

뇌는 부정어를 인지하지 못하는 특성이 있어서 명령문을 만들 때 부정어를 끼워 넣으면 긍정의 메시지만 흡수한다. 가령 "분홍색 코끼리를 생각하지 마시오"라고 할 때, 뇌의 무의식적 의식은 부정어인 '마시오'를 인식하지 못한다는 뜻이다. 이 문장을 들었을 때 잠시나마 분홍색 코끼리가 연상되었을 것이다.

이걸 활용해서 실전에서는 "고객님 꼭 저와 계약하지 않으셔도 됩니다"라고 하면 된다. 내용은 부정문인데 뇌는 '계약한다'로 기억하게 된다. 신기하다.

아날로그 마킹(Analog marking)

아날로그 마킹이란 특정 단어나 표현에 언어·비언어적으로 형광펜을 칠하는 것과 같은 효과를 내는 것을 말한다. 명령어 구간을 말할 때 억양과 강세를 조절하는 것 외에 목소리 톤을 바꾸거나 속도를 변경하기도 하며, 명령어 구간에서만 특별히 눈빛이나 표정, 제스처를 가미할 수도 있다.

말을 듣고 이해하는 것을 디지털 정보처리로 본다면 표정인 동작, 말의 억양, 톤, 속도 등은 아날로그로 본 것이다. 잠입명령어 구간을 말할 때 아날로그 마킹을 가미하면 그 설득 파워는 엄청나다. 이 설명을 보아도 어쩌면 정확한 이해가 되지 않을 수 있다. 워크숍을 통해 조별로 실습하고 실전에 쓸 수 있는 스크립트를 직접 작성해 보면서 점차 익히는 것이 효과적이다. 그리고 알고 나면 응용이 쉬워진다. 그리고 재미있다.

미래 보조 맞추기(Future pacing)

상대방의 시간 관점을 미래로 바꾸는 기법으로 사람은 시간의 관점이 바뀌면 결정 방향도 달라질 수 있다. 미래의 긍정적이고 조화로운 상태를 상상하게 만듦으로써 고객에게 새로 결정하고픈 마음을 촉진할 수 있다.

성공적인 상담 끝에 이제 계약을 할 시점인데 고객이 머뭇거리는 경우 이 기법을 사용할 수 있다. 미래 이야기를 스스로 상상하는 순간 뇌의 주의력은 미래로 이동하면서 현재에 대한 불안이 가라앉는다.

"고객님, 승소하고 모든 것이 원하는 대로 다 정리되면 그렇게 하고 싶으셨던 가족 분들과 해외여행을 오붓하게 떠나는 모습을 상상해 보세요."

과거나 미래로 고객을 여행을 보낼 수 있다면 설득의 귀재로 성큼 다가선 것이다. 시제를 활용해서도 얼마든지 고객과 공감대를 형성할 수 있고 의사결정까지 촉진시킬 수 있다.

마법어 & 금기어

고객의 이름 자체가 마법어에 해당한다. 말을 할 때 고객의 호칭이나 이름을 문장의 첫 부분이나 끝부분에 넣으면 상대방은 자기를 부르는 소리에 무의식이 자극 받아 우호적이 되기 때문이다. 또한 결단이나 권유를 하는 명령문을 말할 때 문장 중간에 고객의 이름이나 호칭을 넣으면, 일종이 잠입명령어 효과가 발생해서 고객은 거부감 없이 수용하게 된다. 또한 '왜냐하면'은 강력한 최면을 유도하는 단어이다. 그다음에 필연적으로 '~이기 때문이다'라는 말을 이끌기 때문에 이상하게도 상대방은 거절을 잘 못하고 수용하게 된다. 그 해명이 설사 비논리적이라도 상대방이 거부감을 느끼지 않고 마치 당연한 것처럼 수용하는 마법의 효과를 지녔다.

'상상해 보세요'라는 표현도 효과가 크다. 이성적인 의식은 현재에 예민하고 분석적이며 비판적이다. 그런데 시점을 달리해서 미래를 상상하게 하면 무의식이 팽배해지고 의식이 가라앉게 되어 현재까지 확실히 결론을 내리지 못한 경우도 단호하게 결단을 내릴 수 있게 하는 효능을 지녔다.

고객이 진지하게 검토를 한 후에도 계속 제반 사항에 대해 의구심을 갖거나 확신을 갖지 못하면, 미래를 상상하게 하는 표현을 써서 비평필터를 제거해야 한다.

'솔직히 말해서'라는 말은 왠지 이전까지는 그럼 솔직하지 않았다는 오해를 불러 일으킬 소지가 있기 때문에 사용하지 말아야 한다. 같은 맥락으로 '진심으로 말씀드리는데…'혹은 '사실대로 말하자면'도 마찬가지이다. 이런 단어가 습관이 되면 무심코 사용하게 되는데 본인은 정작 기억을 잘 못하는 반면, 예민한 상태의 고객은 귀신같이 알아채는 경향이 있으니 특히 조심해야 한다.

바디랭귀지(거짓말)

고객이 하는 말은 선별해서 들어야 한다. 변호사는 의뢰인 편이기 때문에 의뢰인의 말을 신뢰해야 하지만, 변호사에게도 거짓을 말하는 경우가 의외로 많다. 따라서 고객이 어떤 상황에 거짓말을 하는지도 간파할 줄 알아야 한다. 일반적으로 다음의 신체 반응을 보일 때는 거짓말을 할 수도 있으니 주의 깊게 봐야 한다.

손으로 입을 가릴 때
코를 만지작거리거나 긁을 때
눈을 문지를 때
귀를 잡아 늘릴 때
목을 긁을 때
셔츠 옷깃을 잡아 당길 때
손가락으로 입술을 만질 때

NLP에서는 눈동자의 움직임으로 알 수 있는 방법이 있다. 사람들은 무언가를 기억해내거나 답변할 때, 혼잣말을 할 때, 감정을 느낄 때, 미래를 상상할 때 순간적으로 눈동자를 특정 방향으로 움직인다. 눈동자의 움직임은 빠르기 때문에 실전에서 활용하기까지는 부단한 연습이 필요하다. 그래도 그 특성을 미리 알고 있으면 중요한 시점에서 긴요한 도움을 받을 수 있다.

사람들은 시각적으로 뭔가 생각할 때 위쪽을 쳐다본다. 이때 왼쪽으로 눈동자가 움직이면(관찰자의 입장에서는 오른쪽), 전에 봤던 것을 떠올리는 회상이라는 의미가 된다. 반대로 오른쪽(관찰자의 입장에서는 왼쪽) 위쪽을 보면 시각적 상상을 하고 있다는 의미가 된다.

사람들의 눈동자가 상하로는 그대로인데 좌우로 바뀌는 경우는 청각적인 기억이나 상상을 의미하는데, 상대방의 왼쪽으로 눈이 움직이면 청각적 회상, 오른쪽으로 움직이면 청각적 상상을 의미한다. 눈동자가 상대방의 왼쪽 아래를 향하면 내적 청각 대화, 즉 스스로 내면의 생각을 하는 것이고 눈동자가 오른쪽 아래로 향하면 신체감각적인 느낌을 받아들이고 있다는 뜻이다.

눈동자의 움직임을 통해 무언가 알고 싶다면 반드시 상대방이 바로 대답하는 것이 아니라 잠시 머리를 써서 생각해야 하는 질문을 해야 한다. 절묘한 타이밍과 정확한 질문을 하면 때때로 상대방은 무심코 대답했다는 사실조차 모를 때가 있다.

눈동자는 누군가 당신에게 말을 할 때, 말을 하기 전 혹은 말을 하고 나서 움직이는 경향이 있다. 이 역시 좋은 단서이다. 상대방은 자기도 모르는 사이에 어떤 단어와 표현을 써야 할지 생각하기 때문에, 눈동자에 그에 입각한 정보가 고스란히 드러난다. 이를 통해 공감대를 더욱 높일 수 있고, 더 유용한 정보를 접할 수 있다.

일상적인 대화를 하면서 상대방의 눈동자에만 몰두할 수는 없다. 그것은 오히려 공감대를 크게 해치는 결과로도 이어질 수 있다. 상대방이 생각은 하고 있는데 말을 꺼내려 하지 않을 때 이어서 사용할 수 있는 좋은 기법이다. 일단 대화가 잘 진행되고 공감대도 지속적으로 유지되는 상태라면, 더 이상 눈동자에 집착하지 않아도 된다.

비즈니스 요청하기

많은 변호사들의 절대고민 중 하나는 비즈니스를 구하는 멘트가 아닐까 싶다. 할 말은 다 했고 이제 남은 건 계약을 하는 일인데, 대체 어떻게 실마리를 풀어야 하는지 난감한 경우가 적지 않다고 한다. 이 대목에서 몇몇 분들은 불쾌하실지도 모르겠다. "나를 어떻게 보고, 난 변호사란 말이요. 변호사는 의젓하게 계약을 기다려야죠", "남들한테 영업하는 것처럼 보이는 것만큼 끔찍한 것도 없다구요" 혹은 "수임을 못하더라도 일감을 달라고는 차마 못하겠네요. 아직은 그렇게까지 하고 싶지도 않고요"등등.

그 나른한 봄날에도, 태양을 녹일 듯한 삼복더위에도, 화려하고 그윽한 단풍을 외면하면서 그리고 엄동설한 차가운 손을 비벼가며 수년간 지옥의 공부를 하고 딴 변호사 자격증이니 그럴 만하다. 인정! 그러나 이건 먹고사는 문제요, 사업적인 이야기이다.

사업하면서 불편함을 피할 수는 없다. 비즈니스에서 가장 결정적인 실수는 고객화를 하지 못하는 것이다. 아무리 정교한 플랜과 실행이 있었다고 해도 면전에서 계약이 이루어지지 않으면 헛수고이다. 그리고 계약이 안 된 주요 원인 중 하나가 바로 계약을 제대로 요청하지 못했기 때문일 가능성이 꽤 높다. 계약 체결 시 전문직이 자주하는 실수는 '때가 되면 알아서 고객 쪽에서 의뢰하겠다고 말해주겠지'라는 얌전이다. 유능한 변호사는 적절한 시점에서 노련하게 고객을 계약으로 이끈다. 물론 경험이 쌓이면 자연스럽게 감이 생길 것이다. 그러나 지금은 한 명의 고객이 아쉬운 판, 여기까지 온 것으로도 투입된 시간과 자원과 정성이 한가득인데, 꼭 계약을 해야 하지 않겠는가.

요청을 해야 비스니스가 이루어신다. 착하게 기다린다고 고객이 알아서 하는 경우는 상대적으로 적다. 적당한 타이밍이 되기 위해서는 세 가지가 정리되어야 한다. 우선 계약을 하자고 할 건지의 여부이다. 급하다고 무작정 계약하는 것이 능사가 아닌 것은 이미 잘 아실 것이다.

승소를 위하여 최선을 다해야 하는 것이 변호사의 소명이지만 어느 정도 경력이 쌓이면 승소 가능성이 점쳐진다. 무조건 수임할 건지, 이길 것만 선택할 건지는 개인이 결정할 문제이다. 하지만 무리한 수임은 고객이나 변호사 모두에게 손해로 돌아온다.

최근 아무래도 경쟁이 치열해지다 보니 일단 수임부터 하고 보자는 심리가 팽배해졌다. 일단 승소 가능성을 부풀려서 잠재고객을 안심시키고 계약을 따내는 경우가 많아졌다. 진행하는 과정에서 이런저런 새로운 변수가 속출하고, 착수금을 전부 지급하고 나면 변호사는 다른 일에 전념해서 소홀한 느낌을 받는다는 고객도 속출하고 있다. 또한, 사무장이 받지 않아야 할 수임을 받고 뿌리는 경우도 있어서 곤란한 변호사도 늘고 있는 실정이다.

고객이 이미 여러 변호사를 거친 후 온 건지, 무조건 이겨야 한다고 주장하는지, 수임료는 지불할 여력이 있는지, 모든 절차에 성실하게 응할지, 무모한 기질을 가졌는지, 약속시간이나 준비사항을 제대로 지킬지 모두 따져보고 계약을 권유해야 한다. 수임이 전부가 아니다. 제대로 빨리 종료하는 것이 더 중요하다. 그래야 또 다른 일을 할 수 있으니까.

제안을 해도 망설이거나 거절하는 고객이 당연히 있다. 그럴 때도 제대로 대응해야 하고 당장 결정이 되지 않아서 헤어질 때에도 후에 다시 나를 찾아오게 하는 조치도 취할 줄 안다면 수임에 큰 도움이 될 것이다. 그리고 이후 온라인상으로 지속해서 관계를 맺어서 관리해 나가야 한다.

행동 유발 단어(Create action with words)

당신이 사용한 단어가 상대방의 행동에 영향을 미친다. 당신이 원하는 행동을 고객이 하도록 유도할 줄 아는 것은 비즈니스를 얻는 데 중요한 일이다. 단도직입적인 명령문은 고객의 의식을 자극해 방어막을 치게 만들어 수용이 안 될 수 있다. 기본적으로 결정적인 제안을 하려는 내용을 담은 명령문을 쓰려면 사전에 공감대가 충분히 형성되어 있어야 한다.

가장 손쉬운 방법으로는 부정명령문을 쓰는 것이다. 뇌는 부정어를 의식하지 못한다. 따라서 무의식은 부정명령문을 긍정적이라고 이해한다. "제가 이 분야에서 최고는 아닙니다만…" 이 문장처럼 분명히 부정문인데 뇌는 최고라고 긍정적으로 흡수한다는 뜻이다.

따라서 고객에게 권유를 할 때 이런 식으로 말해야 거부감이 덜 느껴지는 메시지를 전하는 효과를 누릴 수 있다. 즉 무의식적인 뇌는 긍정으로 된 동사를 빠르게 흡수한다는 뜻이다. 상대방의 행동을 촉진하기 위해서는 구체적인 행동을 뜻하는 동사를 써서 제시해야 한다. 명사가 아닌 동사라야 고객에게 잘 전달된다.

평소 계약을 권할 때 하는 말을 생각해보자. 그중에 명사가 있다면 동사로 바꿔서 문장을 다듬은 후 실전에서 사용해보자. 그리고 다시 같은 의미로 행동을 거듭 촉구하는 경우에는 같은 의미를 가진 다른 동사를 쓰면서 반복하는 것이 좋다. 이런 기법은 직접 실전에서 내가 사용하고 있는 표현을 첨삭해서 실전에 적용하는 것이 매우 중요하다.

호저 기법(Porcupine technique)

고슴도치와 생김새가 비슷한 호저는 날카롭고 긴 가시를 세우고 돌아다닌다. 이렇게 따갑게 생긴 호저를 누군가 내 쪽으로 던진다면 아마 다들 성급히 어디든 딴 곳으로 되던질 것이다. 이런 상황에서 따온 기법으로, 고객의 질문에 후다닥 대응하는 것을 말한다. 그러면 어떤 상황일 때 쓸 수 있을까? 고객이 "그럼 언제 ○○할 수 있는 건데요?"라고 질문하면 이 기법을 들이댈 절호의 타이밍이다.

"잘 알겠습니다. 그럼 다음 달까지 해결될 수 있을까요?" 사실 이 말만으로는 고객의 속내를 정확히 알 수 없다. 진짜 송무를 맡길 건지 아니면 떠보는 건지 말이다. 이때 호저 기법을 통해 대응하면 감춰진 속내를 파악할 수 있다.

"고객님, 그럼 다음 달 말까지 해결해드리면 만족하시겠어요?" "정확히는 좀 더 체크해봐야 알겠지만 그 정도면 가능할 것으로 보입니다. 혹시 1주일 정도 더 걸려도 될까요?" 이런 식으로 구체적인 질문을 더 던져보고, 고객이 적극적으로 답변하면 계약이 거의 된 것이다. 이 기법은 온화하게, 마치 이미 알고 지낸 사이처럼 편하게 하는 것이 더욱 효과적이다.

거절 대응(Objection handling)

거절 대응은 비즈니스 세계에서는 피해가고 싶은 영역이다. 본격적으로 논의하기 전에 우선 염두에 둘 것은 일일이 잘 대응하는 것보다 더 중요한 것이 있다는 점이다. 즉 애초에 거절이 나오지 않는 마케팅을 해야 한다는 것이다. 그래서 앞선 마케팅 편에서 다양한 방법을 소개했는데, 그러한 마케팅 활동의 기본 기조는 환영 받는 세일즈인 것이다.

당신이 맞닥뜨릴 수 있는 가능한 모든 유형의 거절 반응에 대해 각각 대응할 만발의 준비를 해야 한다. 최악의 거절 반응을 모으고 다양한 거절 대응법에 대해 연마한 후 그중에서 그 상황에 가장 적절하면서도 당신의 개성과 의사소통스타일에 맞는 걸 선택해서 스크립트를 만들고 반복적으로 역할극 연습을 하여 준비하는 것이 좋다.

그런데 여기서 꼭 짚고 넘어갈 것은 고객이 말한 거절 사유가 사실이 아닐 수도 있다는 사실이다. 진짜 거절 사유는 사전에 공감대가 충분히 형성되지 않아 뭔가 불편하고 거슬려서인데 막상 가격을 거절 사유로 꺼낼 수도 있는 것이다. 그만큼 공감대를 형성하는 것은 영업에서 큰 비중을 차지한다. 표면적인 이유는 전략적인 질문을 통해 그 실체를 드러나게 할 수 있어야 한다. 그리고 다양한 신체 언어도 포착해야 한다. 적극적 경청이 중요한 이유도 바로 이것이다. 영업자가 자기 할 말만 신경 쓰고 고객의 반응에 둔감하면 풀 수 있는 단서를 찾기 어렵다.

🔍 기본 대응법

중요한 것은 고객의 거절에 동의를 하는 것이다. 고객은 자기 입장에서 어떻든 긍정적인 의도가 있기 때문에 거절하는 것임을 기억하자. 당신의 입장에서 볼 때 거절 사유가 맞는지 틀리는지, 합리적인지 아닌지는 전혀 중요하지 않다. 거절도 고객의 입장에서는 긍정적인 상태로 가기 위한 선택이므로, 일단 그 흐름을 거스르지 않고 같이 보조를 맞추는 것이 매우 중요하다.

"(고객의 반대 사유)에 대해 감사를 드립니다. 그리고 (새로운 행동)을 한다면 과연 어떤 일이 일어날까요? 왜냐하면 (이유)하기 때문에 제가 기꺼이 (양보 사항)해드리겠습니다."

이 기법은 네 가지 요소로 구성되어 있다. 우선 반대에 대한 동의를 한 후, 제안하고 나서, 그 이유를 들고, 그 결과 어떤 내용을 보장하겠다고 마무리한다. 여기에서 포인트는 양보이다. 왜냐하면 가장 강력한 설득의 공식, 바로 '호혜성의 원칙'이 적용되었기 때문이다. 또한 접속사 '그리고'도 눈여겨볼 만하다. 역접의 접속사가 아니기 때문에 동조하는 효과가 그대로 이어진다.

사례 1

"배울 것이 너무 많다고 생각하신다니 감사합니다. 그리고 매일 30분씩만 투자해서 석 달만 열심히 해보는 겁니다. 왜냐하면 이미 잘 아시다시피 최면언어가 설득에 있어서 너무나 유용한 도구라는 것을 아셨으니 말이죠. 만일 그렇게 하신다면, 무료 전화수업 1개월 분을 드리겠습니다."

사례 2

"요가 회원가입비가 조금 부담되신다고 하셔서 감사합니다. 그리고 만일 오늘 당장 이 프로그램을 시작하신다면 과연 어떤 일이 일어날까요? 왜냐하면 올 여름에 멋진 에스라인 몸매를 주위에 선보일 수 있기를 간절히 원하시기 때문입니다. 지금 시작하시면 기꺼이 제가 수강기간을 한달 추가해 드리겠습니다. 어떠세요?"

맨 마지막 문장 끝을 부가의문문으로 만드는 것도 좋다. 여기서 재미있는 것은 지금 당장 새로운 행동을 권할 때 그 내용이 반드시 논리적이지 않아도 된다는 점이다. 그것이 가능한 이유는 바로 고객이 원하는 가치에 있다. 얻고 싶은 가치가 생생하게 살아 숨쉬기 때문에 꼭 논리적인 추론이 없더라도 고객은 전혀 거부감이 없기 때문이다. 그렇기 때문에 고객이 간절히 원하는 바를 제대로 아는 것이 중요하고, 이를 위한 사전 작업인 공감대 형성 또한 중요한 것이다. 물론 추가적인 혜택을 주는 옵션사항은 충분히 사전 협의를 통해 가이드라인이 있어야 한다. 줄 수도 없는 혜택을 준다고 해놓고 나중에 무르는 일은 절대 없어야 한다.

"네(부정적 반응에 대한 동의한다). 그러나(제안 제품/서비스의 긍정적인 면) 그리고 만일 고객님이 (감정이나 가치)에 전념하신다면, 고객님은 반드시 제안에 몰두하실 수 있을 겁니다."

마찬가지로 네 가지 요소로 구성된 문장이다. 우선 부정적인 고객의 반응에 공감을 표시하고, 이어 당신이 제안하는 긍정적인 면을 밝힌다. 그런 다음 감정이나 가치에 대해 전념할 것을 말하고 마지막으로 제안이나 추가 제공하는 바를 제시한다.

"네, 그렇습니다. 이런 최면언어를 자유자재로 쓰기까지 부단한 노력과 시간이 드는 것은 맞습니다. 하지만 아시다시피 이번에 집중해서 노력하면, 결국엔 큰 도움이 되실 겁니다. 그리고 만일 고객을 감동시키고 인생의 승리자가 되는 것에 전념하신다면, 이것을 배우는 데 시간을 따로 내서 집중하셔야 합니다."

고객의 거절에 동의하는 것을 주목하자. 사람이란 자기가 한 말에 동의하는 사람을 미워할 수 없게 되어 있다. 그 다음엔 고객의 입장에서 동의할 수밖에 없는 사실을 말하고, 이어 그러기 위해서 구체적인 행동이나 결정이 뒤따라야 한다고 하면, 이것을 거절하기란 쉽지 않다.

"네, 회원권 가격은 변동할 수 없습니다만 본 프로그램은 고객님께서 원하시는 모든 특징을 갖췄습니다. 그리고 고객님이 그토록 간절히 원하는 환상의 이효리 에스라인이 되는 것에 전력을 기울이실 거라면, 이 가격이 합리적이라는 사실을 확인하시게 될 겁니다."

"(당신의 목표)와 (미래의 장애사항)을 감사합니다. 이전에 우리가 함께 했던 것처럼, (미래의 장애물)을 극복할 그 순간을 한번 상상해 보세요. 지금 정말 좋지 않으세요?"

이 기법은 과거에 잠깐이라도 고객과 함께 한 일이 있을 때 사용하면 좋다. 만일 함께 노력해서 작은 문제를 해결한 경우라면 더 좋다. 왜냐하면 둘이 하나가 되어 공동의 적인 장애물을 극복한 유대감이 강력한 공감대를 이룬 상태이기 때문이다.

당신의 제안을 상대방이 동의는 하지만 미래에 있을 장애를 망설이는 경우에 적용한다. 먼저 당신의 결과를 밝히고 상대방의 반대에 동의한다. 그리고 과거에 함께 극복했던 것처럼 미래에도 극복한 모습을 상상하도록 한다. 마지막으로 그런 상상을 하니 좋지 않냐고 확인하는 질문으로 마무리한다.

- 예) 최면언어기법이 마음에는 쏙 드는데 배우는 데 시간이 많이
    걸린다고 하소연하는 경우
"여러분 모두 최면 세일즈 언어에 대해 지속적으로 공부해서 제가 알려드리는 내용을 모두 배우시길 간곡히 권합니다. 배우고 연습하는 데 너무 많은 시간이 소요된다고 하신 점, 감사합니다. 우리가 함께 이 책으로 열심히 공부해서 최면언어기법을 마스터하는 순간을 한번 상상해 보세요. 그리고 우린 이미 전에 함께 일한 적도 있잖아요. 그때 생각하

면 지금 참 좋지 않은가요?"

맨 마지막을 고객의 선호 감각체계에 따라 알맞게 조절하면 더 좋다. "괜찮게 보이지 않으세요?, 좋게 들리지 않으세요?, 그렇게 느껴지시죠?"

결정파기패턴(Decision destroy patterns)

고객이 거듭해서 의문을 제기하고 따져보다가 생각할 시간을 요구했고, 그 결과 고객의 결론이 당신이 원하는 대답이 아닌 경우에는 그 결정을 해체하는 데 필요한 멘트를 던질 줄 알아야 한다. "그 결정을 내렸을 때 어디에 계셨나요, 고객님?" 이 질문을 들은 고객은 자기가 결정을 내린 곳이 어딘지 생각하기 위해 뇌를 쓰게 된다.

뇌는 과거를 회상하거나 미래를 상상할 때 작은 최면 상태가 된다. 이어서 다시 현재로 돌아오게 하는 멘트를 한다.

"중요한 것은 이전에 어떤 결정을 했는지가 아니라 앞으로 이 위기를 어떻게 대처할지 결정하기 위해 어떻게 같이 노력할 것인가 입니다."

이때 결정은 현재시제로 표현한 것에 주목하자. 질문을 통해 고객의 시제를 과거로 돌렸다가 다시 현재로 전환한 것이다. 이렇게 하면 고객의 저항이 급속히 약화되면서 이후 전달하는 메시지를 선택할 가능성이 높아진다. 이 기법 역시 혼란한 상태를 싫어하는 뇌의 본능을 활용한 혼돈법이다. 이 경우는 시제의 변경으로 인한 혼돈으로 빨리 안정을 되찾고 싶은 본능 때문에 이후 들려오는 메시지를 거부하기 어렵게 된다. 생소해 보여도 실전에서 응용해 쓸 수 있다면 다된 밥에 재를 뿌리는 허망한 일은 줄어들 것이다.

적극적으로 수임을 검토하겠다고 조만간 결정하자면서 일어나는 고객이 변심한 경우가 적지 않다. 변호사와 헤어지고 나서 고객이 다른 사람의 의견이나 다른 변호사의 제안에 결정을 번복할 가능성이 분명 있기 때문이다. 설상가상으로 내가 아는 다른 변호사에게 갔다면 정말 속상하다. 이런 상황을 대비하는 예방 조치가 필요하다.

"고객님과 저 모두 이것이 옳고 최선의 결정임을 알고 있습니다. 왜냐하면 우리는 제반 모든 사실을 함께 검토했기 때문입니다. 하지만 누군가가 당신에게 왜 이런 결정을 내렸냐고 묻는다면, 어떻게 대답하시겠어요?"라고 묻자. 이어 고객이 하는 대답을 들어야 한다. 고객은 대답을 준비하는 과정에서 다시 논리적으로 사고할 것이고 스스로 계기를 다지게 되기 때문에 의사결정이 공고해지며 면역력이 생긴다. 또한, 분명히 긍정적으로 의뢰를 생각하는 것 같은데 결정을 망설이는 고객에게도 이 기법이 효과가 있다.

후최면암시(Post hypnotic suggestion)

후최면암시란 대화최면 이후 상대방에게 어떠한 행동을 하게 하는 암시를 의미한다. 기본 구조는 '~를 하면 ~가 된다' 또는 '~가 되면 ~를 한다'이다. 이는 고객의 무의식을 자극하는 암시로 이 말을 마친 후, 일상생활에서도 작동하게 프로그래밍을 하는 기법이다. 이렇게 NLP는 사람의 행동에 영향을 미치게 뇌를 자극하여 행동을 이끌어 낸다.

"주위에 누군가 법률적인 노하우가 필요하신 분을 보시면 즉시 제게 전화를 꼭 주세요."

"억울한 피해를 당해서 힘드신 분이 있는 걸 알게 되시면 바로 저희 사무실에 연락을 주세요."

이때 중요한 것은 구체적인 행동을 설정하는 것이다. 단순하게 주위 분들에게 소개해 달라는 것은 약하다. 전화를 걸게 하든가, 방문을 하라는 식으로 구체적인 행동을 설정하여 제시하는 것이 포인트이다.

고객추천 요청

고객추천은 새로운 비즈니스를 창출하는 데 매우 유용하다. 특히 기존 고객을 통한 고객추천은 그야말로 기회의 땅이다. 성공적인 수임결과를 보면 지인들은 변호사에게 고마움을 느낀다. 설사 승소하지 못한 경우라도 고객이 그간의 노력에 진심으로 고마워한다면 결과는 마찬가지이다. 왜냐하면 추천은 신뢰를 바탕으로 하기 때문이다. 고객 추천이 주는 혜택은 다양하다. 지인을 통한 추천이기 때문에 첫 미팅 약속을 잡는 것도 훨씬 수월하고 접근 비용도 적으며, 거부감이 적은 상태에서 시작하기에 수임도 더 잘 된다. 또한 추천한 사람과의 관계도 의식하기 때문에 바로 거절하기도 어렵다.

그럼에도 많은 변호사들이 고객추천에 능통하지 못하다. 그 이유는 다양한데 우선 그런 소개의 말을 하는 자체를 잊거나, 배짱이 없는 경우도 있으며 고객이 알아서 해주겠지라는 낙관주의도 한몫한다. 그렇지만 아무래도 가장 큰 이유는 어떻게 해야 할지를 잘 모르기 때문이다.

그런데 이 시점에서 제대로 된 조치를 취하지 않으면 기존 고객에게 추천을 얻을 기회를 날려버리게 된다. 지금도 많은 변호사들이 가장 적은 노력으로 큰 수확을 거둘 수 있는 고객추천의 기회를 허공으로 날리고 있다. 가장 큰 이유는 역시 제대로 고객을 추천해 달라는 메시지를 보내지 못해서이다. 그저 알아서 소개해 주겠지라는 생각은 동화 속의 상상이다.

사람은 행동을 유발하는 암시를 얻지 못하면 그 상황이 되어도 구체적인 행동이 나오기 힘들게 프로그래밍되어 있다. 그 상태를 깨고 행동을 유발하게 하는 자극을 미리 심을 필요가 있다.

이를 위해 필요한 메시지의 핵심적 요건은 두 가지인데 하나는 고객의 무의식에 행동이 유발되는 암시를 하는 것이고 두 번째는 행동요소를 포함한 자극을 심는 것이다. NLP의 후최면암시와 앵커링, 그리고 미래상상기법을 활용한다.

후최면암시(post hypnotic suggestion)를 활용한다. "지인분들과 이야기 나누시다가 혹시 법률적인 문의사항이 있을 때 바로 제 휴대폰으로 꼭 전화주세요"는 "지인 중에서 변호사 찾으시는 분 있으면 연락 주시는 거 잊지 마세요"라는 표현보다 훨씬 강력한 고객추천 메시지이다. 고객 역시 바쁜 일상을 보낼 것이므로 이 부탁을 계속 기억하기 어렵고, 그리고 더 큰 이유는 행동을 촉진하는 암시가 빠져 있기 때문에이다. 즉 누군가를 추천할 수 있는 타이밍이 와도 구체적으로 추천활동이 나오지 못하고 사라지는 상황이 되기 십상이다.

여기에 토핑을 얹자면, 추가적으로 앵커링(anchoring)으로 특정 자극을 무의식에 심는 것이다. 앞선 후최면암시 문장을 말로만 하지 말고, 어떤 행동을 통해 자극을 심는 것이다. 예를 들어 휴대폰을 꺼내 들고 전화번호를 누른 후 귀에 대는 동작을 취한다든가, 상담 중에 사용했던 앵커를 다시 재생하는 것이다. 혹은 대화 중 자주 했던 표정이나 제스처도 사용할 수 있다. 그리고 미소는 언제나 강력한 앵커링이다.

그러면 상대방은 무의식 중에 그 암시와 자극을 입력하게 될 것이고 추후 추천할 기회가 있을 때 자신도 모르는 사이에 내게 연락을 줄 것이기 때문이다. 대화최면은 이만큼 강력한 효과를 낼 수 있다.

또한, 미래 보조 맞추기(future pacing)을 활용해도 좋다. "고객님과 친한 그분께서도 이런 좋은 법률자문을 받고 도움을 얻으신다면 얼마나 좋을까요. 두 분이 더욱 친해지시는 모습, 얼마나 좋으시겠어요?"라는 문구에는 흐뭇한 미래의 모습을 슬쩍 상상하게 만드는 효과가 있다. 깨알 같은 팁 하나가 사실 이 문장에 숨어 있는데 눈치 채셨으려나. 오 바로 전제(presuppositions)기법이다. '이런 좋은'이 바로 그것이다. 그냥 서비스가 아닌 좋은 서비스를 전제로 깔아놓는 정교한 화법이다.

헤어지고 나서 한 달 후 자필로 편지나 엽서를 쓰는 것도 매우 좋은 방법이다. 안부를 묻고 근황에 관심을 가는 표현, 그 중에서도 최근 기분 좋았던 일에 대해서 물어본다. 이는 그런 질문을 통해 상대방의 상태를 긍정적으로 만드는 효과를 생성하기 위해서이다. 마지막에 후최면암시 문구를 넣으면 딱이다. 아울러 나를 잊지 말라는 물망초 그림도 넣고, 여기에 유용한 정보가 있는 사이트를 안내하면 금상첨화!

그리고 또 다시 한 달 뒤에 고객추천 엽서를 보낸다. 기존 고객은 물론 만났던 잠재고객에도 적용 가능하다. 고객을 인정하고 이해하는 메시지와 함께 후반부에 간곡하고 진솔하게 부탁한다는 표현을 넣으면 된다. 진정성은 가장 큰 무기가 된다. 이종 전문가들과 교류하면서 서로 고객을 맞교환 추천하자고 할 때에도 막연하게 하지 말고 이와 같은 기법을 활용해서 표현한다면 더욱 효과적일 것이다.

그런데 꼭 추천을 이렇게 승소하고 나서 헤어지기 전에만 해야 하는 것일까? 아니다. 언제든지 활용할 수 있다. 고객과 상담하면서 미리 이러한 고객추천의 암시를 설치할 수 있다. 바로 이야기 화법(storytelling)과 은유(metaphor)를 통해서다.

"방금 하신 그 질문은 아주 예리하셨습니다. 그리고 충분히 고객님 정도 되시는 분이라면 응당 체크하실 줄 알았습니다. 아참, 얼마 전에 다른 고객님 추천으로 만났던 한 사장님도 그와 꼭 같은 질문을 하셨죠."

이렇게 대화 속에 나는 이미 고객의 추천을 받은 사람이라는 걸 넣어 당신도 그렇게 하라는 부드러운 암시를 할 수 있다. 설사 계약에 이르지 못해도 이 기법은 효과적이다. 혹은 주위에 그런 추천 고객과 함께 찍은 사진이나 기념품 등이 있다면 그걸 보여주는 것도 은유를 활용한 멋진 기법이다. 그리고 추천을 받아서 잠재고객을 만난 경우에도 후속 작업이 필요하다. 그날 저녁에 이메일로 감사를 표하고 앞으로의 경과를 언급하는 내용을 싣는다. 그리고 적절한 시점에 엽서나 카드를 보낸다. 정성이 쌓이면 고객은 스르르 내 편이 된다.

신개념 콜드 콜링

콜드 콜링(cold calling)이란 모르는 사람에게 전화를 걸어 영업하는 것을 말한다. 이 대목에서 불쾌하실 수도 있겠다. 피해자들에게 전화를 걸어 의뢰를 요청하거나 헤드셋을 끼고 마치 텔레마케터처럼 전화를 하라는 건 너무한 거 아니냐고 항변하실 수도 있겠다.

결론적으로 미리 말씀 드리자면, 최고의 전문가가 그럴 필요는 전혀 없다. 물론 기본적으로 변호사는 전화로 아무한테나 법률서비스를 제안할 수는 없다. 물론 그럴 필요도 없다. 하지만 콜드 콜링의 의미를 제대로 알고 적절히 사용한다면 윤리적인 영업이면서도 부가가치가 적지 않다.

뭐든 그 자체가 나쁘기보다는 '제대로'가 아니기 때문에 문제인 것이다. 기본적으로 변호사는 훈훈한 전화(warm call)로 영업을 하는 게 일반적이다. 즉 다양한 마케팅 활동으로 나에게 전화를 걸어 온 잠재고객을 상담하고 수임을 한다.

기본적으로 이 책 앞부분의 마케팅 시스템을 잘 구현하면 잠재고객에게 술술 연락이 올 것이다. 최선의 노력으로 답하고 고객추천을 받아서 이어가면 된다. 사실 그 정도 마케팅 시스템이 가동되어 탄력을 받으면 이 콜드 콜링을 할 시간도 없다.

그럼에도 이렇게 별도의 주제로 선정하여 글을 쓰는 이유는 마케팅 시스템 구축 초반이나 세미나 마케팅을 전개할 경우 콜드 콜링으로 비즈니스가 더욱 살아나기 때문이다. 그런데 이것은 주소록을 쫙 펼쳐놓고 일일이 고객 발굴에 나서는 것이 아니다. 잠재고객에게 도움이 되는 어떤 가치를 제안하는 식으로 전개하기 때문에 변호사로서의 품위를 잃거나 자존심 상하는 일은 절대 없다.

잠재고객에게 전화를 걸어 무료로 유용한 정보를 제공하거나 세미나에 초대하거나 회의에 패널로 참가할 것을 권하거나 인터뷰 기회를 제공하는 것이다. 또한 고객추천을 받은 경우도 만나기 전에 전화로 인사를 하면서 무료 정보를 제공하거나 볼 수 있게 해도 좋다. 지인과 대화 도중 알게 된 대상자에게도 전화를 걸어서 누구와 이야기하다가 귀하에 대해서 알게 되었다면서 안부 전화 차 전화한다며 무료 정보를 제공하는 것이다. 이를 위해서는 고객에게 제공할 정보가 구비되어 있어야 하고 모바일로도 연동되어야 한다. 콜드 콜링은 3단계 과정으로 이루어신다.

1. 자신이 누구인지 밝히고
2. 가치 있는 무언가를 제공한 후
3. 구체적인 행동을 취하도록 제안하는 것이다.

"안녕하세요, 김 사장님. 저는 ○○의 홍길동 변호사라고 합니다. 이렇게 전화를 드린 이유는 오늘 아침 신문을 읽다가 귀사에 도움이 될 만한 기사가 있길래 사장님 생각이 나서 전화를 드렸습니다. 그리고 다음 주에 제가 속한 변호사 정기 모임에 사장님을 패널로 모시고자 하는데 어떠신지요?" (중간 생략) "아, 감사합니다. 사장님처럼 훌륭한 분을 모시게 되어 영광입니다. 그러면 자세한 내용을 이메일로 바로 드리겠습니다. 보시고 혹시 궁금한 사항이 생기면 언제든지 연락을 주시기 바랍니다. 행사일은 다음 주 금요일 저녁 7시, 장소는 오리엔탈호텔입니다. 감사합니다."

또한 기업이나 지자체의 고문변호사에 지원할 때도 그냥 이력서만 넣지 말고, 이와 같은 기법을 응용할 필요가 있다. 구직자들은 흔히 소정의 서류만 제출하고 면접 연락이 오기만 바라는데, 창의적이고 도전적인 구직자라면 색다른 접근도 가능하다. 그리고 기업 고문변호사의 경우 모집공고가 난 후에 지원하는 건 성공 확률이 적다.

변호사 채용공고가 나지 않아도 평소 눈여겨보았거나 애착이 가는 기업 중에서 몇 개의 후보를 선정하고 사전에 독특한 포지셔닝을 하면, 고객이 관심을 갖고 미팅을 하자고 할 것이며 이후 고문변호사가 될 수 있는 여지가 충분히 있다. 현재 사내변호사나 고문변호사를 원하는 변호사들이 많아 경쟁률은 날로 치열해지고 있다. 창의적 포지셔닝으로 비교우위를 달리해서 기존 모집은 물론 내 스스로 자리를 개척할 수 있다.

앞선 가치 있는 오퍼가 없어도 전화영업은 얼마든지 가능하다. 그러자면 일단 가치 있는 주제를 잡아야 하고 고객이 지닌 갈등이나 위험 요소를 찾아내서 이에 부합하는 전화대본을 만들고 전화영업을 하는 것이다. 변호사는 이 경우 유리한 입장에 있다. 왜냐하면 법률과 제도에 조금만 변화가 생겨도 이로 인해 불이익이나 위기가 생기는 기업이나 업계가 있기 때문이다. 조금만 시도해보면 얻어 걸리는 중에 의외로 큰 고객을 만날 수도 있고 소개를 받을 수도 있다. 그리고 이게 은근히 게임 같아서 재미도 있다. 개별 기업도 좋고 협회는 더 좋다.

"안녕하세요, 박 회장님. 저는 ○○전문변호사 이태백입니다. 최근 법 개정이 된 내용을 살피다가 회장님이 속하신 협회에 도움이 될 만한 사항을 발견하여 이렇게 전화를 드립니다. 관련법 몇 항에 의하면 핵심 요지는 바로 ○○○입니다. 법률이 개정되어서 조만한 업체마다 대응책에 부심할 것으로 보입니다. 이와 관련해서 직접 찾아 뵙고 말씀을 드리고자 합니다."

협회의 리더인 회장은 자기 협회가 잘 되는데 있어서는 그 어떤 제안이나 정보에도 귀를 기울일 것이다. 변호사는 이러한 가치제안을 짜는 데 있어서 그 어떤 전문직보다 유리한 입장에 있다. 주도적인 성격이라면 당연히 도전해야 하고, 그렇지 않더라도 몇 번의 시행착오를 거치면서 실질적인 감과 노하우를 연마할 수 있을 것이다. 무모한 영업이 아니라 가치를 담은 제안으로 고객에게 만족을 전하는 멋진 사회적 활동인 셈이다.

Chapter

/

08

—

네트워킹

Chapter 08

네트워킹

네트워킹 일반

네트워킹이라는 단어를 보면 무엇이 연상되는가? 많은 사람들은 영화처럼 시끌벅적한 대규모 연회장에서 저마다 턱시도와 드레스를 입고 화려한 무도회와 같은 분위기를 연상하곤 한다. 또는 그래도 최고의 전문직인데 그렇게까지 의도적으로 사람을 만나러 다니고 싶지는 않다고 생각할 수도 있겠다.

좋은 네트워킹이란 관계를 형성하고 발전시키는 과정을 의미한다. 꼭 직접 만나는 것보다 훨씬 큰 범주이다. 우리는 매일 누군가와 만나며 살아간다. 전문직의 비즈니스가 잘 되기 위해서는 계약 성사 확률이 높은 사람들과 관계를 맺고 유지하며 추천을 받아야 한다. 하루에 쓸 수 있는 시간은 정해져 있기에 부가가치가 높은 사람들과의 오프라인 및 온라인 노출에 신경을 써야 한다.

네트워킹은 설사 모르는 사람이라도 그들에게 도움이 되는 그 무언가를 제공함으로써 관계를 맺어나가면 자연스럽게 형성된다. 변호사가 되고 나서 어느 시점이 되면 대개 네트워크의 필요성을 절실히 깨닫게 된다. 그래서 동창회부터 시작해서 다양한 모임에 참가하게 된다. 얼굴을 많이 내비치고 발로 뛰면 어떻게든 소개를 받을 수 있을 것 같다. 그러나 몇 번 모임에 참석해도 소기의 목적 달성이 잘 안 된다는 사실을 깨닫게 된다.

그래서 이런 책을 보면서도 네트워킹을 다루는 장은 그냥 대충 보거나 아예 뛰어넘기도 한다. 혹은 이종 전문가들과 서로 고객을 주고받으면 좋을 것 같아서 친구나 선후배 중 의사나 회계사 등과 만날 때 고객 바터(barter)를 제안한다. 상대방도 좋다고 했고 악수도 나눴으며 기분 좋게 맥주도 한잔 한다. 그런데 그도 나도 그 이후 아무런 교류가 없는 경우가 대부분이다. 이런 식으로는 잘 안 된다. 그래서 이후 새로운 모임공지가 와도 시큰둥하게 되며 점점 나가지 않게 된다.

일단은 내가 생각하는 이상적인 고객이 많은 연못에서 낚시를 해야 한다. 그들이 관심 가질 만한 미끼를 준비해야 하고 그들에게 다가서야 한다. 또한 틈새시장을 잘 선택해서 그곳에 집중하는 것도 훌륭하다. 그리고 먼저 나의 성격을 파악해 네트워킹 하는 데 어떤 장점과 단점을 가졌는지도 고려해야 한다. 내성적인 사람은 노력해도 대면 네트워킹이 힘들 수 있기 때문이다. 앞선 마케팅 시스템 편을 통해 이미 이러한 성향의 사람도 얼마든지 창의적으로 고객을 확보할 수 있다는 사실을 아셨을 것이다.

네트워킹도 제대로 알고 하지 않으면 시간 낭비이다. 네트워킹 자체가 의미가 없는 것이 아니라 제대로 해내지 못한 결과이다. 이왕이면 개인보다는 협회 등 단체를 통한 집중적인 마케팅을 권한다. 무턱대고 협회만 하면 안 되고 개인 프로스펙팅을 우선 집중하고 여기에서 좋은 결과가 나올 때 좀 더 큰 네트워크를 형성하기 위해서 협회 마케팅이 매우 효과적이란 것이다. 그리고 책을 쓰거나 강연하면서 만난 사람들은 후속연계시스템을 가동하여 지속적으로 관계를 유지하면 된다. 그리고 의사결정권자 레벨의 인맥을 늘리는 데 중점을 둘 필요도 있다. 그 사람이 속한 단체, 구독하는 잡지, 취미 등을 파악하여 이후 다양한 마케팅 활동을 전개하면 된다.

이제 변호사는 법을 매개체로 한 네트워커여야 한다. 더욱이 법률이라는 아주 훌륭한 도구를 이미 갖고 있기 때문에 네트워킹에 아주 유리하다. 의사는 병원을 떠나 있는 시간이 별로 없지만 변호사는 이동성에 제약이 훨씬 적어서 그만큼 네트워킹 역량은 성공의 주요 열쇠가 된다. 이제부터는 네트워크 모임에 참석할 경우 어떻게 해야 하는지 알아보자.

먼저 대화법을 잘 익혀놔야 한다. 좋은 네트워크 대화란 세 단계로 이루어진다. 첫 번째로 다가가서 대화를 개시하는 것, 두 번째 상대방에 대해서 알아가는 과정, 마지막으로 당신이 어떻게 파트너를 도울 수 있는 것인가에 대한 나눔이다.

모임에서 혼자 있는 사람 중 호감 가는 사람이 있다면 먼저 다가간다. 가장 손쉽게 건넬 수 있는 말은 어떻게 해서 모임에 왔는지 묻는 것이다. 이때는 개방형 질문이 좋다. 혹은 부정할 수 없는 사실을 언급하면서 부가의문으로 마무리 하는 것도 좋다.

"참 분위기 좋은 저녁이네요, 그렇죠?" 이때 상대방이 무언가 긍정의 표시를 하면 좀 더 다가서서 마찬가지로 자명한 사실(truism)을 더 날린다. "오신 분들도 다들 좋으신 분 같네요" 등등.

이렇게 첫 만남에서는 부정할 수 없는 내용을 말하고 수긍하고의 연속을 통해, 즉 'yes sets'을 통해 공감대를 형성한다. 그러고 나서 서로 어떤 일을 하는지 정보를 나눈다. 이때 상대방이 내가 원하는 고객부

류에 속하지 않았다고 해서 급히 대화를 끊고 헤어지면 안 된다. 왜냐하면 그 사람 주변에 어떤 사람이 포진되어 있는지 모르기 때문이다. 최소한 좋은 이미지를 남기는 것은 기본이다.

이때부터는 내가 아닌 상대방에 대해서 관심을 보이는 질문이 이어져야 한다. 그 사람의 직업에 대해서, 특히 그가 어떤 고객이나 시장에 관심이 있는지 꼭 묻는다. 그 이유는 이 말을 하기 위해서이다.

[open question]
"그럼 당신에게 의미가 있는 고객층은 어떤 사람들인가요?"
[chunking down]
"좀 더 자세히 말씀해 주시겠어요?

그러면 상대방은 자기의 관심사이기 때문에 기분이 좋아지면서 말을 길게 할 것이다. 이때 앞서 배운 다양한 공감대 기법을 쓰면 관계가 더욱 돈독해질 수밖에 없다. 이렇게 해서 어느 정도 충분히 상대방과 상대방이 원하는 고객에 대한 이야기를 들었으면 이제 서서히 내 이야기도 시작한다. 이때 앞서 배웠던 엘리베이터 피치(elevator pitch)를 활용해서 나를 소개한다. 어떤 내용인지 짧고 간결하게, 그리고 주의를 집중시킬 만한 내용이면 더 좋고, 마지막으로 어떤 혜택을 제공하는지에 대해서 언급하면 된다.

상대방의 이야기를 잘 들으면서 바디랭귀지도 체크한다. 또한 고객의 선호표상체계를 파악하여 시각형인지, 청각형인지, 감각형인지에 따라서 적절히 감각언어를 포함해서 말한다. 평소 사람을 만났을 때 사용하는 소개글을 작성하고 3가지 버전으로 대사를 만들어서 연습을 몇 번하면 곧 익숙해진다. 그리 어렵지 않다.

대화 중간중간 '잘 아시겠지만'라는 표현을 넣는 것도 좋다. 이로써 고객은 존중 받는다는 기분이 들기 때문에 효과적이다. 그리고 또 중요한 것은 대화를 부드럽게 이어가야 한다는 점이다. 대화란 물 흐르듯이 흘러야 제 맛이다. 주고받으며 리듬을 타야 한다. 기본적으로는 말하는 것보다 적절한 질문을 던지고 상대방의 이야기를 들어주는 것이 남는 장사이다.

네트워킹이 어느 정도 기본에 익숙해지면 자기 색을 입혀서 다양하게 시도하는 것도 좋다. 대담하고 재치가 있다면 패턴 가로막기(pattern interrupt)를 응용해도 좋다. 또 갑자기 황당하게 하거나 놀라게 한 후 부드럽게 수습하는 것도 좋다.

정도는 없다. 다만 여기에서는 기본을 언급하고 있을 뿐이다. 그래도 사람을 만나는 게 부담스러우면 글이나 기사를 쓰거나 아니면 소셜 미디어를 통해 글자로 대화하면 된다. 혹은 팟캐스팅 방송을 해도 좋다. 다음은 일반적으로 적용되는 룰로서 네트워크 모임에서 유의할 사항들이다.

정시에 도착한다.
평소의 나대로 평온하라.
미소를 짓고 다정다감하게 사람들과 만나라.
받으려고 하기보다는 줘라.
자신감 있고 진솔하라.
질문을 던져서 대화를 시작하라.
시선을 마주칠 때 진정성을 보여라.
남들이 다가오길 바라지 말고 먼저 그들에게 다가서라.
악수를 매너 있게 하라.
모임에서 중요한 사람들하고만 있으려고 하지 말라.
명함을 준비하고 교환할 때 에티켓을 잘 지켜라.

늘 메모 준비를 하라.

나를 너무 드러내고 과시하지 말라.

이 모임은 건질 게 없다는 식의 뉘앙스를 풍기지 않는다.

과도한 긴장은 불편해 보인다.

자, 어쨌든 시행착오도 있겠지만 이제 여러분은 모임에서 네트워크를 형성하는 것에 대한 부담은 사라졌다. 여러 사람들과 명함을 주고받았고 좋게 헤어졌다. 오늘 정말 보람찬 시간을 보낸 것 같아 마음이 뿌듯해질 것이다. 그러나 좋아하기는 아직 이르다. 이제부터 진짜 네트워킹의 가치를 높여야 할 시점이기 때문이다.

이제는 후속연계 마케팅이다. 사람을 많이 만나는 게 능사가 아니다. 네트워킹에 신경을 썼는데 별 소득이 없다는 사람치고 팔로우업(follow-up)을 제대로 한 사람은 거의 없다. 어떻게 처음 만난 사람이 나의 이상적인 고객일 수 있겠는가? 법률서비스가 필요한 타이밍을 어떻게 맞출 수 있겠는가?

따라서 지속적인 관계를 형성하고 이후를 도모해야 한다. 모임에서 아무리 상대방에게 좋은 인상을 주었다고 해도 호감은 휘발성이 강해서 금방 잊혀지게 된다. 만난 날은 물론이고 이후 일정한 시점마다 반복해서 관계유지 노력을 보내야 네트워크가 형성된다.

이상적으로는 만난 사람 모두에게 팔로우업을 해야 하나 사실 시간적으로나 효과면에서나 그렇게 하기는 쉽지 않다. 그래서 고객등급기준을 세우고 분류해서 관리하는 것이 바람직하다.

3개의 등급으로 나누어 후속연계 마케팅 활동을 차등 적용한다. 등급을 정하는 기준은 부가가치와 예상소요시간을 감안한다. 알아두면 추천도 많이 받고 조만간 수임이 가능하면 A등급, 부가가치가 큰데 시간이 걸리면 B, 나머지는 C로 분류한다. 이는 개인적인 상황에 따라 달라질 수 있다. 당장 수임이 없어서 고민이라면 시간이 소요되는 쪽보다는 아무래도 당장 수임이 가능한 편이 낫고, 그런대로 여유가 있다면 중장기적인 비전을 가진 잠재고객을 선택한다.

마케팅은 모두를 커버하지 못한다면 최소한의 노력으로 최고의 결실을 보는 쪽을 주력해서 공략하는 것이 효과적이다. 또한, 틈새시장을 잘 선택하는 것도 중요하고 보유하고 있는 예산도 감안해야 한다.

그리고 리스트는 한번 정했다고 계속 가는 것이 아니다. 때때로 다시 리스트를 나열하고 여건을 감안하여 우선순위를 다시 조정한다. 대부분의 변호사들이 하는 팔로우업은 이메일을 보내는 것이고 조금 더 신경을 썼다면 노트패드를 사용해서 손편지를 썼을 것이다. 손편지는 강력하다. 워낙 웹이나 모바일이 대세이다 보니 손편지는 거의 자취를 감췄다. 적어도 A등급 고객에게는 꼭 손편지를 쓸 것을 강력히 권한다.

이 외에 적용할 수 있는 팔로우업 기법은 다음과 같다.

- 구글 알리미를 활용하여 주요 고객에 관한 기사를 자동으로 이메일로 받은 후, 해당하는 내용을 고객에게 보내면서 이메일 쓰기
- 다양한 법률정보를 제공하고 고객이 미리 대비하게 알려주는 이메일 전송
- 각종 세미나에 고객 초청
- 전문가 모임에 강연이나 패널 기회 부여
- 생일 기념 카드 보내기
- 이종 전문가 추천하기
- 고객이 좋아하는 음식과 관련된 맛집 소개 자료 보내기
- 뉴스레터나 잡지 보내기
- 도움되는 정보제공
- 식사나 차 대접하기
- 뜬금없는 감성적인 안부 편지

이러한 노력을 하면서 너무 조급해하면 안 된다. 네트워킹은 기다림의 미학이 녹아있다. 농사도 추수하려면 시간이 걸린다. 여러 가지 활동 중에서 그래도 가장 강력한 것은 역시 직접 만나는 것이다.

평소 A급 고객의 소재지를 염두에 두고 외근 일정을 짜서 잠깐이라도 만나야 한다. 비즈니스는 일단 만나다 보면 뭔가 거리가 생기기 마련이다. 단발성이 아니라 지속적이어야 한다. 평소 고객에게 유용함을 주는 활동을 통해 당신을 만나보고 싶어하는 인원이 많아질 때 비로소 그 네트워킹은 살아 숨쉰다고 볼 수 있다.

법률서비스의 고객은 병원과 좀 다르다. 병원은 아파서 스스로 오는 것이고 변호사는 사건, 사고가 아닌 이상 당장 시급하지 않은 고객이 훨씬 많다. 그래서 변호사는 관계유지 및 심화가 중요하다. 더 세부적인 내용은 「후속 연계 시스템」편을 참조하기 바란다.

Advanced 네트워킹

미래형 변호사의 핵심역량은 남다른 네트워킹 능력!

🔍 법률서비스만? vs. 법률서비스도?

지금까지 변호사의 일은 법률서비스를 통한 고객만족이 주를 이루었다. 그 영역 내에서 주력시장이나 틈새시장을 선정하여 주 타깃고객층을 위주로 다양한 마케팅 활동과 영업력 그리고 네트워킹을 해왔다.

최근 들어 변호사의 입지가 갈수록 좁아지고 있다. 이러한 어려움의 주요 원인으로 다들 변호사 시험 합격자 수가 증가한 것을 지적한다.

물론 현상만 놓고 보면 맞다. 그러나 맥락을 다시 봐야 한다. 직종마다 정도의 차이는 있으나 이는 대체적으로 비슷한 양상을 보이고 있다.

병원은 의료서비스만으로 유지가 어려워지자 수익화 사업을 다각도로 펼치고 있고 회계사도 회계처리 및 결산 위주의 컨설팅에서 전문화된 틈새시장 위주의 컨설팅으로 확산되고 있다.

변호사 업계도 기존의 틀을 깨고 시장의 니즈에 부합해야 하고, 나아가서 새로운 영역의 서비스를 제공하는 쪽으로 가야 하는 시류의 한복판에 있다. 단도직입적으로 말하겠다. 향후 변호사 업계에 가장 적절한 화두는 이것이다.

'법률서비스만 할 것인가, 아니면 법률서비스도 할 것인가?'

이 두 가지 화두를 가르는 기준은 경쟁자가 누구냐에 따라 달라진다. 전자는 다른 변호사나 로펌이 경쟁자이고, 후자는 고객의 곤란함을 해결해주는 다양한 솔루션 제공자가 경쟁자가 된다. 경쟁자를 바꾸니 변호사의 정의가 달라진다. '법률서비스만' 제공하는 변호사라는 틀을 고수하니까 합격자의 수에 민감할 수밖에 없다. 하지만 이제 변호사는 체질 개선을 통해 고객의 문제를 해결하는 해결사, 즉 솔루션 제공자로 성장해야 한다. 이를 위해서는 다양한 분야의 솔루션을 장착해야 한다. 물론 이것은 혼자서 할 수 없다. 다양한 분야의 전문가, 업체와 강력한 네트워크를 형성해야만 가능하다. 그렇다. 미래의 변호사 모델은 '전방위 네트워커(total networker)'이다.

개인이나 조직의 형태에 관계 없이 실질적인 도움을 주는 수호천사와 같은 역할이 향후 변호사들에게 꼭 필요해질 것이다. 이를 위해 법률서비스의 전문성을 더욱 예리하게 다듬고, 자기의 개성과 특성에 최적화된 마케팅 활동을 체계적이고 지속해서 가동하며, 다양한 전문가 네트워크 그룹을 구축하는 쪽으로 가야 한다고 본다.

특히 개업한 지 얼마 안 된 신입 변호사들의 경쟁력은 크게 취약하다. 전문성과 신뢰성을 쌓아야 비즈니스에 도움이 되는데, 문제는 그것들을 구비하는 데 시간이 꽤 걸린다는 점이다. 그렇기 때문에 체계적이고 전략적인 네트워크에 역점을 두고 '가치 있는 솔루션 제공자(valuable solution provider)'로서 고객에게 다가서는 미래형 변호사 모델이 업계의 핫이슈가 되기 바란다. 경쟁자의 기준을 어떻게 두는가에 따라 변호사가 기여할 수 있는 영역도 달라진다. 일련의 변화로 더욱 성숙한 법률서비스 체계가 구축되는 멋진 대한민국, 지금부터 다시 시작이다. 이제 '변화리더십'은 발등의 불이다.

살아 숨쉬는 네트워크를 구축하는 꿀 팁

1. 당신이 고객으로 삼고 싶은 사람들에게 영향을 미치는 사람들로 이루어진 네트워크를 가진 전문가를 확보하라.
2. 실질적으로 당신의 네트워크 그룹의 고객에게 가치를 주는 사람으로 구성한다.
3. 네트워크 구성원을 위해서라면 기꺼이 봉사하고 기여한다.
4. 장기적인 안목으로 농부의 마음을 가져라. 네트워크가 결실을 보기까지는 시간이 꽤 걸린다.
5. 영향력 있는 인사와 함께 하는 시간을 늘린다.
6. 네트워크 구성원들의 비즈니스를 위해 다각도로 정성을 다한다.
7. 네트워크 구성원들의 정보원이나 홍보요원의 역할을 수행한다.
8. 네트워크 구성원들과 재미있는 시간을 보내고 비즈니스를 즐긴다.
9. 네트워크 구성원들에게 강의 기회를 확보해준다.
10. 실력이 검증된 네트워크 구성원을 발굴하고 유지한다.
11. 네트워크 구성원 모두 재능 기부에 나선다.

12. 네트워크를 더 살찌게 하는 전문가 영입에 최선을 다한다.

프로 네트워킹 비법 사례

시나리오 1

CEO전문 매거진을 보다가 한 타깃 기업인을 정했다면 이제 임팩트 있는 접근을 할 차례다. 그 잡지에 실렸던 인터뷰 내용 중에서 그가 한 말만 모은다. 그리고 손수 펜을 들어 정성스럽게 그 멘트를 적어서 편지를 보낸다. 일주일 후, 전화를 걸어서 어떻게 해서 그런 훌륭한 기업인이 되셨는지 알고 싶다고 전한다.

만일 타깃 기업인이 책을 낸 경우 그 책을 사서 읽으면서 마음에 와 닿는 구절을 여러 개 뽑아낸 후, 종이에 자필로 그 구절들을 필사해서 편지에 동봉해 보낸다. 책이 없는 경우라면 그 기업인의 보도자료 중에서 인터뷰한 멘트만을 골라내어 마찬가지로 필사한 후 코팅해서 부친다. 그렇게 해서 의미 있는 만남을 성사시킨다.

시나리오 2

큰상을 수상하게 된 여성기업인이라면, 별도로 약간의 돈을 들여서 상패를 제작한다. 상명도 창의적으로 정하면 된다. 그리고 자필 편지로 어떤 경위로 귀하의 수상소식을 알게 되었고 그 노고에 경하하고 싶어서 개인적으로 만든 상패를 드린다고 하면 된다. 아울러 조만간 찾아 뵙고 많은 걸 배우고 싶다고 제안을 한다.

협회지를 읽고 그 업계의 시급한 현안을 대변하기 위한 옹호자 입장을 취한다. 변호사는 특히 법을 다루기 때문에 이 일에 더 적합하다. 국회나 지차체에 그 업계를 대변하는 글을 기고한다면 그 자체로 해당 협회에서는 큰 수혜를 받은 것이다. 이러면 아주 부드럽게 다수를 대상으로 수임 받을 기회가 늘어 날 것이다.

협회지에 글을 기고한다. 편집장에게 평소 잘 구독하고 있다고 감사의 뜻을 전하고 그 협회 구성원들에게 도움이 될 만한 내용으로 칼럼을 쓰겠다고 제안한다. 취지와 목적이 협회의 취지에 맞는다면 기회를 얻을 수 있다. 기사가 인쇄되었다면 이제부터는 이 기사를 최대한 활용해서 가망고객을 확보한다. 일단 기사가 연재된 신문이나 잡지의 해당 호를 가능한 한 많이 확보한다. 편집장에게 도움을 요청하면 공짜나 실비로 얻을 수 있다. 이때 말만 잘하면 공짜다. 변호사 모임에 이 잡지를 적극적으로 추천하겠다고 하면 마다할 편집장은 거의 없다.

업계지나 협회지는 거의 그렇다. 내 글이 실린 그 호에 기사가 난 사람들에게 편지를 써도 좋고 직접 방문을 해도 된다. 방문이라면 거의 비서 등의 게이트 키퍼가 있어서 직접 대면은 힘들 것이다. 하지만 비서에게 "저는 이러이러한 변호사인데 이번에 사장님의 기사가 난 호에도 기고한 칼럼니스트이기도 하구요"라고 소개하면 호의적으로 나올 것이다.

의사결정권자 레벨의 사람들은 상대방이 자신을 어떤 경로를 통해 알게 되었는지 관심이 많다. 막연하게 그냥 찾아왔다고 하면 변호사라

하나라도 일단 경계할 것이다. 대화는 주로 그에 대해 많이 듣는 시간이 되어야 한다. 상대방이 자긍심을 갖도록 하는 질문과 칭찬, 그리고 겸손함으로 대한다. 대화가 무르익을 무렵, 혹시 요즘 업계의 가장 큰 이슈가 무엇인지 가볍게 묻는다. 그러면 그 내용 중에서 어딘가 전문가나 전문업체의 도움이 필요한 구멍을 찾을 수 있다. 그리고 그걸 해결하는 데 도움이 되는 사람을 연결해 주겠다고 제안한다. 단순히 알고 지내는 정도일 거라고 여겼던 상대방은 시급한 현안의 솔루션을 이야기를 들으면서 더욱 친밀감을 느낄 것이다. 수일 후 전문가와 함께 다시 방문하여 관계를 쌓는다. 혹시 해결에 큰 도움이 되지 못했다고 해도 잃은 것은 전혀 없다. 그는 여전히 나를 좋아할 것이다.

협회라면 협회마다 교육 프로그램을 자체적으로 운영한다. 거기에 다양한 전문가들의 특강을 제공하거나 매출을 올릴 수 있는 거래처나 하청업체를 연결할 수도 있고, 고객이 구매하려는 품목을 더 좋은 조건으로 제공하는 업체를 연결할 수도 있으며 더 좋은 조건의 금융지원을 받도록 주선할 수도 있다.

또한, 고객의 회사를 효과적으로 PR해주는 서비스를 연결하거나 고객의 가족 문제, 예를 들어 자녀교육이나 가족 건강, 자산관리 등을 도와줄 수 있는 전문가를 추천할 수도 있다. 가족의 문제를 풀어주면 비즈니스에 매우 도움을 얻을 수 있다.

시나리오 5

비영리단체나 협회에서 가장 큰 이슈는 모금이나 후원금을 확보하는 것이다. 이때 모금을 잘 하는 비법을 전수한다면 그들에게 아주 환영받는 인사가 될 것이다. 특히 이런 단체엔 큰 손들이 의외로 많다. 어느 정도 비즈니스가 안정되었다면 이런 단체를 집중 공략하면 큰 보람을 얻을 수 있다.

정말 탐나는 고객이라면 그를 위한 PR활동을 대행하는 것도 매력적인 방법이다. 이것은 절친한 PR전문가 있을 때 효과적인데 PR전문가라면 어느 정도 매체에 줄이 닿아 있기 마련이고 그 네트워크를 활용해 지방신문이나 업계지 등에 고객을 위한 홍보 기사를 쓰게 하는 것이다. 그렇게 미리 작업한 기사를 가지고 고객을 방문한다면 정말 좋아할 것이다. 이후는 너무도 부드럽게 진행된다.

만일 PR전문가를 확보하기 어렵다면 대학교 학보사 기자들을 통한 협업, 일종의 외주 형식으로 파트너십을 맺고 진행할 수도 있다. 비용이 다소 들겠지만 충분히 투자할 가치가 있다. 특히 그 잠재고객 출신 학교의 학보사 기자라면 더욱 좋다. 동문회보나 학보에 사진과 함께 훌륭한 선배로 홍보해줬으니 효과는 만점일 것이다.

다른 업종의 전문가들을 포섭할 때에도 이 방법은 주효하다. 전문가들은 홍보에 목말라 있다. 먼저 홍보서비스를 해준다면 당신의 네트워크에 선뜻 합류할 것이다. 개인변호사나 청년변호사도 얼마든지 가능하다. 중요한 것은 얼마나 주도적이고 창의적인가다. 여기에 투철한 기업가 정신이 절실하다. 학자 마인드가 아닌 비즈니스 마인드, 그리고 실질적인 도움을 주는 가치제공자로서의 정체성부터 정립해야 한다. 그렇지 않으면 내적인 조화가 깨져서 행동으로 이어지지 않기 때문이다.

최소한의 노력으로 최대의
효과를 얻는 Business DNA를 캐라

최소한의 노력으로 최대의 효과를
얻는 Business DNA를 캐라

이 책을 통해 새롭고 효과적인 마케팅·세일즈 팁을 알게 되었을 것이다. 그런데 막상 익히려고 하니 대체 어디서부터 손을 대야 할지 막막하기도 할 것이다. 무엇에 우선순위를 두고 어느 활동부터 해야 할지 나만의 프로세스를 수립하기가 어렵다.

이런 방법을 일일이 모두 실행해야 하는 건지, 또 어떤 순서로 해야 하는지 궁금할 수도, 헷갈릴 수도 있다. 게다가 다른 차원의 고민도 있을 수 있겠다. 보다 경계해야 할 것은 알고도 하지 않거나 못하는 현상이다. 저렇게 하면 충분히 될 것 같은 생각은 들지만, 실행하는 데에는 걸림돌이 있을 수 있다. 마음 한 구석에서는 저렇게까지 하면서 살고 싶지 않다는 반발 심리가 솟을 수도 있다. 그러한 이는 개인의 생태 시스템과 깊은 관련이 있다.

자기정체성부터 사고방식, 행동양식에 걸쳐 오랜 기간에 걸쳐 형성된 개인화된 프로그램은 새로 습득한 정보를 바로 적용하지 못하게 하는 주요 원인이다. 최소한의 노력으로 최대의 효과를 얻기 위해서는 무엇보다 나와 궁합이 맞는 방법을 알아내고, 그것에 기반하여 선택하여 선택과 집중을 지속적으로 해내는 무엇보다 중요하다.

나에게 최적화된 비즈니스시스템을 효율적으로 구축하기 위해서는 사람이 생각하고 느끼며 행동하는 원리에 대해서 체계적으로 알아야 한다. 비즈니스 에니어그램(Business Enneagram)은 이러한 개인의 삶뿐만 아니라 전문가가 사업적 역량을 효과적으로 끌어올릴 수 있는 비즈니스 DNA를 장착하는 데 있어서 매우 유용한 도구이다. 에니어그램은 개인적·사회적 역량을 개발하는 데 도움되는 정확하고 유용한 시스템으로 정평을 받은 도구이다. 에니어그램에는 9가지 유형이 있고, 이것을 활용하려면 우선 자신이 이 중 어디에 속하는지 제대로 파악해야 한다. 유형마다 일장일단이 있다. 그래서 장점을 기반으로 한 비즈니스 시스템을 구축하는 것이 시간적으로나 노력면에서 효과적이다. 이 책에서 제시하는 다양한 방법론 중에서 본인의 유형을 제대로 이해하고 거기에 걸맞은 프로세스로 개인적인 시스템을 구축하는 것이 우리의 미션이다.

비즈니스 에니어그램은 크게 3가지의 사업적 이득을 준다. 첫째로는 고객에 대한 심층적인 이해가 가능해져서 효과적인 접근 포인트와 공감대형성 및 클로징 유도 등 계약 전반에 걸친 도움을 얻을 수 있다는 점이다. 둘째로는 사업을 전개하는 주체인 나에게 전략적인 지도를 그릴 수 있게 해준다는 것이다. 그리고 셋째는 시간관리에 매우 유용한 팁을 제공한다는 점이다.

모두 열정을 가지고 비즈니스에 임하는데 저마다 성과가 다른 이유는 바로 고객만족에 실패한 것과 객관적인 자기분석 없이 무작정 뛰어들었기 때문이다. 고객을 아는 것도 중요하지만 그보다 내게 어떤 장단점이 있는지부터 살피는 것이 급선무이다. 에니어그램은 양쪽 모두를 커버하는 매우 훌륭한 툴이다.

성공하기 위해서는 '치열하게 노력해야 한다'고들 한다. 하지만 노력하는 사람을 이기는 사람이 있다. 바로 일을 '즐기는' 사람이다. 아무리 노력해도 즐기는 자를 이길 수 없다. 자신의 삶을 즐기는 사람은 자신을 발견하고 진정 좋아하는 일을 하는 사람이다. 남을 따라서 하는 것이 아니라 내가 좋아하는 일을 하는 사람, 타고난 DNA에 맞는 일을 하는 사람은 삶의 질이 풍성해진다.

Business DNA

어떤 변호사가 되고 싶은가에 대한 답변은 저마다 다를 것이다. 모두 스스로 정립한 변호사상에 입각한 답변이 나올 것이다. 이 책은 재정적으로나 사회적으로 더 성공한 변호사가 되는 실전적인 내용을 담았다. 그러나 그런 성공을 진정한 성공으로 여기지 않는 분도 있을 것이다. 그러므로 자신의 길로 나아가는 것에 대해서 다른 사람이 관여할 여지는 없다. 그러나 만일 그 어떤 변호사상을 가졌다고 해도 지금보다 나은 비즈니스를 하고자 한다면 우선 자신의 비즈니스적인 감각부터 체크해야 한다고 생각한다. 왜냐하면 일단 안정적인 수익구조를 만들고 나야 더 이상적인 삶을 살 수 있기 때문이다.

비즈니스 DNA가 중요하지만 이것만으로는 성공을 보장할 수는 없다. 가장 요구되는 덕목은 바로 '용기'이다. 용기가 부족한 전문가들은 마케팅에 진심으로 임하는 듯한 행동으로 자신을 기만한다. 다양한 정보와 지식으로 무장을 했지만 '거래'를 일궈내지 못한다. 그저 수고한 피로도를 통해 자기 만족을 대신하려고 한다. '난 그래도 할 만큼 했어'라면서.

비즈니스는 사고나 태도만으로 이루어지지 않는다. 행동으로 옮겨지지 않으면 아무 소용이 없다. 그런데 행동은 사고방식에 영향을 받는다. 그러한 사고방식에 직간접적으로 영향을 미치는 것 중에서 행동양식을 개입하는 특성을 빼놓고 말할 수 없다. 에니어그램은 사람이 생각하고 느끼며 행동하는 데 있어서 아주 요긴한 정보를 제공한다. 사람의 자동적인 생체 메커니즘인 것이다. 워크숍을 통해 이러한 내용에 대해 체계적인 학습을 할 수 있다. 이제 내 스타일에 맞는 시스템에 대해 알아보자.

에니어그램 유형별 특징[1]

다음에 소개되는 에니어그램 유형별 특성을 잘 읽어본다. 그러면서 스스로 다음과 같은 질문을 한다. '이 유형 중 내 모습을 가장 잘 묘사한 것은 무엇일까?'

남들에게 보여주는 부분이 아니라, 진정한 내면까지 고려해야 한다. 혹시 두 가지 이상이 엇비슷하게 자신과 맞는다는 생각이 들면 그것들만 집중해서 다시 정독한다. 그러다 보면 그중에서 가장 나와 관련이 많은 유형을 찾을 수 있다.

🔍 1번 유형: 완벽함을 추구하고 노력하는 사람

나는 사람들의 행동에 높은 기대치를 갖고 있기 때문에, 나 자신이든 다른 사람이든 그 기준에 맞게 책임 있는 행동을 하길 바란다. 나는 어떤 상황에서 무엇이 잘못되었거나 옳지 않은지 한눈에 간파할 수 있으며, 어떻게 하면 그 상황을 개선할 수 있는지도 금방 알아챈다.

----

1) 다음의 유형별 특징은 진저 래피드 보그다의 '최강팀 만들기' 참조분임

나는 지나치게 이것저것 간섭하거나 심하게 비판하는 경향이 있지만, 일이 올바른 방향으로 진전되지 않으면 반드시 바로 고쳐놓아야 직성이 풀린다. 나는 책임을 진다는 것에 자부심을 느끼며, 완벽함이 가져다 주는 정제되고 깔끔한 느낌을 좋아한다. 나는 일단 일을 시작하면 올바르고 정확하게 해야 한다. 다른 사람이 불공평하게 또는 무책임하게 행동하는 모습을 보면 화가 끓어올라서 참을 수 없다. 이 세상은 불완전하기 때문에 내가 좀 더 나은 세상으로 만들어야 한다고 생각한다.

🔍 2번 유형: 타인에게 도움을 주고 싶어 하는 사람

나의 최대 장점은 다른 사람들이 무엇을 원하는지 예민하게 알아차린다는 것이다. 심지어 전혀 모르는 사람의 욕구도 알아맞힐 때가 있다. 마치 내게 눈에 보이지 않는 더듬이가 있어서 다른 사람들이 원하는 것을 미처 말하기도 전에 읽어내는 것 같다.

나는 나 자신이 마음씨 따뜻하고 친절하며 관대한 사람이라고 생각되길 바란다. 사람들과 좋은 관계를 유지하는 것이 내게는 아주 중요한 일이고, 그렇게 되기 위해 열심히 노력한다. 내 코가 석자인 상황에서도 다른 사람을 돕지 않고는 못 배길 때도 있다. 그러면서도 당연히 해야 할 일을 한다거나 내 노력이 보답 받지 못한다는 생각을 할 때가 있으며, 그러면 기분이 심란해지거나 누군가가 나를 알아봐줬으면 좋겠다는 마음이 든다. 이 세상에는 내 도움을 필요로 하는 사람들이 잔뜩 있으니 나는 꼭 필요한 존재이다.

🔍 3번 유형: 성공을 추구하고 능력을 키우려는 사람

나는 성공, 성취, 최고라는 말에 강한 매력을 느끼며, 일단 목표로 정한 일은 어떤 일이든지 잘 해낸다. 그리고 일에 전력을 집중하며, 사람의 가치는 그가 무엇을 성취했는가에 따라 좌우된다고 믿는다. 나는 언제나 바쁘기 때문에 내가 느끼는 감정이나 나 자신을 돌아보는 일에는 신경 쓰지 않는다. 다른 사람 때문에 내 시간을 써야 한다거나 다른 사람이 그때그때 할 일을 하지 않는 모습을 보면 짜증이 난다.

나는 경쟁을 좋아하지만 팀의 일원이 되어도 일을 곧잘 한다. 물론 내가 그 팀을 주도해야 속이 시원하지만. 이 세상은 일등만을 최고로 여기기 때문에 무슨 수를 써서라도 성공할 것이다.

🔍 4번 유형: 남과는 다른 특별한 존재가 되고 싶은 사람

나는 아주 예민한 성격이고 다른 사람들과 진실한 관계를 맺는 것에서 삶의 보람과 의미를 찾는다. 아름다움을 상징적으로 표현하는 것을 좋아하기 때문에 다양한 형태의 예술에 마음이 끌린다. 나의 예술적 감각은 세련되고 독특하다. 다른 사람들이 나를 이해해주지 못한다는 생각을 자주 하며, 그럴 때 느끼는 분노나 슬픔에 격렬하게 반응하기도 한다. 다른 사람에게 각별한 대접을 받고 그 사람과 마음속 깊이 연결되어 있다는 느낌을 받을 때 가장 행복하다.

나는 인생의 슬픈 일도 기꺼이 경험하고 싶다. 사실 나는 은근히 우울한 감정을 즐길 때가 많다. 그리고 평범한 것은 지겹고, 낯설거나 내 손에 들어오지 않을 듯한 것에 마음이 끌린다. 이 세상 모든 사람들이 내게 없는 것을 갖고 있나 보다. 대체 뭐가 잘못된 걸까?

🔍 5번 유형: 지식을 얻어 관찰하는 사람

나는 분석적인 사람이고 활력을 충전하기 위해서는 혼자 있는 시간이 필요하다고 생각한다. 어떤 상황에 뛰어들기보다는 옆에서 관찰하기를 좋아하며, 누군가 나에게 이것저것 지나치게 많이 요구하는 것은 질색이다. 나는 혼자 있을 때면 내가 겪었던 일을 돌이켜 보며 즐거워하고 이런저런 것을 깨닫기도 하며, 때로는 그 경험들을 되새겨보기도 한다.

나는 상상력이 풍부하여 여러 가지 생각을 할 수 있기 때문에 혼자 있어도 절대 심심하지 않다. 나는 복잡하지 않고 단순한 삶을 살고 싶고, 또 가능한 한 자신에게 충실한 생활을 하고 싶다. 이 세상에는 주제 넘게 참견하는 사람들이 많으나 내가 가진 것을 지키고 내 힘을 재충전하려면 나만의 시간과 공간이 필요하다.

🔍 6번 유형: 안전을 추구하고 충실한 사람

내 최고의 장점은 안전하지 못하다는 생각이 들면 예리하고 날카로운 판단력을 유감없이 발휘한다는 것이다. 또한 나는 탐구심이 많아서 통찰력이나 직감도 발달했다. 다른 사람을 믿는다는 것은 아주 중요한 일이지만, 나는 자주 주위를 둘러보며 무언가 위험한 일이 벌어지지 않나 살핀다.

나는 권위라는 개념을 그다지 신뢰하지는 않지만 내가 속한 조직을 위해서는 열심히 일하고 충성심도 갖고 있다. 나는 위험을 피하거나 미리 알아차리고 대비하는 능력이 뛰어나며, 사회적으로 약자인 사람의 편을 들 때가 많다. 이 세상은 위험하고 안전하지 못하다. 조직에 충실하고 권위라면 일단 의심하고 지켜봐야 한다.

🔍 7번 유형: 즐거움을 추구하고 계획하는 사람

나는 낙천적인 사람으로 새롭고 재미있는 일을 즐긴다. 활발한 성격이라 이 일을 생각하다가도 금방 다른 일에 주의를 기울이기 일쑤이다. 나는 내 생각을 모아 하나의 그림으로 통합하는 것을 좋아하며, 그러다가 처음에는 관계가 없는 듯 보이던 개념이 서로 연결되는 사실을 알면 기뻐서 흥분한다.

나는 흥미로운 일을 좋아하며, 아주 열심히 전력을 쏟아 부어 일한다. 하지만 뚜렷한 보상이 없거나 단순하게 반복되는 일은 질색이다. 나는 실망스러운 일이 생기면 주의를 딴 데로 돌려 재미있는 일을 찾아 나선다. 다양한 선택권을 갖는 것은 내게 매우 중요한 일이다. 그렇지 않다면 금방 지겨워질 테니까. 세상에는 짜릿한 기회가 많이 있으니 열심히 찾아 다닐 거다.

🔍 8번 유형: 강함을 추구하고 의지를 실현하는 사람

나는 강인하고 정직하며 남이 의지할 수 있는 인물이 되는 것이 삶의 보람이라고 생각한다. 또한 중요한 일은 거두절미하고 핵심을 파고들어간다. 나는 다른 사람들도 강인하고 소신이 뚜렷하기를 바라며, 누군가가 사실대로 말하지 않거나 에둘러 말하고 있다는 사실을 빨리 알아차리는 편이다.

나는 사회정의가 지켜지지 않는 상황이라면 앞장서서 무고한 사람들을 도울 테지만, 한편으로는 나약한 사람을 보면 화가 나는 것을 참기 어렵다. 어떤 일에서 권한을 가진 사람의 의견에 동의할 수 없거나, 또는 아무도 책임을 지지 않으려고 한다면, 내가 직접 나서서 지휘권을 가질 것이다.

나는 화가 나면 얼굴 표정에 고스란히 드러나 숨기기가 어렵다. 나는 언제나 내 친구와 가족을 위해 나설 준비가 되어 있다. 이 세상은 거칠기 짝이 없고 강한 자만이 살아남는다. 나는 무고한 사람들을 보호할 것이다.

🔍 9번 유형: 평화를 추구하고 조화를 이루려는 사람

나는 상황이나 사물을 다양한 각도에서 볼 수 있는 능력이 있어서 다른 사람들의 어려움을 쉽게 해결해준다. 이런 능력 덕분에 선입견이 없는 것은 장점이지만, 반면에 딱 잘라 결정하지 못하고 머뭇거리는 것

은 단점이다. 나는 사람들과 갈등을 일으키고 싶지 않기 때문에 화가
나도 좀처럼 표현하지 않는다. 다양한 활동에 참여하는 것을 좋아하
고, 때로는 한 가지 일에 너무 몰두하여 해야 할 일을 까맣게 잊어버리
기도 한다.

나는 느긋하고 만사태평인 성격이라 편안하고 조화로우며 큰 말썽이
없는 삶을 원한다. 이 세상은 내 주장만을 내세울 수 없는 곳이므로
다른 사람들과의 조화를 추구하고 싶다.

유형별 Business DNA 분석

🔍 1번 유형

1번 유형은 세밀한 것에 집착이 강해서 마케팅 활동을 수행할 때 필
요한 각종 프로세스를 꼼꼼히 점검해서 허튼 실수는 거의 없지만 스피
드 측면에서는 아무래도 뒤떨어진다.

태생적으로 완벽해야 직성이 풀리는데 비즈니스 세계는 꼼꼼함도 중
요하지만 타이밍을 놓치는 것이 더 치명적인 실수가 된다. 무엇이 옳고
그른가에 항상 꽂혀있다 보니 고객이 거짓말을 하거나 선악이 바뀐 자
세로 말을 하면 수임을 회피할 수 있을 정도로 윤리적이다. 고객과 공
감대를 맞추는 것이 다소 힘들 수 있다. 경직된 자세가 나올 때도 많은
데 이는 무의식적으로 실수를 하지 않으려는 본능 때문이다.

이렇게 본인이 긴장을 하다 보니 아무래도 상대방도 편하게 대화를
하기가 쉽지 않다. 사건 조사 과정에서 너무 철저하게 파고들어 본의
아니게 고객의 감정을 상하게 할 수 있는 여지가 있다. 그래서 간혹 고
객을 서운하게 한다. 사건 준비를 철저하게 하는 것이 최선이라는 생각
이 강해서 고객과의 지속적인 관계성에 큰 비중을 두지 않을 가능성이

있다.

또한, 법률전문용어를 과하게 사용해서 고객이 쉽고 편하게 알아듣지 못할 수도 있다. 때로는 최선의 대응보다는 원리원칙을 강조해서 고객이 당황할 수도 있다. 고객이 잘못한 부분에 대해서 다소 책망하는 조의 말투가 나올 가능성에 유의해야 한다. 불건전한 뒷거래는 이들에게 통하지 않는다. 그리고 자꾸 가르치고 싶어하는 욕구 때문에 고객을 보호하기보다는 지적하고 싶어진다.

🔍 2번 유형

사람 만나는 일을 워낙 좋아해서 고객과 자주 만나는 것에 대한 두려움은 없다. 공감대를 형성하는 것에 너무 치중하다 보니 시간활용이 비효율적이고 단도직입적으로 일을 맡겨 달라는 표현은 힘들어한다.

측은지심이 강해 수임료를 깎아주거나 아예 공짜로 일을 맡을 수도 있다. 수임도 중요하지만 무엇보다도 고객에게 진정 필요한 존재로 남고 싶어하는 마음이 있다. 이들은 상대방이 무엇을 원하는지, 무엇을 필요로 하는지를 본능적으로 파악할 수 있다.

다소 말주변이 없거나 에둘러 말하는 고객이라도 이들은 전혀 불편해하지 않는다. 고객이 곤란해 할 것 같은 질문을 하는 것에 부담을 느낀다. 특히 금전적인 문제를 다룰 때 특히 말을 하지 못하는 경향이 있고 그냥 알아서 주라는 식으로 최종통지를 할 때도 있다.

또한, 고객에게 필요한 사람이 되고 싶은 나머지 더 알아봐주겠다 혹은 나중에 처리해주겠다는 식으로 과도한 약속을 하는 경향이 있다. 송무를 진행하면서 세밀한 부분을 간혹 누락하거나 실수할 때가 있고 수임료 받을 기한이 지났어도 후속 연락을 미루기도 한다.

고객에게 적합한 질문을 적시에 하기보다는 본인이 스스로 말을 많이 함으로써 공들인 시간에 비해서 실질적으로 알게 된 정보는 미약한 경우도 발생한다. 고객과 나눴던 사항에 대한 메모를 잘 하지 않아서 잊어버리거나 할 일이 너무 많아서 세밀한 것을 놓치기 쉽다. 상담은 잘 진행되었는데 수임을 결정하지 못한 고객을 효과적으로 대응하는 것에 약하다. 그저 그들의 처분을 기다리기만 하고 클로징을 잘 하지 못한다. 그러다가 간혹 무료로 해주기도 한다.

고객이 면전에서 의뢰하지 않고 갈 때 가끔 화가 날 때가 있다. 얼마나 성심껏 상담을 하고 관심을 가졌는데 거절을 당한 것에 대한 분노이다. 이 중에서 상당수는 고객에게 필요 이상의 정보를 과다하게 줘서 다른 선택지를 고려할 여지를 줬기 때문이다. 지나친 호의가 독이 된 셈이다.

🔍 3번 유형

'유능한 변호사가 되자'라는 표어를 보는 순간 저건 내 이야기라고 여길 정도로 이들은 유능한 존재에 대한 강렬한 욕망이 있다. 이들은 사업에 유리한 인자를 많이 갖고 있다. 결과지향적인 이들은 효율성과 열정을 바탕으로 승소하기 위해서라면 개인적인 희생 따위는 얼마든지 감수할 수 있다고 여긴다.

고객에게 자신감과 능력을 어필하여 수임을 잘 따낸다. 이들은 수임을 의뢰 받을 때 승소할 수 있을 것 같아야만 선택하는 특성이 있다. 특히 질 것이 뻔한 사건은 맡지 않을 것이다. 개인변호사라면 수임을 거절하면 되지만, 로펌변호사라면 어떻게든 다른 사건을 맡는 쪽으로 시나리오를 펼쳐서라도 일을 변경시킬 가능성이 높다.

워낙 일 중심적인 스타일이라 다소 차가운 인상을 줄 수 있다. 그래서 고객과 효과적인 공감대를 잘 형성하지 못한다. 특히 억울하거나 분해서 격한 감정을 지닌 고객과 상담하는 일은 이들을 짜증나게 만든다. 감정은 효율적인 일 처리에 도움이 되지 못한다고 여기기 때문이다. 그래서 고객에게 유능하지만 왠지 다시 일적으로는 만나고 싶지는 않다는 평을 얻는다.

이들은 적극적인 경청에 약하다. 더구나 상대방의 말투가 느리거나 중언부언할 경우엔 참지 못하고 말을 가로채서 직접 정리를 해야 속이 풀린다. 효율적이지 못한 것에 매우 약하기 때문이다. 그래서 송무도 질질 끌기보다는 가능한 한 빨리 종료시키고 다른 일, 이왕이면 더 수익성이 좋은 일을 맡고자 할 것이다. 고객과 상담 후에 별로 가치가 없고 더구나 승소할 여지가 별로 없다는 생각이 들면 다른 어떤 긴급한 핑계를 대서 서둘러서 미팅을 마칠 수도 있다.

승소와 관계가 적은 것은 그 어떤 것이라도 소홀할 수 있다는 생각을 하기도 한다. 유능하지 못한 모습을 고객에게 보여주기 싫어하기 때문에 다 안다고, 혹은 다 처리 가능하다고 해놓고 나중에 고생을 하거나 무책임한 대응을 할 수도 있다. 승소할 판단이 서면 이후 진행을 하는 과정에서 세밀한 준비에 차질을 빚는 경우도 생긴다. 수임을 위해서 무리한 영역까지 커버하겠다고 한 의욕이 스스로 발목을 잡아서 업무 효율성이 떨어질 수도 있다.

🔍 4번 유형

이 유형은 남들과 똑같아 보이는 평범한 변호사가 되기를 거부할 것이다. 색다른 틈새시장이나 자기만의 의미 있는 분야를 통해 독창적인 방법으로 비즈니스를 전개할 가능성이 높다. 권위적인 것을 거부하는 경향이 있고 남들이 많이 몰려 있는 분야보다는 미지의 영역을 개척하는 성향이 높다. 물론 당장은 급하니까 (그들의 입장에서는) 무료한 분야의 수임을 선택하겠지만 비즈니스가 탄력을 받거나 재정적인 여유가 있다면 이들은 언제고 독특한 자기 분야를 개척할 것이다.

로펌에 속했다면 일정 기간 동안 실력을 쌓고 언젠가는 독립할 가능성이 높다. 특히 자기만의 시장을 발견하고 그 안에서 독특한 마케팅 방식을 전개한다면 이들은 며칠이건 밤을 새도 불만이 전혀 없을 것이다.

일단 법조계에 속해 있다는 사실만으로도 답답할 가능성이 높다. 왜냐하면 법 분야는 건조하고 획일한 경향이 높아서 개성이라든가 창의성이 발휘될 여지가 다른 업종에 비해서 상대적으로 적기 때문이다. 또한, 이들은 다소 독특한 면이 있는데 이것이 때로는 까칠해 보여서 고객과의 공감대에 방해로 작용하는 경우가 종종 발생한다. 그리고 공감대를 형성하는 데 소요되는 시간도 짧은 편이다. 몸이 피곤하면 급속히 날카로워질 때가 있어서 고객이 당황할 때도 있고 일상적인 틀의 상담보다는 다소 파격적인 질문을 던질 때도 있다.

이들은 감정적인 면이 강해서 비즈니스에서 장점이 되기도 하고 단점이 되기도 한다. 자신의 기분이 중요한 요소라서 수가 틀리면 그저 이유 없이 일을 맡고 싶지 않을 수 있다. 이들이 특히 어려워하는 부분은 수임을 거절 당했을 때이다. 이들은 수치심에 매우 민감해서 고객의 거절을 자기화하는 특성이 있다. 그래서 의뢰를 안 하겠다고 했다가 나중에 번복하는 고객에 대해서는 용서가 잘 안 될 수도 있다. 감정적으로 깊게 닿은 사건에 대해서는 승소 확률에 개의치 않고 전력을 다한다.

🔍 5번 유형

변호사가 마케팅도 해야 하고 세일즈도 해야 한다고 할 때 가장 당황하는 유형이다. 이들은 사람과 만나서 대면하고 상담하는 것을 부담스러워하는 경향이 높다.

지식에 애착이 많아서 자기 분야의 법률적 지식은 상당하다. 그래서 이들은 로펌에서 수주 업무를 하지 않고 정보를 분석하고 문서작업을 하는 데는 뛰어난데 개인변호사로 독립하는 경우에는 난감해진다. 그래서 이들은 개업보다는 조직에 속하고 싶어하고 맡겨진 일을 처리하는 것을 선호한다.

이들에게 유리한 포지셔닝 방법은 글을 써서 기고하는 것이다. 강의도 만만치 않다. 이들은 대개 무대공포증이 있고 수강생들과의 교류에 익숙하지도 않다. 이들은 다양성보다는 전문성을 위주로 포지셔닝을 하고 다루는 분야도 양보다는 질적인 깊이를 더 강조한다.

고객과의 만남 초기에 공감대를 형성하는 데 아주 힘들어 한다. 일상적인 대화를 기피하고 개인적인 질문을 하는 것이 불편하다. 전문성에 자신이 있기 때문에 간혹 고객에게 과도한 정보를 주기도 해 고객이 혼란스러워한다. 적절한 타이밍에 맞춰 효과적인 질문을 하는 것에 서툴고 대화 분위기가 다소 딱딱한 느낌을 줄 수도 있으며 전문용어를 많이 써서 고객을 당혹스럽게 할 수 있다. 사전에 약속되지 않은 고객이 방문하는 것을 불편해한다.

🔍 6번 유형

의심스러운 부분은 질문하여 정보를 얻어야 속이 풀리는 이들은 확인에 확인을 거듭하는 습성이 있다 보니 본의 아니게 고객이 불쾌하거나 서운할 수도 있다는 생각을 잘 하지 못한다. 그리고 고객이 하는 말을 있는 초반에 액면 그대로 다 믿지 못한다. 소개를 받거나 아는 사람과의 상담은 잘 하는데 모르는 사람이나 불특정한 대상과 대화하는 것은 어려워한다. 고객과 공감대는 잘 형성하는 편이고 일단 믿을 만한 사람이라고 판단하는 경우 급속도로 가까워진다.

질문할 때 간혹 단도직입적이라서 고객이 당황할 때가 있다. 이는 조금이라도 의심이 들거나 모르는 영역이 있으면 견디지 못하는 습성 때문이다. 고객의 말을 끝까지 듣지 못하고 중간에 가로채서 자기가 생각한 바를 전하기도 한다. 사회적으로 지위가 있는 고객과 함께 있을 때 왠지 편하지 못한 경향이 있다. 이는 일단 권위라면 의심부터 하는 것 때문인데 처음 대한 고객에게는 그다지 많은 정보가 없다 보니 아무래도 불편한 것이다. 하지만 수임 후 진행과정에서 상대방이 믿을 만한 존재로 인식되면 아주 우호적인 태도를 보인다.

수임 후 일 처리에 있어서도 잘 흘러가다가 때때로 갑자기 중단되는 현상이 반복되는데 이는 진행과정에서 승소에 불리한 요소가 새로 추가될 때 주로 그렇다. 불길한 예감이 스치면 이들은 아주 빠르게 페이스 난조를 겪는다. 예민한 사항에 대해서는 기가 막히게 잘 포착하고 이해하는 반면 일반적인 부분은 간혹 누락시키는 경우도 있다.

중요한 의사결정에 대해서 고객의 의견을 자주 묻기 때문에 고객은 진짜 전문가가 맞는지 헷갈릴 수도 있다. 이들은 정도의 차이는 있지만 결정에 취약하다. 이들은 큰일을 맡았을 때 기뻐하기보다는 걱정이 앞선다. 왜냐하면 패소할 경우를 먼저 떠올리기 때문이다. 또한, 익숙한 영역의 변호업무는 잘 하는데, 낯선 영역의 일을 맡으면 극도로 불안해진다. 새로운 틈새시장을 선택하기를 주저하고 익숙한 곳에서의 영역확장이 구미에 더 맞을 공산이 크다.

🔍 7번 유형

낙천적이고 재미를 추구하는 이들은 틀에 박혀 있거나 같은 일을 반복하는 것을 끔찍하게 여긴다. 그래서 다양한 분야로 가지를 쳐서 영역을 확대하고 싶어한다. 타인과 대화하고 관계를 맺는 것을 즐기기 때문에 시종 고객과 좋은 분위기에서 상담을 이끌어간다. 이들은 승소 확률에 대해서 낙관적인 입장을 취하기 때문에 후에 고객과 불편한 관계로 이어지기도 한다. 거짓말을 한 것이 아니라 이들은 태생적으로 될 수 있다고 여기는 습성이 있기 때문이다.

고객을 만나기 위한 프로스펙팅 활동을 즐기고 이왕이면 더욱 재미있는 방법을 찾는 데 관심이 크다. 또한, 동시에 여러 가지를 생각하는 것이 가능하여 때로는 너무 다양한 설명과 견해를 쏟아내 고객을 혼란하게 만들 수도 있다. 이들은 전문성보다 다양함에 우세하기 때문에 어느 한 부분을 파기보다는 다양한 분야에 걸쳐 다소 얇게 전문성을 갖추고 있을 가능성이 높다.

대외활동도 좋아한다. 주의가 산만해서 고객의 말을 끝까지 경청하는 것이 매우 힘들다. 다소 느린 스타일의 사람과 대화가 쉽지 않다. 이들은 말이 빠르고 음조가 높은데 정반대 스타일과 만나면 양쪽 다 힘들게 된다. 사건의 불리한 점을 간과하고 이길 수 있는 요소만 크게 생각하여 차분하게 일을 준비하는 데 효과적이지 못할 때도 있다. 세밀한 부분까지 치밀한 대응을 잘 하지 못한다.

사소한 실수가 반복되기도 하는데 무의식적으로 그런 일들이 재미가 없다고 느끼기 때문이다. 사고방식과 행동이 자유분방해서 약속 시간에 늦는 경향이 있다. 수임 결정에 오랜 시간이 걸리는 경우 따분해 한다. 중요하지만 세세한 부분을 잘 챙기지 못할 때가 자주 있고 심지어 고객에게 그런 말을 한 적이 있냐고 물어서 고객을 당황하게 만든다.

🔍 8번 유형

결과지향적이고 자신감이 넘치는 이들은 책임을 회피하지 않는다. 약자에 대한 연민이 있어서 그들의 방패로서의 면모를 여실히 드러낼 때도 있다. 이들은 강한 느낌을 주는 인상이라서 고객이 주눅 드는 경우가 종종 있다. 기가 세고 에너지가 넘쳐서 법정에서 변호를 할 때 강력한 효과를 주기도 하지만, 소프트한 측면은 약해서 고객과의 섬세한 교류에는 지장을 초래할 때가 있다.

책임을 지지 않는 것에 대한 강한 거부감이 있기 때문에 일단 수임을 확정하면 최대한 책임을 지려고 노력한다. 일에 꽂히면 체력적으로 물불을 가리지 않고 강하게 임한다. 대충 일하는 것을 싫어하기 때문이다. 이들은 특히 우물쭈물 결정을 내리지 못하는 고객을 참기 어려워한다. 나약한 모습에 대한 경멸감이 무의식에 있기 때문이다.

형세판단이 날렵하고 대세 흐름을 잘 읽는 반면 세부적인 준비는 그리 섬세하지 못하다. 본의 아니게 고압적인 인상을 줘서 고객이 말을 이리저리 번복하거나 속인다는 인상을 받으면 급격한 불쾌감을 느낀다. 고객을 좀 더 편하게 해주면 좋다. 소송 과정이 긴 것을 별로 좋아하지 않는다.

🔎 9번 유형

낯선 사람과 부드럽고 편한 관계를 형성하는 데 전혀 무리가 없으며 공감대 형성을 잘한다. 선입견이 없어서 아무리 큰 사고를 친 의뢰인이라고 하더라도 그럴 수 있다고 여기며 그 입장을 최대한 이해한다. 또한, 타고한 경청능력으로 편안하게 상담을 진행한다. 고객의 바디랭귀지를 잘 포착하고 세부적인 부분을 잘 다룬다. 반면, 공감대를 형성하는 데 너무 많은 시간과 공을 들여서 비효율적으로 시간을 쓴다. 고객 입장을 과도하게 헤아리다가 사업적인 진행이 더딜 때가 많다.

고객이 싫어하거나 불편해하는 질문을 잘 하지 못한다. 그래서 나중에 서로 곤란해지는 경우가 자주 있다. 계약을 하는 것에 대해 스트레스를 받지 않으려는 경향이 있어서 간혹 비즈니스 의지가 약한 것으로 보일 수도 있다.

일을 수행하는 과정에서 납기를 제대로 맞추는 데 애를 먹는다. 이들은 중요한 이슈일수록 자꾸 나중에 처리하려는 경향이 있기 때문이다. 또한, 너무 바쁘거나 스트레스가 쌓이면 오히려 중요하지 않은 일에 몰두하거나 업무와는 거리가 먼 활동에 빠지기도 한다.

이들은 수동적이라서 고객에게 어떤 대응책을 마련하자는 식의 제안을 하기보다는 대응안을 몇 개 주고 고객이 선택하는 쪽을 선호한다.

혹시나 고객이 불편해할까 봐 수임료를 결정하자는 말을 잘 하지 못한다. 세부적인 면에 빠져서 간혹 전체 그림을 망각하기도 한다. 시간관리에 매우 취약하다.

유형별 시간 관리 분석

비즈니스가 성공하려면 효율적이고 효과적인 시간활용은 기본이다. 그런데 이게 쉽지 않다. 시중에는 시간관리에 대한 다양한 도구와 방법론이 많다. 그런데도 실제 적용을 하자 치면 결코 쉽지 않다고들 한다.

그 이유는 무엇일까? 여러 가지 원인이 있지만 가장 큰 오류는 시간에 대한 개념을 획일화한 점을 들 수 있다. 즉 하루는 24시간이라는 물리적인 기준을 절대적인 조건으로 설정한 데 있다. 다시 말해 시간은 주관적인 시간과 객관적인 시간이 있다. 기존의 방법론은 나름대로 유용한 건 분명하지만 모두 객관적인 시간만을 기준으로 하여 설명했기에 효과적인 측면에서 아무래도 아쉬운 실정이었다.

여기에서는 에니어그램 유형별로 시간에 대한 개념부터 알아볼 것이다. 그리고 시간을 효율적으로 쓰지 못하는 근본적인 원인에 대해서도 이전과는 전혀 다른 설명을 듣게 될 것이다. 이를 통해서 그동안 시간관리가 힘들었던 진짜 이유를 파악할 수 있고, 앞으로 체계적인 활용이 가능해질 것이다.

시간의 개념 자체가 유형마다 다르다니 정말 놀랍다. 나 역시 내 유형을 보고 적지 않게 놀랐던 기억이 새롭다. 본인 유형의 내용을 충분히 숙지하고 이 책을 통해 배운 바를 실천해 나간다면 앞으로 성과를 일구는 데 큰 도움이 될 것이다.

🔍 1번 유형

자신이 하는 일에 열심이고 어떤 일이든 민감하게 반응하지만, 완벽을 추구하려다 정작 적절한 시간에 중요한 결정을 내리는 데 어려움을 겪을 수 있다. 이들은 자신이 시간에 지배당하고 있다고 느낀다. 즉 시간을 일종의 권위로 인식한다. 주어진 일을 완벽하게 처리하는 것이 올바로 처리하는 것이라는 신념 때문에 늘 시간이 부족하다는 강박을 갖고 있어 시간에 대해서 어느 정도의 저항감이 있다.

자신이 만족할 때까지 이미 끝낸 일도 계속해서 재검토하기 때문에 시간에 쫓기기도 한다. 이들은 무인도에 혼자 있어도 시간표를 만들어 생활할 사람들이다. 그리고 시간표대로 실천하지 못하는 자신을 자책할 것이다.

시간을 생산적으로 사용하여 목표를 달성해야 한다는 강한 의식은 즐기고 쉴 수 있는 삶의 여유로움을 누리지 못하게 한다. 정직하고 성실하기는 하지만 삶의 여유를 즐기고 쉴 줄 아는 지혜가 부족하다. 이들이 늘 시간에 쫓기는 것은 만족할 만한 결과에 대한 집착과 자신은 시간을 낭비하는 사람이 아니라는 강박 때문이다. 무언가를 해야만 한다는 강박은 과중한 스케줄과 일과표로 나타내고, 대신 자신을 이완하고 즐거움을 누리는 자유 시간은 낭비라고 생각하는 것이다.

이들에게 휴식은 일이 완벽하게 끝난 뒤에야 누릴 수 있는 사항이다. 이러한 패턴에서 일탈할 때 내면의 심판자는 끊임없이 비평과 공격을 해댄다. 이들이 착각하는 것은 바로 그 내면의 비평을 양심을 소리라고 생각하는 것이다. 바로 이 착각이 자신의 기준과 잣대에 못 미치는 사람들에 대해 공격을 가하는 근거가 되는 것이다.

이들은 자신을 양심적이라고 생각하지만, 사실 양심의 기준을 자신이 정하고 집행한다는 면에서 비양심적인 셈이다. 양심이란 무인도에서 혼자 사는 사람에게는 적용되지 않을 것이다. 이들은 흔히 나무 하나하나는 잘 보면서도 산과 숲을 바라보지 못하는 사람이라는 평을 받기도 한다. 그것은 일의 단계마다 꼼꼼하게 살펴보면서 완벽한 기준으로 평가하다 보니 전체적인 일의 진행이 느려지고 흐름이 막히는 결과를 초래한다. 하나하나의 세부사항에 매달리다가 엄청난 노력이 허사가 되고 스스로 궁지에 몰릴 수 있음을 살펴야 한다.

1번 유형은 한꺼번에 여러 가지 일을 하기 어려운 특성을 인정하고 그러한 상황에 처했을 때 과감하게 타인에게 책임과 권한을 위임하는 용기가 필요하다. 과다한 책임을 완벽하게 처리하려다가 일 중독에 빠지기도 하고 탈진하기도 한다.

인간의 삶에는 휴식과 놀이와 정서적 충만함을 누릴 수 있는 다양한 조건들이 필요하다. 적당히 자기 자신을 즐겁게 할 줄 아는 것은 이들에게 매우 중요한 덕목이다.

🔍 2번 유형

이들은 시간을 개인적인 만남의 기회로 여긴다. 누군가를 만나는 시간은 보람 있는 시간이고 그렇지 못한 시간은 행복하지 않은 시간이다. 특히 상대를 돕고 기쁘게 할 때의 시간은 즐겁고 빠르게 지나간다. 이들은 곤경에 처한 사람을 보면 즉각 도와주고 싶은 강렬한 욕구를 느끼는데 상대가 자신에게 중요한 사람일수록 시간이 즐겁고 빠르게 지나간다. 천성적으로 동정심이 많고 사교적이며 비폭력적이기 때문이다.

그래서 궂은 일도 마다하지 않는다. 그러나 중요한 사실은 자신이 지금 하고 있는 일부터 제대로 마쳐야 하거나 우선시해야 할 상황에서조차 타인의 요구에 즉각적으로 반응하기 쉽다는 것이다. 그래서 같은 시간에 두 가지 약속을 하고 나서 낭패를 보는 경우도 있다.

인간관계가 성에 차지 않는 모임은 시간낭비라고 생각하므로 그런 상황에서 인내심을 발휘하지 못하고 경솔한 행동을 보이기 쉽다. 2번 유형들은 자신의 존재감을 느끼게 하는 정서적 강도와 시간의 속도가 비례한다는 점을 깊이 성찰할 필요가 있다. 자신의 일보다는 본인이 좋아하고 인정받고 싶은 사람의 일을 할 때 정서적 긴장도와 만족도가 높아지는 특성 때문에 남들로부터 인정을 받기는 하지만, 그럴수록 자기 삶의 목표를 성취하는 데 있어서는 여러 가지 문제점을 노출하게 된다.

인간은 모든 사람의 필요를 채워줄 수도 없고 책임질 수도 없다. 내일 일을 모르고 사는 인간이 어찌 감히 타인의 삶을 책임질 수 있을까. 타인의 삶에 관여하기 위해 동분서주하는 2번 유형을 영적으로 가장 교만하고 자기 자신을 학대하는 사람이라고 하는 이유가 여기에 있다. 이들은 타인의 필요를 자신이 먼저 가정하고 그 요구를 충족시키려고 노력한다. 상대방이 진정으로 원하는 것이 무엇인지를 파악하지 않고 접촉하려는 욕망을 직시할 필요가 있다. 이러한 맹점 때문에 이들은 상대가 스스로 해결하도록 기다리지 못하고 자신이 조급하게 해결사를 자처하는 과오를 범하기도 한다.

자신의 지적·영적 성숙에 무관심한 사람일수록 자신과 타인에게 공간을 허용하지 않고 폭력적으로 대한다는 사실을 기억할 필요가 있다. 사랑이란 필요한 것을 필요한 때에 필요한 만큼 주는 것이다. 바로 이점을 깊이 생각하고 한발 물러서서 상대가 스스로 일어서 달려갈 수 있도록 기다려주는 사랑의 성숙함을 깨닫는다면 이들은 진정으로 자기 자신을 사랑할 줄 아는 사람이 될 것이다. 상대에 대한 맹목적인 헌신이 자신에 대한 폭력의 매질일 수도 있다는 사실을 잊지 말자.

🔍 3번 유형

효율성을 앞세우고 성공지향적인 이들은 시간이란 자신이 성취하고자 하는 것을 이루는 수단이라고 여긴다. 그러므로 시간은 자신이 설정한 목표와 목적의 척도가 된다. 이들에게 시간은 돈이고 수단이다.

이들은 시간이란 한정되어 있고 연장시킬 수 없는 것이라고 본다. 이들이 어떤 일을 성공적으로 완료했다는 것은 시간을 경쟁자보다 더 효율적이고 탁월하게 사용했다는 것을 의미한다.

이들은 타인들이 그들 자신만을 위해 너무 많은 시간을 사용하고 있다고 여길 때, 제시간에 일을 끝내지 못하는 사람들을 볼 때 답답해하고 참기 어려워한다.

일의 우선순위를 정하고 그 일을 해치우기 위해 즉각적으로 행동한다. 목표를 세분하고 그 내용과 진도에 따라 시간을 배분하며 재빠르게 생각하는 동시에 행동하는 사람들이다. 일에 대한 집중력이 강력한 이들은 목표를 위해 질주하며 특히 공적이고 사람들의 주목을 끌 수 있는 일이 있다면 개인을 위한 시간은 내려놓아도 좋다고 생각한다.

시간이란 일과 생산활동을 위한 유일한 자원이다. 같은 시간에 일을 많이 할수록, 일의 효율성과 성과가 많을수록 자신의 능력이 탁월한 것이라고 믿는다. 이들은 멀티태스킹에 능하고 대기하는 시간을 끔찍하게 여긴다. 그런 시간은 낭비라는 강박 때문에 잠시 기다리는 여유를 즐기지 못하고 즉시 움직이려 한다. 그러다 보니 바쁘게 행동하고 있는 자신을 돌아보거나 창 밖의 풍경에 심취하기 어렵다.

이들은 실패했을 때나 슬럼프에 빠졌을 때 더욱 강박적으로 일에 매달리게 되는데, 이것은 매우 위험한 신호다. 일을 빨리, 많이, 열심히 하는 것만이 성공이 아니라 그 일을 하는 나 자신과 동료들을 먼저 사랑할 줄 아는 지혜가 진정한 인생의 성공에 필수적이라는 점을 명심해야 한다.

🔍 4번 유형

외로움과 고립의 감정에 시달리는 이들은 그 내면이 무력하고 상처받기 쉬운 어린아이 같다. 그러므로 세상을 가슴으로 경험하는 이들은 자신의 상처가 누군가로부터 끊임없이 오는 것이 아니라 스스로를 방어하는 과정에서 창조되고 있음을 알 필요가 있다. 가슴으로 인생을 경험한다는 것은 삶을 대하는 기조가 매우 주관적이어서 자신이 느끼는 감동과 흥미에 따라 시간이 존재하는 것을 의미한다. 이들에게 시간의 잣대는 감동이다. 가슴의 울림이 강하면 강할수록 시간은 빠르게 지나가는 반면, 무미건조하다고 여겨지는 일, 지루한 반복, 창조적이지 못하고 느껴지는 일을 견디기 어려워한다.

이들은 기계적인 시계의 시간을 사는 사람이 아니라 시간 속의 시간, 동화와 신화의 시간 속에서 살아가는 사람들이다. 평범한 일상의 시간 속에서 좀 더 심오하고 색다른 개념과 만남을 꿈꾼다. 이들은 마지막 순간까지 영감에 찬 아이디어가 떠오를 것을 기다리면서 꾸물거린다.

어떤 일을 성취할 때까지는 신나게 일할 수 있지만 그 일이 꾸준하게 유지, 관리하는 단계로 접어들면 지루해하고 답답해한다. 그러다가 스스로 좌절감에 빠지기도 한다. 이들이 꾸물대고 있다면 일상적이고 재미없는 일을 하고 있으며 자신은 이런 일을 할 사람이 아니라는 생각에 빠져 있음을 간파할 필요가 있다.

이들은 끊임없이 흥미롭게 반응할 색다른 그 무엇을 찾기 위해 방황한다. 만일 그런 거리를 찾게 되면 일상의 삶을 걷어차고 실패의 위험조차 기꺼이 감수할 수 있다. 때로는 마감 시한이 임박할 때까지 꾸물거리다가 날밤을 새며 작업을 하기도 한다.

4번 유형은 개인주의적인 타입이라 조직적인 팀플레이에 취약하고 일할 때 단계적이고 지속적인 방식으로 처리하기 어려워하는 모습을 보인다. 때론 심리적 충동과 일상의 과업을 인내하지 못하고 무단결근과 지각을 하기도 하는데 이는 자신이 하는 일과 직장생활을 유지할 수 있도록 나름대로의 심리적 방편을 사용하고 있다고 보면 된다. 즉 일상의 삶 속에서 자신을 건지기 위해 스스로 긴장을 만들고 심오한 의미를 부여하고 있는 것이다.

대체로 내성적인 성격의 이들이 자신의 재능을 발휘하는 데는 주위의 충분한 인정과 동기부여가 중요하게 작용한다. 이때 이들은 활력을 얻게 되고 주관과 객관의 시간을 함께 사용하는 지혜도 얻게 된다.

🔍 5번 유형

이들은 올빼미처럼 관찰자로서의 삶을 풀어가는데 마치 시계 속에 들어앉아 일련의 중요한 순간들이나 경험들을 창 밖을 내다보듯 지켜보고 시간대별로 과거를 늘어놓는다.

이들은 매우 합리적이어서 한 가지 일을 놓고 시간을 질질 끄는 것을 싫어한다. 한정된 시간 내에 이해하고 알아야 할 것들이 많기에 한 가지 일에만 많은 시간을 들이는 것을 싫어하는 것이다. 호기심의 대상이 너무 많아서 항상 시간이 모자라고 그렇기 때문에 초조해한다. 그래서 사교적인 활동에 시간을 빼앗기는 것에 거부감을 느낀다.

사전에 고지 없이 일어나는 돌발적인 상황을 싫어하고 스스로 계획한 시간표에 따라 살아간다. 아무리 확실한 일이라도 즉각적인 대답을 회피하는데, 일단 거리를 두고 홀로 생각을 가다듬을 시간을 즐기기 때문이다. 사적 공간 속에서 사적인 시간을 즐기기 때문에 타인에 의해 프라이버시가 손상되는 것에 대해 매우 민감하다.

움츠림의 행동패턴을 가진 이들은 탐구적이고 독립된 생활양식을 추구하기 때문에 사회적 관계 영역을 확충하는 데 있어서 서툴 뿐 아니라 진부하다고 여겨지는 일상 대화를 기피하기도 한다. 이들은 배분된 시간 계획을 갖고 있고 그 계획에 따라 공평하게 시간을 사용하며, 시간을 가치 있는 거래의 수단으로 여긴다. 이들이 필요한 정보를 탐구할 때는 시간이 가치가 있지만, 느닷없이 찾아온 친구에 의해 소모되는 시간은 그만큼 에너지를 소진시킬 뿐 아니라 보상받지 못하는 무가치한 것일 수 있다.

자신의 생각에 빠져 있는 5번 유형들에게 시간은 마치 정지된 것처럼 보일 수 있다. 이런 현상은 일의 막바지 단계에서 잘 나타나는데, 좀 더 많은 자료를 찾아야 한다는 강박 때문에 마무리를 못하고 헤매는 것이다. 그러다가 결론을 내려야 할 시간에서야 계획표를 짜기도 하고 자신이 내려야 할 결론을 남의 말을 인용해 마무리하기도 한다.

이들이 에너지를 보충하는 방법은 개인적인 시간을 갖는 것이다. 또한, 객관적인 사실과 자료에 근거하여 사건을 분석한 다음에 자신의 입장을 밝히는 편이다. 이들은 포괄적이고 총론적인 일보다는 각론적인 일을 부여받았을 때 자신의 실력을 잘 발휘할 수 있다.

이들에게 생각은 행동과 같은 것으로 간주된다. 생각은 무수하게 가지를 뻗어나가므로 생각 속에 잠기다 보면 전체적인 큰 틀과 흐름을 놓치게 된다는 점을 깨달아야 한다. 연구와 조사만 하다가 정작 일을 못하는 과오를 범할 수도 있기 때문이다. 머리형에 속하므로 자신이 스스로 투사하고 있는 미래라고 하는 환상세계 때문에 참된 현실을 살지 못하고 있음을 깨달아야 한다.

🔍 6번 유형

시간을 권위적으로 보기 때문에 복종하고 충실해야 한다고 생각한다. 이들은 시간관념이 철저하기 때문에 가능한 한 시간을 어기지 않는다. 이들의 신용을 얻으려면 우선 시간을 엄수해야 한다. 이들은 부득이한 사정으로 시간을 지키지 못하거나 정해진 시간 안에 임무를 완수하지 못할 때 혼란에 빠진다.

1번 유형과 마찬가지로 동시에 여러 가지 일을 하지 못한다. 규정이나 규범을 지켜야만 안전하다고 여기기 때문에 약속은 무조건 지켜야 한다고 확신하여 어기지 않는다. 세상은 위험하며 알 수 없고 미래는 두려움의 대상이기 때문에 이에 대처하기 위해 오늘 준비해야 한다는 강박에 시달린다. 이들에게 '지금'의 의미는 시간이 충분하지 않을 미래의 일을 사전에 대비하는 것이다.

시간에 위압감을 느끼는 6번 유형은 믿음직한 자신의 상사에게는 아끼지 않고 시간을 할애한다. 바로 이 점이 조직 안에서 충직한 2인자가 되게 하는 동력이다. 상사에게 바치는 시간이야말로 자신의 안전한 자리 유지와 이익을 얻기 위한 최선의 투자라는 것을 본능적으로 알기 때문이다. 혼자서 과다한 책임에 시달리지 말고 타인과 함께 시간을 나누어 쓸 줄 아는 지혜가 있어야 한다.

또한, 자신의 실수를 숨기지 말고 허심탄회하게 인정하고 고백하는 용기가 필요하다. 예정된 일정대로만 살고 의무에 대한 강박에서 벗어나지 못하기에 삶을 즐겁게, 가볍게 살 줄 아는 지혜가 필요하다. 이들에게 업무를 지시할 때는 객관적이고 명료한 근거와 정보를 제공하면서 협조하는 것이 바람직하다. 이럴 때 이들의 성실성과 책임성을 이끌어낼 수 있다.

의심이 많다는 것은 다른 사람들보다 더 깊은 이해와 지지가 필요하다는 뜻이다. 시간을 우상으로 섬기게 하는 에고의 장난에 종지부를 찍지 않는 한 진정한 삶에 다가서지 못할 것이다.

🔍 7번 유형

'노세 노세 젊어서 노세 늙어지면 못 노나니~'라는 노랫가락은 일명 쾌락주의자라고 하는 7번 유형의 특성을 적나라하게 보여준다. 지금 현재의 고통을 미래로 돌려 회피하는 이들은 낙천주의자로서 천진난만하고 활력이 있다. 자유분방하고 아이디어가 넘치고 다재다능한 이들은 세상이란 수많은 기회와 선택으로 가득 차 있다고 생각한다.

고통을 가장 싫어하는 이들은 즐거울 때 아예 시간을 잊어버리는 타입이다. 시간은 언제나 연장할 수 있으며 즐거울 수 있는 시간이 자기 앞에 언제나 마련되어 있다고 생각한다. 이들에게 시간은 갖고 놀 수 있는 놀이기구와 같기 때문에 시간을 사용하는 데 있어 융통성이 있다.

이들은 어떤 유형보다도 계획을 잘 세운다. 우선 사항을 정하고 일정표를 짜고 그 일의 진도상태를 세밀하게 체크하기도 한다. 이들이 활력을 얻을 때는 시간 또한 무엇이든지 가능하게 하는 도구 같지만, 정해진 시간표대로 꾸준하게 일을 해야 할 때는 이들의 시간은 축소되고 매우 느리게 간다. 만약 자발적이거나 충동적으로 일어나는 에너지 없이 일을 한다면 이들의 시간은 정지되고 말 것이다. 바로 여기에서 상상 속에서의 시간과 현실에서의 시간의 괴리가 발생한다.

미래를 상상하는 것은 기본적으로 자유롭지만, 그것들을 현실화하는 데는 일정한 구속과 피와 땀이 필요하기 때문이다. 상상은 시간, 공간, 결과에 대한 제한도, 책임도 없다. 상상 속 아이디어는 시간을 초월하지만 현실은 시간 안에 존재한다. 그 한계 속에서 방황하다가 일을 미루거나 도망가곤 하는 것이다.

이들은 한 번에 여러 가지 생각과 일을 추진할 수 있는 사람들이다. 발군의 순발력이 있고 두뇌 회전이 빠르기 때문에 이들에게 1번 유형처럼 하나하나 완벽을 기해 일하도록 하는 것은 비효율적일 것이다. 그러므로 여러 가지 업무를 한꺼번에 할 수 있도록, 지금 하고 있는 업무가 있더라도 다음 과업을 미리 계획할 수 있도록 시간을 주어야 오히려 지금의 업무를 잘해낼 수 있다. 이들은 럭비공과도 같아서 지루함과 틀에 박힌 것을 천적으로 여긴다. 작은 단위로 새롭게 일을 맡겨야 호기심과 함께 솟아나는 열정을 잘 이끌어낼 수 있다.

이들은 자신의 삶을 피상적으로 이해하고 있다. 하나의 정보, 부분적인 이해를 갖고 전체를 아는 것처럼 자신을 과장하는 습관을 직시해야 한다. 안다는 것은 기억이나 유추적인 해석이 아니라 체험 그 자체인 것이다. 이를 위해 시간은 장난감이 아니라 때로는 자신이 자발적으로 복종해야 할 대상이 될 수도 있음을 숙지해야 한다.

어렵고 힘든 상황으로부터 무조건 도망치고자 하는 것은 에고의 장난이며 속임수임을 깨닫고, 두려움을 깨달을 때 두려움을 내려놓게 되고 어려운 상황을 직시하면서 그 속으로 돌진할 수 있을 것이다.

🔍 8번 유형

모든 유형 중에서 가장 힘이 세고 강한 인상을 주는 이들은 상대의 힘에 밀리고 승부에서 패했을 때, 즉 자신의 모습이 나약하다고 여겨질 때 죄의식을 느낀다. 시간마저 자신이 통제해야 할 대상으로 여긴다.

단계적으로 완벽하게 일을 소화하기보다는 시간 순서를 생각하지 않고 계속적으로 얼마나 진행되고 움직이고 있는가에 관심을 둔다. 자신에게 무엇이 중요한가에 따라서 시간의 중요성도 비례하는데, 특히 자신이 중요한 일에 몰두하고 있으면 시간에 신경 쓰지 않는다. 이때는 마감시간이 문제되지 않는다.

이들은 스스로 규칙을 만들고 또 스스로 깨버리는 무법자이기에, 시간이 일을 규제하는 것이 아니라 자신의 일이 시간을 채우면 된다고 여긴다. 이들은 팀원들과 함께 일하는 것과 인내심을 갖고 때를 기다리는 힘이 약하다. 5번 유형처럼 누군가 즉답을 어려워하거나 신중한 자세를 보일 때, 이들은 그것을 자신의 시간을 낭비하게 만드는 꾸물거림으로 간주하기에 화를 내기 십상이다.

한꺼번에 몰아붙이는 방식으로 일하므로 시간을 미루고 질질 끄는 방식과는 거리가 멀다. 다가올 미래에 대비한 전략을 세우느라 시간을 보내는 경우가 많다. 자신의 힘을 발휘하기 위한 전략이 이들의 주된 관심사이다. 과거에 구애받는 일은 거의 없다. 이들은 시간도 자기 손

안에 쥐고 얼마든지 통제할 수 있는 것이라고 여긴다. 그러므로 시간에 쫓긴다든지 얽매인다는 생각을 하지 않는다.

8번 유형은 자신의 힘이 그저 근육과 물리적인 힘에 근거한 것이며 정신과 영혼의 힘, 그리고 인간 내면의 더 높은 근원의 힘이 존재함을 인정할 때 자신을 내려놓는 지혜로운 사람이 될 수 있다. 이때 그들은 힘을 내려놓음으로써 제대로 힘을 쓰는 사람이 되고, 덜 으스대면서 더욱 진솔한 카리스마가 넘치는 매력 있는 사람으로 변모하게 된다.

카리스마는 본래 종교 용어로서 '영성의', '영감받은'이란 뜻이다. 하늘의 빛이 나를 통해 비치게 한다는 뜻이다. 이것은 어떤 물리적인 힘과 돈으로도 살 수 없는 인간 내면의 영적 광채를 말한다. 이들은 상대를 힘으로 복종시키려고 하는 시도가 얼마나 졸렬한 것인가를 깨닫고 상대를 그냥 놔둘 줄 아는 여유의 힘을 찾아야 한다.

사랑의 힘으로 상대를 감화시킬 줄 아는 8번 유형은 아름답다. 그러나 여기까지 도착하기에는 대부분 수많은 싸움과 투쟁이 있을 것이다. 시간마저 통제와 복종의 대상이며 무기로 사용해왔던 삶의 고통으로부터 해방되는 길은 그 무기를 내려놓고 참된 자기 속으로 조용히 녹아드는 데 있다.

🔍 9번 유형

평화롭고 조화롭지 못할 때 죄책감에 시달리는 이들은 어떤 결정을 내려야 할 때 싫다고 분명하게 말하지 못하고 시간이 알아서 해결해 줄 때까지 미루는 특성이 있다. 마치 워낭소리를 울리면서 정해진 발걸음으로 느릿느릿 걸어가는 누렁 소와 같다.

상황의 중요도나 흥미와 상관없이 각각의 사건은 동일한 시간으로 흘러간다. 이 미루는 과정이 자신 안에 억압이 되고, 스스로 스트레스 상황을 길게 끌고 가고 있음을 알아채지 못한다. 이들은 기존의 계획에 새로운 것들을 개입시키지 않고 일을 진행하려 한다. 일단 하나의 일을 마무리한 다음에 새로운 일을 시작한다. 정확하고 여유롭고 규칙적이며, 어떤 갈등상황도 나타나지 않는 것을 선호한다. 이들은 시간이란 언제나 있는 것이라고 간주한다. 지금 당장 결단을 내리지 않아도 그 문제를 해결할 수 있는 시간은 내일도 모래도 얼마든지 있다고 생각한다.

또한 모든 일이 예정대로만 진행된다면, 시간에 맞추는 일은 그다지 중요한 것이 아니라고 생각한다. 이들은 재빠른 기회 포착과 눈치보기와는 거리가 멀다. 이들에게 선택은 마지막 상황에서 나타난다. 그것도 자신의 의지에 따른 결단이기보다는 상황에 밀리고 밀려서 어쩔 수 없이 선택하는 식이다. 그러기에 9번 유형을 '시간 속에서 떠도는 인간'이라고 표현하는 것이다.

이들에게 시간은 자신이 결정해야 할 일을 자연스럽게 선별해주는 대행자다. 모든 일은 자신의 시간 속에서 일어나고 진행될 뿐이다. 자신의 시간 안에서는 열심히 성실하게 일하는 사람이지만, 함께 일하는 사람들이 소통하고 인정하는 시간관념과는 거리가 멀 수 있음을 알아채야 한다.

상황의 변화와 중요성에 따라 우선순위를 냉철하게 정하고 자신이 현재 덜 중요한 문제를 붙잡고 있지는 않은지, 피상적이고 형식적인 일에 몰입하고 있지는 않은지 살피는 지혜가 필요하다.

이들은 마감시간이 되어 자신의 일 중에서 첫 번째 우선순위가 될 때서야 활기를 띄게 된다. 그것은 모든 사람의 의견과 입장에 동의하느라 정작 자신의 입장을 분명하게 세우지 못하는 특성과 모든 일이 다 중요해 보여서 스스로 우선순위를 정하지 못하는 패턴과 일맥상통한다. 이들에게 우선순위를 정하는 것은 갈등을 불러일으키는 요인이 된다.

스트레스가 쌓이면 자신을 둘러싸고 어떤 일이 일어나는지를 알지 못한 채 몽유병적 상태에서 일하고 시간을 보낸다. 더욱이 누군가가 재촉하거나 불평과 비난을 하면 무감각, 무신경한 상태로 완고해지며 오히려 일을 길게 끌거나 아예 안 할 수도 있다. 시간이 그냥 흘러가도록 방임하는 것이다. 그러나 자신과 상황에 대한 자각과 의도적 참여의식을 갖고 일하면 자신의 시간으로부터 벗어날 수 있다.

Be a valuable solution provider!

초일류 변호사는 법률서비스만 하지 않는다. 법률서비스는 물론, 다양한 경로로 고객에게 가치 있는 솔루션을 제공하기 때문이다. 이것이 야말로 향후 변호사들의 경쟁력을 가르는 시금석이 될 것이다. 법률서비스만 하는 평범한 변호사와 긴급한 솔루션을 연결시키는 능력을 보유한 변호사와는 사업적 측면에서 차이가 날 가능성이 크다. 법률서비스만 고수하니 합격자의 숫자에 민감할 수밖에 없다. 이제 전문성은 기본이고 네트워킹은 필수이다.

고객과 만났을 때 평범한 변호사는 자기의 주특기 분야를 중심으로 소개를 늘어놓을 것이다. 그간의 실적과 실력을 지닌 전문가이니 안심하고 일을 달라고 하고 고객 역시 그러겠다고 하고 지인도 소개해 주겠노라며 호응까지 한다. 그런데도 막상 연락은 뜸하게 된다.

한편 초일류 변호사는 자신이 제공할 수 있는 부분을 절대 강조하지 않는다. 그는 오히려 화제를 전환해서 현재 고객이 어려워하거나 고민인 부분에 집중한다. 그리고 그 애로사항을 해결할 수 있는 전문가를 수배해서 고객에게 추천한다. 그것은 가시적인 성과에 관계 없이 큰 의미가 있다. 왜냐하면 생각지도 않은 호의를 받은 고객은 보답 차원에서라도 변호사를 적극적으로 도울 것이기 때문이다.

물론 이러기까지는 상당한 시일이 필요하다. 그래도 그 방향이 맞다. 초일류 변호사는 누구를 만나더라도 자신의 네트워크에 도움이 되는 가능성을 가졌다고 여기므로 관계를 맺는 데 최선을 다한다.

그런 노력이 쌓여 전방위 네트워킹 그룹(Total networking group)을 형성하고 지속적으로 수요를 창출해 낸다. 이것이야말로 고품격 마케팅이다.

이제 청년변호사·여성변호사·지방소재변호사도 얼마든지 강력한 네트워킹을 구축할 수 있다. 또한 무연고지에 가서도 얼마든지 내 깃발을 꽂고 영토를 주장할 수 있다.

성과를 원한다면 꼭 이렇게 하시기 바란다.
1. 나의 장단점을 반영한 비즈니스 DNA를 찾고, 그에 기반해서 개인에게 최적화된 우선 순위에 맞춰 다양한 마케팅 추진 로드맵을 도출한다.
2. 창의적이고 주도적인 포지셔닝으로 고객을 자연스럽게 유입하고, 찾아온 고객을 놓치지 않는 비즈니스 기법을 익힌다.

3. 페이스북과 링크드인을 통해 저자와 1촌을 맺어서 유용한 정보를 꾸준히 업데이트 한다. (계정은 표지 프로필 참조)
4. 저자가 진행하는 오프라인 워크숍에 참여한다. 프로그램에는 책에 제시한 내용보다 훨씬 구체적이고 강력한 기법이 준비되어 있다. 생생한 라이브 트레이닝을 통해 실전 마케팅·세일즈 역량을 빠르게 장착시킨다.
5. 저자 운영의 회원제 프로그램에 가입하여 지속적인 교류를 통해 실전 마케팅 기법을 업그레이드 한다.

법률서비스만 할 것인가? 아니면 법률서비스도 할 것인가? 변호사 3만 시대를 향한 시계의 초침은 이 순간에도 째깍거리고 있다. 그 명분 있는 도전에 지금 당장 의연히 나서시길 바란다.